Kreation und Leitung Hans Höfer

APA GUIDES

Bretagne

Herausgegeben von Brian Bell
Fotografiert von Lyle Lawson, Catherine Karnow u.a.

Redaktion Christine E. Gangl

APA PUBLICATIONS

Apa Guides

Ägypten
Alaska
Amazonas Erlebnis Natur
Amsterdam
Andalusien/Costa del Sol
Argentinien
Athen
*Atlanta **
Australien
Bahamas
Bali
Baltische Staaten
Bangkok
Barbados
Barcelona
Beijing/Peking
Belgien
*Belize **
Berlin
Bermuda
Boston
Brasilien
Bretagne
Brüssel
Budapest
Buenos Aires
Burgund
Birma/Myanmar
Chicago
Chile
China
Costa Rica
Côte d'Azur
Dänemark
Delhi/Jaipur/Agra
Deutschland
Dresden
Dublin
Düsseldorf
Ecuador/Galapagos
Edinburgh
Elsaß
Finnland
Florenz
Florida
Frankfurt
Frankreich
Gambia/Senegal
Glasgow
Gran Canaria
Griechenland
Griechische Inseln
Great Barrier Reef
Großbritannien
Hamburg
Hawaii
Hongkong
Indianerreservate USA
Indien
Indien Erlebnis Natur
Indonesien
Irland
Island
Israel
Istanbul
Italien
Jamaika
Japan
Java
Jemen
Jerusalem
Jordanien
Kairo
Kalifornien
Kanada
Kanalinseln
Karibik
Katalonien
Katmandu
Kenia
Köln
Korea
Korsika
Kreta
*Kuba **
Lissabon
Loiretal
London
Los Angeles
Madeira
Madrid
Malaysia
Mallorca und Ibiza
Malta
Marokko
Melbourne
Mexico City
Mexiko
Miami
Montreal
Moskau
München
Namibia
Neapel, der Golf von
Neuengland
Neuseeland
New Orleans
New York City
New York State
Niederlande
Nil
Nordkalifornien
Norwegen
Ostafrika
Ostasien
Österreich
Oxford
Pakistan
Paris
Peking/Beijing
Peru
Philippinen
Polen
Portugal
Prag
Provence
Puerto Rico
Rajasthan
Rhein
Rio de Janeiro
Rocky Mountains
Rom
Rußland
San Francisco
Sardinien
Schottland
Schweden
Schweiz
Seattle
Singapur
Sizilien
Spanien
Sri Lanka
St. Petersburg
Südamerika
Südindien
Südkalifornien
Südafrika
Südasien
Südostasien
Südostasien Erlebnis Natur
Südtirol
Sydney
Taiwan
Teneriffa
Texas
Thailand
Tokio
Toskana
Trinidad und Tobago
Tschechische & Slowakische Republik
Tunesien
Türkei
Türkische Küste
Umbrien
Ungarn
Unterwasserwelt Südostasiens
USA
USA Pazifischer Nordwesten
Vancouver
Venedig
Venezuela
Vietnam
Wales
Washington D.C.
Wasserwege in Westeuropa
West-Himalaya
Wien
Zypern

Apa Pocket Guides

Ägäische Inseln
Algarve
Athen
*Atlanta **
*Bahamas **
*Baja Peninsula **
Bali
Bangkok
Barcelona
Bayern
Beijing/Peking
Berlin
Bermuda
Boston
Bretagne
*British Columbia **
Brüssel
Budapest
Chiang Mai
Costa Blanca
Costa Brava
Côte d'Azur
Dänemark
Elsaß
Fijiinseln
Florenz
Florida
Gran Canaria
Hawaii
Hongkong
Ibiza
Irland
Istanbul
Jakarta
*Jamaika **
*Kanton **
Kenia
Korsika
Kreta
Kuala Lumpur
Lissabon
Loiretal
London
Macao
Madrid
Malakka
Malediven
Mallorca
Malta
Mailand
Marbella
Marokko
*Mexico City **
Miami
*Montreal **
Moskau
München
Nepal
Neu Delhi
New York City
Neuseeland
Nordkalifornien
Oslo/Bergen
Paris
Peking/Beijing
Penang
Phuket
Prag
Provence
*Puerto Rico **
*Quebec **
Rhodos
Rom
Sabah
San Francisco
Sardinien
Schottland
Sevilla
Seychellen
Singapur
Sizilien
Sri Lanka
St. Petersburg
Südkalifornien
Südostengland
Sydney
Teneriffa
Thailand
Tibet
Tunesien
Toronto
Toskana
Türkische Riviera
Ungarn
Venedig
Wien
Yogyakarta
*Yucatan **

** erscheinen demnächst*

BRETAGNE

ISBN 3-8268-1319-7

Druck: Höfer Press (Pte) Ltd
Fax: 65-8616438

ZU DIESEM BUCH

Nach den Reiseführern über Irland, Schottland und Wales war der *Apa Guide Bretagne* das vierte Projekt von Apa Publications auf den Spuren des keltischen Erbes im westlichen Europa. Und wie bei den anderen zuvor zeichnet **Brian Bell** als Herausgeber verantwortlich, in Nordirland geboren und gut bewandert in den Fragen nationaler – und keltischer – Identität, die auch die Bretagne seit langem gefangenhalten. Der erfahrene Londoner Zeitungsjournalist kam zu einer Mitarbeit an den *Apa Guides* vor allem deshalb, weil hier eine Reiseführer-Serie versuchte, interessantes Textmaterial mit origineller, aussagekräftiger Fotografie zu verbinden.

Brian Bell vertritt die Auffassung, daß sich auf dem engen Reiseführermarkt zu viele Autoren mit banalen Texten und Postkartenfotografie zufriedengeben; die widerborstigen Seiten eines Landes können genauso interessant sein wie die geglätteten Prospektansichten – der aufgeschlossene, neugierige Reisende wird dem sicher zustimmen.

Die Autoren

Der journalistische Zugang prägt daher dieses Buch, und es lag nahe, daß sich Brian Bell für eine Darstellung der bretonischen Geschichte und kulturellen Besonderheiten wie der „Pardon"-Prozessionen an den Zeitungs- und Fernsehjournalisten **Ward Rutherford** wandte. Unter den 16 Büchern, die er geschrieben hat, findet sich ein Titel über die keltische Priesterkaste, *The Druids,* und eine umfassende Studie über die russische Armee im Ersten Weltkrieg, *The Ally.* Ward Rutherford wurde auf der Kanalinsel Jersey geboren und lebt im südenglischen Brighton. Seit frühester Jugend hat er nachbarschaftlichen Kontakt zur Bretagne gehabt, und die Côte d'Emeraude zählt zu seinen bevorzugten Urlaubszielen.

Für Ward Rutherford sind vor allen Dingen die Parallelen zwischen Wales und der Bretagne überdeutlich. Hier wie dort sind die Menschen reserviert, aber warmherzig, und die ländlichen Strukturen haben sich trotz der Ansiedlung neuer Industrien wenig verändert: „Man denkt vielleicht etwas touristischer heute. Die Kirchen der Bretagne, auch in abgelegeneren Gegenden, sind oft schon mit Flutlicht angestrahlt", sagt er.

Jill Adams stellte sich der Aufgabe, solche Tatsachen für den Reisetips-Abschnitt zu sammeln. Einige Jahre war sie Herausgeberin des *French Farm and Village Holiday Guide* und zuletzt als Stellvertreterin auch für den in England so wichtigen *Good Beer Guide* verantwortlich. Die Renovierung eines Wochenenddomizils lieferte den Vorwand, so oft wie möglich über den Kanal nach Frankreich zu fahren, wobei ihr die Mitarbeit am *Apa Guide Bretagne* ein paar zusätzliche Ausflüge ermöglichte. Ihre Auffassung, daß „Frankreich und die Bretagne außerhalb der Saison am schönsten zu bereisen sind", fand sie immer wieder bestätigt.

Robin Neillands, bekannter Kolumnist britischer Zeitungen, hat schon 40 Bücher hinter sich (darunter einige, die „Bretagne" im Titel führen), dennoch ist er keinesfalls ein Stubenhocker. Zu Fuß, mit dem Rad oder dem Kanu legt er Strecken zurück, die andere mit motorgetriebenen Fahrzeugen scheuen würden – so nimmt es nicht wunder, daß seine Beiträge im Reiseteil einige Schuhsohlen und Fahrradschläuche gekostet haben.

Ebenfalls gut zu Fuß – und mit der Schreibmaschine – ist **Roger Thomas.** Seine vielen

Bell

Rutherford

Adam

Thomas

Bücher über Wales veranlassen auch ihn immer wieder dazu, Parallelen zu ziehen: „In der Bretagne wie in Wales findet man noch Gemeinschaftsgefühl und echte Kameradschaft. Die Landschaften sind atemberaubend schön – keine flurbereinigten, blaßgrünen, pseudo-ländlichen Imitationen", lautet seine Liebeserklärung.

Patricia Fenn konnte sich kaum entscheiden, worüber sie in diesem Buch schreiben sollte: „Familienferien an der Nordküste oder in St-Malo? Mit dem Boot auf der Rance bis nach Dinan? Auf die Cancale-Halbinsel? Oder zur unübertroffenen Côte de Granit Rose? Nach Finistère, wo um Bénodet wunderbare Landschaften, ein mildes Klima und kleine Restaurants warten?" Schließlich entschied sich die Autorin von acht Frankreichführern für den Golfe de Morbihan: „Sans pareil", sagt sie dazu.

Peter Forde kam vor 20 Jahren das erste Mal in die Bretagne, wo der auf Fragen der Landwirtschaft spezialisierte Journalist Zeuge des einsetzenden ökonomischen und sozialen Aufschwungs wurde: „Zwei bis drei Mal im Jahr mindestens bin ich seitdem immer wiedergekommen und habe gesehen, wie sich eine vergessene Ecke Frankreichs in eine von Energie sprühende Region verwandelt hat. Aber es waren die warmherzigen Menschen und die überkommene Lebensweise, die mich immer wieder anzog."

Philippe Barbour, halb Bretone, halb Brite, erhielt seine Ausbildung an einer englischen Institution: Oxford. Vielleicht kommt er deshalb jeden Sommer in die Bretagne, um den „Geist zu lüften". Zur Zeit arbeitet er als Redakteur in einem Londoner Verlag, der sich auf Weinbücher spezialisiert hat.

Rob Shipley, auf der Kanalinsel Jersey geboren, verlegte sich vom Unterrichten auf das Schreiben, bevor er sich als berufsmäßiger Fischer mit einem Krabbenfänger versuchte. Obwohl er heute das Lektorat eines Verlages leitet, hat er nichts von seiner Begeisterung für alles, was mit Meer, Tauchen, Unterwasserfotografie und Booten zu tun hat, eingebüßt.

Mike Mockler hat schon mehrmals für Apa die Fauna und Flora ganz unterschiedlicher Länder beschrieben. Für den englischen Autor ist Reisen die Gelegenheit, unberührte Landschaften zu durchstreifen und dort seltene Tiere und Vögel zu beobachten.

Die Fotografen

Die Aufnahmen im *Apa Guide Bretagne* sind das Werk von Fotografinnen und Fotografen, die schon des öfteren für Apa Publications mit der Kamera unterwegs waren. **Lyle Lawson, Catherine Karnow** und **Alain Le Garsmeur** seien an dieser Stelle genannt. Das **Fotoarchiv** von **Brittany Ferries** stellte zudem unter Beweis, daß das Bemühen der Schiffahrtslinie, Besucher in die Bretagne zu locken, auch ausgezeichnete Fotografien zur Folge hatte. **Kai Berndtson Kartographie** besorgte die Herstellung der Karten. Schließlich sei **Toby Oliver** von Brittany Ferries für seine Hilfe gedankt.

Dank der redaktionellen Mitarbeit von **Gisela Albus** und der schnellen Korrekturen von **Christine Mrowietz** und **Andrea Hahn** konnte die deutsche Ausgabe des *Apa Guide Bretagne* kurz nach der englischen Originalausgabe in Druck gehen. Die Bearbeitung und Aktualisierung der Ausgabe von 1995 besorgte **Christine E. Gangl,** während **Maria Lehner** das Buch satztechnisch den neuesten Apa-Standards gemäß umarbeitete.

Fenn

Forde

Barbour

Shipley

ENTRÉE INTERDITE

58
AU BON GOUSTAN
BROCANTE
ANTIQUITES

MEUBL S BIBELOTS
achat-vente
AMERICAN EXPRESS
Cards Welcome
CB

INHALT

Geschichte und Kultur

Das Land

Features

Karten

KURZFÜHRER

Ausführlicher Überblick siehe Seite 273

IDES
Boulangerie
Patisserie

„Die Leute aus der Basse-Bretagne, sie sind so steif wie Besenstiele“, heißt es in einem alten bretonischen Volkslied. Vor allem die Bretonen im Osten werden es aus vollem Hals gesungen haben, waren sie doch weit mehr dem übrigen Frankreich aufgeschlossen als der rein keltische Westen. Für das übrige Frankreich allerdings mochte die gesamte Bretagne, östlich oder westlich, genausogut auf einem anderen Kontinent gelegen haben. Armorica, so nannten es die Kelten im frühen 6. Jahrhundert, war schon immer eine Welt für sich, eine einsame granitene Halbinsel, auf der Fischer mit einer abweisenden See kämpften und Bauern dem Boden magere Früchte abrangen.

Und über die Jahrhunderte war Frankreich in der Tat dem Nachbarn nicht wohlgesonnen. Dies änderte sich auch nicht nach 1532 als die Bretagne endgültig dem französischen Königreich einverleibt wurde.

Keltisches Erbe: Die Bretagne hat starke Bindungen zu den Britischen Inseln, leben dort doch die anderen verbliebenen keltischen Völker, die Iren, Schotten und Waliser, deren kulturelles Erbe dem der Bretonen gleicht. Die Waliser ähneln den Bretonen in ihrer warmherzigen und offenen Art: Beim ersten Zusammentreffen aber können beide auch reserviert und mißtrauisch sein.

So beschreibt 1936 Eugene Fodor in seinem Reisebuch, *On the Continent*, diesen Zug recht genau: „Es hat überhaupt keinen Zweck, mit einem bretonischen Bauern ins Gespräch kommen zu wollen, wenn er nicht will. Alles Werben ist dann umsonst. Hat er aber einmal Vertrauen gefaßt, wird er zum fröhlichen Kameraden, der gerne zu Diensten und wirklich sehr gastfreundlich ist.“

Solches Vertrauen war nicht einfach erworben, da, zumindest historisch gesehen, die meisten Besucher der Bretagne Invasoren waren. Und nur wenige Reisende verirrten sich auf die doch offentsichtlich so rückständige Halbinsel. Zudem machten die zerklüftete Küste und die windgepeitschten Hochlande Teile der Bretagne tatsächlich unzugänglich, bis Ende des 19. Jahrhunderts der Eisenbahnbau hier Abhilfe schuf.

Heute sieht alles ganz anders aus, aber die Jahrhunderte relativer Isolation haben auch dazu beigetragen, daß sich die Bretonen eine eigenständige Lebensart bewahrten.

Wie in anderen keltischen Gegenden werden Legenden und Mythen von Generation zu Generation weitergegeben, bevölkern Zauberer und Drachen, Feen und Teufel die nebeldurchzogenen Landschaften. Religiöse Hingabe, auch typisch keltisch, ist in der Bretagne bis heute kein leeres Wort: Scharen von Heiligen werden verehrt, die meisten von ihnen sozusagen vom Volk ernannt, denn der Vatikan erkennt nur wenige an.

Ausdruck dieser Hingabe sind die ungezählten Kirchen und Kathedralen, die die Bretonen ihren Heiligen erbaut haben. Und in den *pardons*, jenen charakteristischen Prozessionen der Bretagne, wird die Frömmigkeit augenscheinlich, obzwar diese Schauspiele, anläßlich derer die Landbevölkerung zum örtlichen Heiligen zieht, mittlerweile Touristenattraktion sind.

Vorherige Seiten: Skulpturen im Museum von Nantes. Landpartie. Ackerbau in Cornouaille. Dorfszenerie. Audierne. Familienfoto bei Quimper. Links: Nach dem Kirchgang. Oben: Dekoratives Fenster.

Totenkult: Der Tod hat für die Bretonen, selbst nach keltischen Maßstäben, immer schon eine besondere Faszination gehabt. Die Friedhöfe liegen inmitten der alten Dörfer; hier spielten die Kinder, trafen sich die Liebenden und tauschte man den Dorfklatsch aus. Wurden die Friedhöfe zu voll, lagerte man die alten Knochen für die Neuankömmlinge in Beinhäuser aus. „Wir leben mit unseren Toten", erklären die Bretonen. „Wenn wir sie abseits der Dörfer begraben, können sie weder unseren Liedern, noch den Gottesdiensten zuhören."

Die bretonischen religiösen Vorstellungen hatten von Anfang an etwas Besonderes an sich. Nach Meinung von Fachleuten sind

die Menhire, die überall in der Bretagne aufgestellt wurden, Versuch einer Gottesdarstellung. Die vergessenen Schöpfer dieser Steine aber unterließen jede Bearbeitung der Granitblöcke – die Form Gottes war nicht darstellbar, und die Steine waren symbolischer Hinweis auf seine Ewigkeit. Ganz anders die Calvaires des 16. und 17. Jahrhunderts, auf denen die Passion Christi und Kreuzigungsszenen eigentümlich in bretonische Weltvorstellungen integriert wurden: Auf einem Kalvarienberg sieht man Christus beim Einzug in Jerusalem auf dem Esel, begleitet von bretonischen Musikanten in Tracht, mit Trommeln und Dudelsack.

Glücklicherweise ist das bretonische kulturelle Erbe noch nicht zur billigen Folklore herabgesunken. Die junge Generation hat den alten Tänzen und Liedern neues Leben eingehaucht – sogar eine Art bretonische Popmusik ist zu hören. Und viele haben sich bemüht, das Bretonische wieder zur gesprochenen Sprache zu machen.

Aber lebendige Traditionen allein versorgen und kleiden noch keine Familie. Im Bewußtsein, in den Planungen der Pariser Behörden vernachlässigt worden zu sein, machten sich die Bretonen voller Energie daran, sich auf eigene Faust eine wirtschaftliche Zukunft zu bauen.

Anfang der sechziger Jahre nahmen die bretonischen Bauern, verärgert über die Preise, die der Zwischenhandel ihnen diktierte, die Dinge selbst in die Hand, gründeten Genossenschaften und gestalteten ein autonomes Vermarktungssystem. Der Erfolg war überwältigend, die Bauern gründeten sogar eine eigene Schiffahrtsline. Frühzeitig wurde in der Bretagne erkannt, daß die traditionelle Fischfangindustrie keine sichere Zukunft haben würde und die Ansiedlung von Leichtgüterindustrien gefördert. Das günstige Lohnniveau bewog viele Unternehmen, den abgelegenen Standort in Kauf zu nehmen – zumal die Verkehrsanbindung der Bretagne durch verstärkten Straßen- und Eisenbahnbau verbessert wurde.

Auch Bertrand du Guesclin, der große bretonische Held, im frühen 14. Jahrhundert als ältestes von zehn Kindern geboren, ein häßlicher vernachlässigter Knabe, arbeitete sich aus eigener Kraft nach oben, wobei sein Mut und seine Entschlossenheit ihm schließlich das Oberkommando der Truppen des Königs einbrachte.

Auf ähnliche Weise haben die Bretonen aus der abgeschiedenen geographischen Lage das Beste gemacht. Sie bemühen sich, den Versuchungen des modernen Konsums zu widerstehen und ihre Werte zu bewahren.

Nicht zuletzt deshalb sind Bretonen, hat man einmal ihre anfängliche Zurückhaltung überwunden, so angenehme Zeitgenossen. Ihre Tugenden, einst im 19. Jahrhundert von Paul Gauguin in Pont-Aven auf seinen Bildern festgehalten, werden nun zunehmend auch von der übrigen Welt entdeckt.

Oben: Junge in Quimper. Rechts: Kartenspiel in einem verrauchten Bistro.

ROSEDOR
VINS DE QUALITE
JG
VINS DE QUAL
JG
SEDOR

Manche Orte vermitteln das Gefühl, hier sei die Zeit stehengeblieben. In Athen zum Beispiel, im Schatten von Akropolis und Parthenon, scheint die Blütezeit der Antike noch lebendig. Einige Viertel von Paris lassen noch die Atmosphäre des Fin de siècle verspüren. Und über vielen englischen Städten liegt das 19. Jahrhundert wie die Nebelschleier des Herbstes.

Der Bretagne, vor allem Orten wie Quimper, Lamballe oder Dol, hat das Mittelalter seinen Stempel aufgedrückt. Was heute als Marktplatz dient, wie die Place du Guesclin in Dinan, war einst Schauplatz ritterlicher Turniere, in der die noblen Herren um die Gunst der Damen oben an den Fenstern der Häuser kämpften.

Die Ursprünge der Bretagne reichen jedoch viel weiter zurück. Die ersten Siedler zogen bereits während des späten Neolithikums (vor 5000 bis 3000 Jahren) an der Küste nach Norden. Sie hinterließen steinerne Zeugen ihres Lebens, jene Megalithen, die überall in der Bretagne anzutreffen sind. Wenn diese Steine auch für das große Organisationstalent jener Menschen sprechen, so ist dennoch wenig über sie bekannt – abgesehen davon, daß sie Bauern waren, Weizen, Gerste und Linsen anbauten und vermutlich aus kleinen Äpfeln Apfelwein herstellten.

Eine zweite Siedlungsphase in der Bretagne setzte um das Jahr 2000 v.Chr. mit der nach ihrer Keramik so genannten Glockenbecherkultur ein. Die Kenntnis des Gold-, Kupfer- und Bronzegusses ist ebenfalls um diese Zeit anzunehmen.

Ein neuer Name: Die wichtigste Zutat zur Genese der Bretagne und seiner Menschen lieferten zweifellos die Kelten, die dem heutigen Frankreich einst nicht nur die lateinische Bezeichnung Gallien einbrachten, sondern der Bretagne auch ihren ersten geschichtlich bekannten Namen – Armor, das Land des Meeres.

Die aus Mitteleuropa zugewanderten Kelten waren nicht nur ausgezeichnete Viehzüchter und Bauern, sondern auch ein abenteuerlustiges und kriegerisches Volk. Ihr Eroberungszug nach Rom 387 v.Chr. und der Einfall in Griechenland 279 v.Chr. sind nur zwei Beispiele. Uneinigkeit unter den Stämmen gehörte allerdings ebenso zum Wesen der Kelten.

Als sich Julius Cäsar zur Unterwerfung der Gallier aufmachte, kam ihm dieser Umstand zustatten. Beginnend im Jahr 58 v.Chr., gelang es ihm, vor allem durch diplomatische Allianzen ein keltisches Stammesterritorium nach dem anderen unter seine römische Herrschaft zu bringen.

<u>Vorherige Seiten</u>: Bretonische Tracht. <u>Links</u>: Gemalte bretonische Felsen (*Les petites mouettes* von Octave Pinguilly-Harodons). <u>Oben</u>: Ein früher Besucher der Bretagne: Julius Cäsar.

Zu den keltischen Stämmen, die der römischen Diplomatie oder Drohung nicht nachgeben wollten, gehörten die seefahrenden Veneter in Armor. Zunächst hatten sie, zusammen mit anderen keltischen Stämmen, den Römern als Zeichen friedlicher Gesinnung Geiseln übergeben. Dann aber besannen sie sich anders und nahmen zwei römische Gesandte, die der Gebietskommandeur der Römer, Publius Crassus, in die venetische Hauptstadt Vannes geschickt hatte, gefangen – vermutlich in der Hoffnung, die Geiseln zurückzutauschen.

Das Geheimnis der Menhire

Wer schuf sie, diese großen aufrechten Steine, von den Einheimischen *menhirs* genannt, die über die gesamte Bretagne verteilt sind? Die Theorie, sie seien das Werk keltischer Druiden, ist seit langem verworfen worden. Die Ansicht, daß die Erbauer ein unbekanntes seefahrendes Volk des Spätneolithikums und der frühen Bronzezeit (etwa 5000 – 3000 v. Chr.) gewesen seien, hat die meisten Anhänger. Die sogenannte Megalithkultur stammte möglicherweise aus Nordafrika, und ihren Weg entlang der spanischen und portugiesischen Küste kennzeichnen bis hinauf nach Skandinavien diese Steinbauten.

Dieses „Megalithvolk" muß eine hochentwickelte Gesellschaftsordnung gehabt haben, denn einen Riesenmenhir aufzustellen, erforderte große technische und organisatorische Kenntnisse. Einige Steine wiegen 350 Tonnen, mehr als jene, die für den Bau der Pyramiden verwendet wurden.

Es überrascht nicht, daß sich um sie eine sehr große Zahl volkstümlicher Sagen rankt. Nach diesen sind die Menhire versteinerte Riesen, die zu bestimmten Jahreszeiten ihre ursprüngliche Form annehmen, um im nahe gelegenen Fluß zu trinken oder zu baden – wehe dem, der sie sieht! Der Brauch, die Menhire mit Honig, Wachs oder Öl zu salben, überlebte bis zu Beginn dieses Jahrhunderts und wird heute noch in abgelegenen Orten gepflegt. Die Kirche mißbilligte solche heidnischen Praktiken, und wo das Verbot nicht fruchtete, wurden die Steine getauft, indem das Kreuzzeichen eingekerbt oder auf die Spitze gesetzt wurde; erfundene Geschichten, die eine Verbindung mit dem Leben eines Heiligen herstellten, sorgten für weitere Integration.

Die Megalithen lassen sich in drei Gruppen unterteilen: Menhire, Dolmen und Alignements. Genaugenommen sind Menhire (*men*, „Stein"; *hir*, „lang") allein stehende Steine, von denen in der Bretagne mindestens 20 höher als sechs Meter sind; der größte in Locmariaquer maß über 20 Meter, ist jedoch heute leider zerbrochen. Einige Steine waren Teil größerer Gruppen; andere standen von Anfang an alleine da. Viele ragen bedenklich schief empor, das Werk der Zeit, wie man einst annahm. Heute weiß man, daß sie tatsächlich auf diese Weise errichtet wurden. Ihr phallischer Charakter bestätigt sich in vielen Volksbräuchen: Mädchen rutschten darauf herunter, aber erst, wie W. Branch Johnson es ausdrückt, „nachdem sie einen Teil ihrer Kleidung abgelegt hatten"; unfruchtbare Frauen rieben ihre nackten Körper an den Steinen, und kinderlose Paare vollzogen gar die ehelichen Pflichten in ihrem Schatten.

Die ältesten Megalithen sind die Dolmen (*dol*, „flach"; *men*, „Stein"); als besonders bemerkenswerte Formation gilt die *Table des Marchands* („Tafel der Kaufleute"), ebenfalls in Locmariaquer. Dolmen bestehen aus drei großen, flachen Steinen, die wie eine dreiseitige Schachtel aufgestellt wurden. Ein größerer flacher Stein bildet den Deckel. Ursprünglich waren die Dolmen mit Erde bedeckte Grabhügel; diejenigen, die heute zu sehen sind, wurden mit der Zeit von Wind und Regen freigelegt. In manchen Fällen haben die Dolmen der Erosion widerstanden, und wenige, wie auf der Ile de Gavrinis, weisen steingesäumte, kunstvoll mit Gravierungen verzierte Korridore auf, über die man in die Grabkammern gelangte.

Jüngeren Datums sind die runden Grabhügel von St-Michel in Carnac. Am beeindruckendsten aber sind die Alignements („Aufreihungen"). In Carnac stehen über 3000 Menhire wie eine steinerne Armee in Reih und Glied. Die unbeschreibliche Mühe, die mit der Aufstellung der Alignements verbunden war, und die offensichtlich systematische Anordnung hat schon immer die Frage nach ihrem Zweck aufgeworfen.

Der Astronom Professor Gerald Hawkins stellte im Jahr 1963 die Theorie auf, daß sie als eine Art astronomischer Computer dienten, mit dem beispielsweise Aussaatzeiten berechnet werden konnten. Professor Alexander Thom, ebenfalls ein Verfechter der Hypothese, untersuchte Carnac ausführlich und behauptete, zwei weitere Observatorien entdeckt zu haben. Die harte und oft übertriebene Kritik an der Observatoriums-Theorie verlor zuletzt an Boden, seit Computerberechnungen System in die Messungen an den Alignements gebracht haben – zumindest im Moment. ■

Diese Provokation konnte Cäsar nicht einfach hinnehmen. Vor einer Strafexpedition stand aber die Aufgabe, die Seemacht der Veneter zu brechen – kein leichtes Unternehmen, da diese über Segelschiffe verfügten, mit denen die langsamen Galeeren der Römer nicht mithalten konnten. Doch der Wettergott sprang den Römern mit einer Flaute zur Seite und wendete das Blatt in der Seeschlacht vor der Südostküste der Bretagne zu ihren Gunsten. Während die gallischen Schiffe hilflos in der glatten See dümpelten, ließ der römische Admiral die Galeeren heranrudern und Enterhaken in die Reling werfen, um Masten und Segel im Zurücksetzen herunterzureißen. Unterdessen griffen andere Galeeren an und enterten die manövrierunfähigen Schiffe der Kelten.

Mit der Zerstörung ihrer Seestreitmacht war auch der Widerstand der Veneter gebrochen. Cäsar besetzte das Land, ließ die Anführer der Kelten hinrichten und schickte die Bevölkerung in die Sklaverei.

Das nächste Jahrhundert sah die Ausweitung der Pax Romana bis zu den Britischen Inseln, und Gallien blieb bis ins 5. Jahrhundert römisch, als der Niedergang Roms den Rückzug der Legionen zur Folge hatte.

Links: Geheimnisvolle Alignements in Carnac.
Oben: Druidisches Opferritual.

Der Abzug der Römer von den Britischen Inseln machte die Bahn frei für die Invasionen der Wikinger. Deren Eroberungszüge veränderten das Völkergemisch Britanniens: Die britischen Kelten wurden nach Westen und Süden abgedrängt, wo sie sich vorwiegend in Armorica (das ist der alte Name der Bretagne) niederließen.

Grande und Petite Bretagne: Über die nächsten zwei Jahrhunderte strömten die Flüchtigen nach Armorica, und ihre Ankunft sollte das Gesicht der Provinz verändern. Sie tauften die neue Heimat zur Unterscheidung von der alten *Petite Bretagne*, kleine Bretagne.

Die einheimische Bevölkerung war zwar ebenso keltischer Abkunft wie die Zuwanderer, deren Vorväter einst weitergezogen waren, als die Veneter blieben, doch Jahrhunderte direkten römischen Einflusses hatten weitaus tiefere Spuren hinterlassen als auf den Britischen Inseln. Die Einwanderer sprachen Keltisch, während die Gallier ihr Keltisch mit dem Vulgärlatein der Legionäre zu einer Vorform des heutigen Französischen verschmolzen hatten.

Die fünf alteingesessenen Stämme Armoricas, darunter die einst so mächtigen Veneter, wurden von zwei neuen Gruppierungen überrannt: von den Dumnonii aus Devon und den Cornovii aus Cornwall – letztere gaben auch Cornouaille den Namen. Alle anderen Einwanderer mußten sich mit der heute noch üblichen Sammelbezeichnung „Bretonen" begnügen.

Möglicherweise brachten keltische Nachzügler die Legende von König Artus mit in die Bretagne, vielleicht hat dieser aber auch vor der Thronusurpation durch Mordred tatsächlich sowohl die *Grande* als auch die *Petite Bretagne* regiert. Jedenfalls fiel der Mythos auf fruchtbaren Boden, und für die Bevölkerung wurde die Bretagne zum Schauplatz wichtiger Ereignisse der Legende. Die heutige Forêt de Paimpont wurde als der „Wald Brocéliande" und ein Dolmen bei Trébeurdan als das Artus-Grab angesehen. Noch andere Plätze in Europa wie Sizilien,

Edinburgh und Glastonbury nehmen allerdings diese Ehre für sich in Anspruch.

Das wichtigste Mitbringsel der Inselkelten aber war das Christentum. Den Missionarsheiligen wie Guénolé, Jacut, Gildas, Brieuc, Malo, dem 100jährigen St-Pol-de-Léon (eine Verballhornung von Sankt Paulus Aurelianus) und vor allem dem hl. Samson gelang es zwar nicht, heidnische Praktiken ganz auszurotten, vom durchschlagenden und dauerhaften Erfolg ihrer Bemühungen zeugen aber die Kirchen und Kathedralen der Bretagne ebenso wie die tiefempfundene Frömmigkeit, die den Bretonen bis auf den heutigen Tag geblieben ist.

In starkem Gegensatz zu dem spirituellen Zugewinn, den der neue Glauben versprach, standen die weltlichen Lebensbedingungen des durchschnittlichen Bretonen der Zeit. Tyrannische Kleinfürsten legten der Bevölkerung Steuern auf, die oft nur durch Diebstahl zu begleichen waren. Die Bretagne drohte in Anarchie zu versinken, bis im Jahr 799 Karl der Große das Land eroberte und eine neue Verwaltung einsetzte.

Der Lauf der Geschichte: Ludwig der Fromme, ein Sohn Karls des Großen, setzte den Wiederaufbau fort und machte den Bretonen Nominoë zum Grafen (oder Herzog) der Bretonischen Mark. Nominoë aber hatte weit höhere Ambitionen als die eines Lehensnehmers eines fremden Herrschers und packte 840 die Gelegenheit beim Schopf, die sich durch die Erbstreitigkeiten der Karolinger nach dem Tode Ludwigs ergab. Als Karl der Kahle, dem im Vertrag von Verdun (843) der Ostteil des Karolingerreichs zugefallen war, versuchte, seine Oberhoheit über die Bretagne wiederherzustellen, hatte Nominoë das Herzogtum bereits unter seine autonome Herrschaft gebracht. In der Schlacht bei Redon (in der Nähe von Rennes) brachte er Karl eine Niederlage bei und ließ sich zum König salben.

Nominoë starb 851, und Karl der Kahle bestätigte dessen ältesten Sohn Erispoë als König. Die Grenzen der Bretagne wurden festgeschrieben und waren fortan bis zur Französischen Revolution wenigen Veränderungen unterworfen.

Ein Neffe Nominoës, Salomon (oder Salaün), gelangte 857 nach Ermordung seines Vetters Erispoë auf den Thron, dankte aber 872 ab, um sich in Reue für seine Tat in der „Forêt de Brocéliande" als Einsiedler zurückzuziehen. Zwei Jahre später wurde er, ebenso wie sein Sohn, im Gebet von Anhängern Erispoës getötet.

Die innere Führungskrise der Bretagne wurde durch äußere Ereignisse jedoch in den Hintergrund gedrängt. Seit den Zeiten Nominoës hatten Frankreich und die Bretagne stark unter den immer wieder einfallenden Normannen gelitten. Als nun im Jahr 911 Karl der Einfältige sich vom 80jährigen Normannenführer Rollo den Frieden dadurch erkaufte, daß er diesem die Oberhoheit über die Normandie zuerkannte und ihm den Titel eines Herzogs verlieh, sah sich die Bretagne neuen Nachbarn gegenüber, die nur darauf warteten, die Grenze nach Süden zu überschreiten.

Acht Jahre später war es soweit, und die Normannen überrannten den größten Teil der Bretagne. Die Besatzung dauerte jedoch nicht lange, da 939 der aus England zurückgekehrte bretonische König Alain Barbe-Torte das Heft in die Hand nahm und die Normannen wieder vertrieb. Der Tod Alains im Jahr 952 brachte dem bretonischen Adel erneute Machtkämpfe. 100 Jahre später verknüpfte die Eroberung Englands durch Wilhelm den Eroberer 1066 das Schicksal der Bretagne, der Normandie und Englands.

Der bretonische Adel hatte an diesem Feldzug erheblichen Anteil. Viele sahen darin die Möglichkeit, Ländereien wiederzugewinnen, die die Vorfahren den einfallenden Angeln und Sachsen hatten überlassen müssen, oder sich dafür mit neuen zu entschädigen. Ein typischer Fall war Brient de Penthièvre, dem Wilhelm für die Unterstützung große sächsische Ländereien in Richmond, Yorkshire, überließ.

Die Beziehung zu England führte auch zu ehelichen Zweckbindungen zwischen englischem und bretonischem Adel. So hoffte der bretonische Herzog Conan IV durch die Ehe seiner Tochter Constance mit Geoffrey Plantagenet, dem Sohn des englischen Königs Henry II, Unterstützung gegen seinen Stiefvater Eudo im andauernden Kampf um die Herrschaft in der Bretagne zu erhalten.

Solche Vorteile können sich als vorübergehend oder Selbsttäuschung erweisen: Als Conan IV 1116 abdankte, nahm sich Henry II die Bretagne als persönliches Lehen und trieb die Bevölkerung zur offenen Revolte durch die Demütigung von Alix, der Tochter Eudos. Bereits durch seine aufsässigen Söhne, die in Frankreich unabhängige Reiche gründen wollten, in Atem gehalten, reagierte Henry II auf diese neue Herausforderung mit äußerster Brutalität. Auch nach seinem Tod 1189 war der Bretagne durch Henrys Sohn, Richard I, kein viel besseres Schicksal beschieden.

Nun mischte auch Frankreich in bretonischen Angelegenheiten mit. Als 1341 Herzog Jean kinderlos starb und überraschend seine Nichte, eine Nachfahrin Brient de Penthièvres und Ehefrau von Charles de Blois, dem Neffen des französischen Königs Philippe VI, zur Erbin einsetzte, war auch die Bretagne in den seit 1337 wütenden Hundertjährigen Krieg zwischen Frankreich und England hineingezogen. Der dritte Bruder Jeans III, Jean de Monfort, sah sich als rechtmäßiger Erbe an und verlieh diesem An-

Links: Turnier im Rennes des 14. Jahrhunderts.
Oben: *Combat des Trente.*

spruch mit – freundlicher – englischer Unterstützung Nachdruck.

In einem der ersten Waffengänge geriet Jean de Montfort in die Hände der Truppen von de Blois, wurde aber durch die Bemühungen seiner Frau, der legendären Jeanne de Flandre, gerettet. Diese überredete nicht nur den englischen König zum Eingreifen in den Bretonischen Erbfolgekrieg, sondern kämpfte in einer Schlacht selbst mit.

Die Bloisschen Truppen waren auch in dem berühmten „Kampf der Dreißig", *Combat des Trente*, siegreich. Eine Steinpyramide steht heute an dem Ort, an dem dieses ritterliche Schauspiel, kennzeichnend für die Zeit, stattfand. Beaumanoir, der Vogt des

Schlosses von Josselin (heute Château de Rohan), und der englische Kommandant Bemborough kamen überein, die Schlacht von jeweils 30 Rittern zu Fuß entscheiden zu lassen. Im Morgengrauen trafen sich 60 Männer auf halbem Weg zwischen Josselin und Ploërmel, das von den Engländern gehalten wurde. Dort begannen sie, mit Streitäxten, Dolchen und Schwertern aufeinander einzuhacken und einzustechen, bis am Abend Bemborough und acht seiner Männer tot waren und die Engländer aufgaben.

Oben: Jeanne de Montfort. Rechts: Einträgliche Erinnerung an Bertrand du Guesclin.

Die Schlacht von Auray, die 13 Jahre später den Bretonischen Erbfolgekrieg beendete, verlief weniger günstig für Charles de Blois. Entgegen den Warnungen von Bertrand du Guesclin, dem berühmten Heerführer der Bretagne und Frankreichs, griff er das Montfortsche Heer aus ungünstiger strategischer Lage an, wurde geschlagen und völlig aufgerieben.

Neue Hoffnung: Die Herrschaft der Herzöge von Montfort leitete eine Phase des Wiederaufbaus der vom Krieg verwüsteten Bretagne ein. Doch die Aussichten auf einen dauerhaften Frieden und Wohlstand waren nicht günstig. Wirtschaftlich und politisch war die Bretagne weit hinter die Nachbarn Frankreich und England zurückgefallen. Der Sieg im Erbfolgekrieg hatte eine starke Bindung an letzteres gebracht, die durch Ehebeziehungen zwischen dem englischen Königs- und dem bretonischen Herzogshaus noch verstärkt wurde. Einige Adlige unterhielten gar englische Truppen in ihren Schlössern.

Von allzu großer Nähe zu England suchten sich jedoch die Herzöge der Bretagne freizumachen. Der klugen Schaukelpolitik von Herzog Jean V, dem „Weisen", war es zu verdanken, daß sich während seiner Regierungszeit zwischen 1399 und 1442 der Einfluß sowohl von Frankreich als auch von England in Grenzen hielt und der Bevölkerung die Grauen des Hundertjährigen Krieges zumeist erspart blieben.

Auf der anderen Seite waren die Sympathien der Bevölkerung durchaus geteilt. Nicht wenige Bretonen dienten unter französischer Flagge, darunter der berühmte Bertrand du Guesclin und sein nicht weniger fähiger Nachfolger Olivier de Clisson, der sich den Beinamen „Schlächter der Engländer" einhandelte. Die Bindungen an Frankreich wurden verstärkt, als 1457 Arthur de Richmont, ein Kampfgefährte der Jeanne d'Arc, seinem Bruder als Herzog folgte.

Die unzweideutige Unterstützung Englands durch die Montforts in früheren Zeiten und die strategische Lage der Bretagne, die mit St-Malo über einen idealen Hafen für Invasionstruppen von der anderen Seite des Kanals verfügte, ließen in Frankreich jedoch kein Vertrauen in die Situation aufkommen. Und Frankreich zog den unausweichlichen Schluß, daß die Gefahr, die von der Bretagne ausging, nur auf eine Weise gebannt werden könne: durch Annexion.

BERTRAND DU GUESCLIN

Wie viele fürstliche Hochzeiten des Mittelalters wurde auch die von Jeanne de Penthièvres mit Charles de Blois 1338 in Rennes mit einem großen Ritterturnier gefeiert. Zu den Gästen gehörten die edelsten Ritter Frankreichs, doch das Interesse richtete sich bald auf den Unbekannten, der einen Gegner nach dem anderen aus dem Sattel hob. Erst als ein Widersacher seinen Helm herunterstieß, kamen der kugelrunde Kopf, die Stupsnase und das braune Gesicht des 17 Jahre alten Bertrand du Guesclin zum Vorschein. Vielen Leuten war er bereits bekannt als ungestümer Rädelsführer einer Bauernbande. Seine Eltern, von niederem Adel aus La Motte-Broons, hatten alle Erziehungsversuche am ältesten ihrer zehn Kinder früh aufgegeben.

Bald bot sich die Gelegenheit, seine Talente auf anderen Feldern unter Beweis zu stellen. Im Jahr 1337 wurde durch die englische Invasion Frankreichs der Hundertjährige Krieg ausgelöst. 1341, nach dem Tod des Herzogs der Bretagne, Jeans III, kam es im Herzogtum zum Erbfolgekrieg zwischen Charles de Blois und seinem von den Engländern unterstützten Cousin Jean de Montfort. Der nun 21jährige du Guesclin stellte sich auf die Seite von de Blois und setzte den Truppen de Montforts mit einer privaten Armee von Meuchelmördern zu, die er angeblich mit Geld und Schmuck bezahlte, den er seiner Mutter gestohlen hatte. Sein Mut und die kühnen Überfälle seiner Bande wurden schnell zur Legende, und als die Engländer Charles de Blois 1347 gefangennahmen, sandte man Bertrand, um über das Lösegeld zu verhandeln.

Nachdem er 1359 Dinan gegen den Herzog von Lancaster verteidigt hatte, erreichte sein Ruf auch Paris, und er wurde in königlichen Sold genommen. Bei dieser Belagerung zeigte sich, daß er von seiner Geschicklichkeit im Zweikampf nichts verloren hatte. Als Sir Thomas of Canterbury unter Verletzung des Waffenstillstands seinen Bruder Olivier gefangennahm, forderte er ihn zu einem Duell auf dem Marktplatz von Dinan heraus. Nachdem Lanzen und Schwerter zersplittert waren, streckte Bertrand den Gegner mit einem fürchterlichen Schlag seiner panzerbewehrten Faust nieder.

Im Mai 1364 erntete Bertrand in Cocherel/Normandie weitere Lorbeeren, als er Charles II de Navarre, einen Verbündeten der Engländer, besiegte. Im gleichen Jahr war die Panzerfaust in der Schlacht von Auray erneut in Aktion. Dieses Mal jedoch mit weniger Erfolg. Die Streitkräfte von de Blois, die gegen den Willen Bertrands angegriffen hatten, wurden vernichtend geschlagen und Charles de Blois getötet. Bertrand soll wie ein Teufel gekämpft haben, bis der englische Kommandant, der ihn wie einen Dreschflegel auf seine Gegner einschlagen sah, ihm zurief: „Dieser Tag ist nicht Ihr Tag, Messire Bertrand! Sparen Sie sich die Kräfte für einen anderen auf!" Mit einem Achselzucken soll sich Bertrand ergeben haben. Den Franzosen war er immerhin ein hohes Lösegeld wert.

Im Jahre 1370 wurde er faktisch zum Oberbefehlshaber der französischen Truppen befördert.

Die letzten Schlachten du Guesclins jedoch haben seinen Ruhm in den Augen bretonischer Nationalisten für immer verdunkelt. 1373 befahl ihm Charles V, den Herzog von Montfort, Jean IV, zu unterwerfen. Nachdem Bertrand dies vollbracht hatte, versuchte Charles, das gesamte Herzogtum Frankreich einzuverleiben. Doch der erwartete Angriff der französischen Truppen blieb aus. Die bretonischen Söldner, die Mehrheit in Bertrands Armee, weigerten sich, gegen die eigenen Leute zu kämpfen und desertierten en masse. Daraufhin bot Bertrand du Guesclin dem König an, das „Schwert des Constable zurückzugeben".

Statt dessen schickte ihn der König in das Massif Central. Hier ließ er, im Alter von 60 Jahren, ein letztes Mal die Belagerungstruppen in Stellung gehen. Sein Tod am 13. Juli 1380 ließ ihn den Sieg nicht mehr miterleben. Der kapitulierende englische Kommandant jedoch legte die Stadtschlüssel in die Hände des toten Soldaten. Seine letzte Ruhestätte fand Bertrand du Guesclin in der Kirche von St-Denis in Paris, wo auch die französischen Könige begraben liegen. Sein Herz aber ruht in der Basilique St-Sauveur, in seinem geliebten Dinan. ■

ANNE DE BRETAGNE

Als 1461 Charles VII von Frankreich starb, folgten ihm zunächst Louis XI und 1483 dann der kränkliche, erst 13jährige Charles VIII auf den Thron. Dessen intrigante und ehrgeizige Schwester Anne de Beaujeu machte sich zur inoffiziellen Regentin, indem sie einen Kronrat ins Leben rief, dem sie auch vorstand.

Annes Widersacher waren bald zur Flucht vom königlichen Hof und aus Frankreich gezwungen. Die Bretagne wurde ihr Zufluchtsort. Diese Gruppe Zwangsexpatriierter, zu denen 1487 auch der Herzog von Orléans stieß, begann sofort, Pläne zu schmieden, wie Anne de Beaujeu außer Gefecht zu setzen sei. Der Herzog der Bretagne, François II, unterstützte sie dabei.

Die Verlobung der elfjährigen Tochter des Herzogs, die ebenfalls Anne hieß, mit Maximilian I. von Österreich im Jahre 1486 schürte Anne de Beaujeus Mißtrauen gegenüber der Bretagne zusätzlich. Hatte doch der Sohn Friedrichs III. und zukünftige Kaiser des Heiligen Römischen Reiches durch seine erste Ehe mit der bald darauf verstorbenen Maria von Burgund bereits die burgundischen Besitzungen an der Ostgrenze Frankreichs und in den Niederlanden dem Habsburger-Reich einverleibt.

Zwangsheiraten: Um der nun unausweichlich scheinenden Angliederung auch der Bretagne zuvorzukommen, entschloß sich Anne de Beaujeu zu einem dramatischen Schritt: Sie ließ das Herzogtum von einer 15 000 Mann starken Armee besetzen. Bei der anschließenden blutigen Schlacht von Saint-Aubin-du-Cormier im Juli 1488 mußten fast alle Soldaten ihr Leben lassen. Der Herzog von Orléans wurde gefangengesetzt.

Drei Wochen später wurde Herzog François II gezwungen, den demütigenden Vertrag von Verger zu unterschreiben, in dem bestimmt wurde, daß seine Tochter Anne nur mit Einwilligung der Krone heiraten dürfe. Ein paar Tage später verstarb er plötzlich – die Legende erzählt, an gebrochenem Herzen. Seine Nachfolgerin Anne de Bretagne, damals erst zwölf Jahre alt, sollte eine der am meisten verehrten Figuren der bretonischen Geschichte werden.

Durch Annes Inthronisation sah Charles VIII, angetrieben von seiner Schwester, die Chance gekommen, der Bretagne habhaft zu werden. Prinzessin Margarete, mit der er sich 1482 verlobt hatte, wurde wieder zurück nach Österreich geschickt; der französische König warb nun um die junge Herzogin. Dabei ließ er keinen Zweifel daran, daß er ein Nein nicht dulden würde. Nun befanden sich Anne und ihre Berater in einer Zwickmühle: Diese Zustimmung hätte die Unabhängigkeit der Bretagne gefährdet, während die Zurückweisung des Antrags vermutlich einen weiteren verheerenden Krieg zur Folge gehabt hätte.

Links: Ein Bildnis der Anne de Bretagne, auf ewig in Glas gebannt in Dinan. Oben: Anne und Louis d' Orléans in Rennes 1491.

Doch auch andere, mehr persönlich gefärbte Faktoren spielten eine Rolle. Die Kirchenfenster von St-Malo in Dinan zeigen Anne als hübsches junges Mädchen; aber es besteht kein Grund, an der Darstellung von Jean Bourdichon zu zweifeln, der Anne als unscheinbar – wenn auch mit gleichmäßigen Zügen –, klein, mager und behindert durch ein verkümmertes Bein beschreibt. Doch wurde dies mehr als ausgeglichen durch ihren Charme, ihre Lebhaftigkeit und sprühende Intelligenz. Sie war hochgebildet, sprach Latein und Griechisch und war ihr Leben lang eine Förderin der Künste.

Der kleinwüchsige Charles dagegen war nicht nur mit Dummheit, sondern auch mit einer Hakennase, Schwulstlippen und Kurzsichtigkeit geschlagen. Einem Mädchen, das sich seines Wertes wohl bewußt und außerdem mit einem König verlobt war, der einmal Kaiser des Heiligen Römischen Reiches sein würde, hatte solch ein Bräutigam wenig Verlockendes zu bieten.

Auf diese bereits bestehende Verlobung griff Anne nun zurück, um ihr Herzogtum zu

retten. Unter Mißachtung des Vertrages von Verger heiratete sie im Jahre 1490 per Ferntrauung Maximilian I. von Österreich.

Doch Vertrag war Vertrag, und Charles VIII setzte die „Brautwerbung“ fort. Nachdem ihn Anne aber erneut abgewiesen hatte, ließ er 1491 die Stadt Rennes belagern. Die Herzogin blieb standhaft in dem Glauben, daß Maximilian ihr bald zu Hilfe eilen würde, doch dieser rührte sich nicht.

Nach drei Monaten wurde sie von einer Delegation der Stadtältesten aufgesucht, die ihr die Not der Bevölkerung schilderte. Tief bewegt und in der Einsicht, daß von ihrem Gemahl keinerlei Hilfe mehr zu erwarten sei, stellte Anne die eigenen Interessen hinter das Wohl ihres Volkes zurück und willigte in die Heirat mit König Charles ein – ein Schritt, der ihr die fortdauernde Dankbarkeit des Volkes sichern sollte.

Bevor es dazu kam, mußte jedoch zuerst die Ehe mit Maximilian aufgelöst werden. Der Vatikan stimmte der Annullierung zu. Am 6. Dezember 1491 heiratete die bretonische Herzogin den französischen König im königlichen Schloß Langeais.

Es wird zwar erzählt, Anne habe bei der Trauung das Gesicht abgewandt, als sie Charles die Hand reichte, doch erwuchsen aus dieser politischen Heirat im Laufe der Zeit auch tiefe Gefühle. Charles nannte seine Gemahlin zärtlich „ma petite Brette“, und auch sie, warmherzig veranlagt, erwiderte schon früh diese Liebesbezeugungen.

Eine kluge Frau: Nun war Anne die Königin von Frankreich, und das Herzogtum Bretagne entwickelte zwangsläufig engere Beziehungen zu dem Nachbarn. Die Herzogin war jedoch klug genug gewesen, im Ehevertrag die Unabhängigkeit der Bretagne und ihre eigene Position als souveräne Herrscherin festzuhalten. Nach dem plötzlichen Tod von Charles 1499 war sie gezwungen, auch seinen Nachfolger Louis XII zu heiraten, wobei es ihr gelang, die Unabhängigkeitsklausel im Ehevertrag fortzuschreiben.

Im Alter von 37 Jahren starb Anne de Bretagne 1514 im Château de Blois. Ihre Tochter und Erbin Claude hatte im Frühling desselben Jahres François d'Angoulême geheiratet, den Cousin des Königs und designierten Thronfolger. Am Neujahrstag des Jahres 1515 wurde er nach dem Tode von Loui s als François I neuer König von Frankreich.

Claude war nun wie ihre Mutter Königin und Herzogin der Bretagne. Ihr Gemahl jedoch hatte andere Pläne und überredete sie, das Herzogtum dem gemeinsamen Sohn und Thronfolger, dem Dauphin, zu vererben, um es so an Frankreich zu binden.

Nach Claudes Tod im Jahre 1524 unternahm François I den nächsten Schritt. Er suchte persönlich die bretonischen Landstände auf und versuchte die Parlamentarier davon zu überzeugen, daß ihre Interessen mit denen Frankreichs identisch seien. Gleichzeitig ließ er aber keinen Zweifel daran, was passieren würde, sollten sich die Bretonen weiterhin einer Angliederung an Frankreich widersetzen. In der anschließenden Debatte plädierten zwar einige dafür, Widerstand zu leisten, doch erfreute sich der König eines formidablen Rufs als Feldherr, so daß hier eher Vernunft als sinnloser Wagemut angebracht schien.

1532, nach einer Sitzung in Vannes, rangen sich die Stände einstimmig zu dem Antrag durch, die Union mit Frankreich zu vollziehen. Noch im gleichen Monat wurde in Nantes die „ewige Union des Landes und Herzogtums Bretagne mit dem Königreich Frankreich und der französischen Krone" offiziell verkündet. Die Rechte und Privilegien eines Herzogtums blieben bestehen.

Der Zeitpunkt, Frankreich ewige Treue zu schwören, ohne dabei die eigene Souveränität ganz aufgeben zu müssen, schien günstig gewählt. Am Hofe von François I versammelte sich die geistige und künstlerische Elite Europas. Leonardo da Vinci konnte sich, dank der großzügigen Unterstützung des Königs, befreit von materiellen Problemen seiner Arbeit widmen.

Dieser Übergangszeit zur Renaissance verdankt die Bretagne Kirchenbauten wie Notre-Dame-de-Lamballe. Die Bretonen profitierten auch von dem reformerischen Ehrgeiz des französischen Königs, der sommers wie winters höchstpersönlich durch die Lande ritt, um Mißstände auszuspähen, korrupte Richter davonzujagen und die Tore der zahlreichen Gefängnisse für die unschuldig Eingekerkerten zu öffnen.

Im Jahre 1534 machte sich dann ein Bretone auf, den Ruhm Frankreichs auf andere Weise zu mehren. Von seiner Heimatstadt St-Malo segelte Jacques Cartier los, um, wie schon so viele vor ihm, die Nordwestpassage zu finden. Das gelang ihm zwar nicht, doch er entdeckte die Mündung des Sankt-Lorenz-Stroms, wo ihm Indianer vom Stamm der Huronen von Gold-, Silber- und Kupferminen weiter im Westen berichteten. Cartier nahm das Land für Frankreich in Besitz und nannte die neue Provinz „Canada" – nach dem huronischen Wort für „Dorf".

Die Franzosen zeigten anfänglich keine Begeisterung für diese Landnahme, da ihnen ganz andere Probleme ins Haus standen.

Bereits im 12. und 13. Jahrhundert hatte Frankreich unter Religionskriegen gelitten, in denen Häretiker mit unvorstellbarer Grausamkeit unterdrückt worden waren. Neue Konflikte schienen unausweichlich, verursacht durch die sich wie ein Lauffeuer verbreitenden protestantischen Lehren.

Der neue König Henri II, ein hitziger Katholik, begegnete dem Problem mit syste-

<u>Links</u>: Der Herzog der Bretagne zu Besuch in seinem Parlament. <u>Oben</u>: Der nächste Zug im Spiel um die Macht steht an.

matischer Verfolgung der ketzerischen Protestanten. Seinen Nachfolger Henri III jedoch zwangen 1576 wirtschaftliche Gründe, den Hugenotten, der größten protestantischen Gruppe, Konzessionen einzuräumen. Aus Protest gegen diese „Kapitulation vor der Häresie“ gründeten Katholiken eine militante Katholische Liga.

Nirgendwo sonst in Frankreich war der Katholizismus so tief verwurzelt wie in der Bretagne. Hier war 1582 der erst 24jährige Herzog de Mercoeur zum Gouverneur ernannt worden. Als 1589 Henri III ermordet wurde und der, zunächst protestantische, Bourbone Henri de Navarre (Henri IV) die französische Königskrone übernahm, hetzte Mercoeur die Katholiken gegen den neuen König auf. Er verweigerte ihm den Gehorsam und verlieh seinem Sohn Philippe den Titel eines „Prinzen und Herzogs der Bretagne“. Als der spanische König 7000 Soldaten zur Unterstützung Mercoeurs entsandte und England daraufhin ebenfalls Truppen einschiffte, stand Frankreich erneut an der Schwelle eines Bürgerkrieges.

Bei Craon in Anjou kam es 1592 zur Schlacht, aus der Mercoeur siegreich hervorging. Im gleichen Jahr entzog Henri IV dem Herzog die Grundlage für seine Rebellion, indem er mit den berühmten Worten „Paris ist eine Messe wert“ zum katholischen Glauben übertrat. Im Jahr darauf ging Mercoeur nach Ungarn, um in der Armee des Heiligen Römischen Reiches gegen die Türken zu kämpfen und zu sterben.

Oben: Wölfe waren eine Bedrohung im 16. Jahrhundert. **Rechts**: Der Calvaire in Pleyben.

Frankreich war zwar ein nationaler Glaubenskrieg erspart geblieben, doch in der Bretagne herrschte das Chaos. Die ursprünglich religiös motivierten Soldaten Mercoeurs waren zu Straßenräubern verkommen, die nurmehr darauf aus waren, „die Gänse dort zu rupfen, wo sie am fettesten sind“ – wie ein bretonisches Sprichwort sagt. Der berüchtigte Bandit La Fontelle operierte gar von einer befestigten Insel aus. Schließlich richteten die bretonischen Stände 1597 eine Petition an Henri IV, in der sie um Wiederherstellung der Ordnung im Lande baten.

Daraufhin kam der König 1598 selbst in die Bretagne und unterzeichnete in Nantes das berühmte Edikt, dessen 92 Artikel den religiösen Unruhen im Lande endgültig ein Ende setzen sollten.

Dem König gelang es auch, das Herzogtum von der Plage des Straßenräubers La Fontelle zu befreien, indem er dessen Angebot, sich zukünftig in Recht und Gesetz zu fügen, wenn er seine Insel behalten dürfe, annahm. Doch der Frieden war nicht nach dem Geschmack des alten Banditen. 1602 beteiligte er sich an einem Anschlag auf den König und wurde zum Tode verurteilt.

Rodungen: Der Tod Henri IV brachte Louis XII auf den Thron, dessen leitender Minister, Kardinal Richelieu, eine Politik verfolgte, die sich zwar für Frankreich, aber weniger für die Bretagne als segensreich herausstellte. Richelieu wollte die französische Flotte vergrößern und ließ deshalb in Brest eine riesige Werft bauen. Große Teile der bretonischen Wälder fielen dem Schiffsbau zum Opfer.

Der absoluten Macht des Kardinals hatten seine Gegner bei Hofe mehrmals schon versucht, mit Verschwörungen beizukommen. 28 Jahre nach Henris Bretagne-Reise beteiligte sich auch der Herzog der Bretagne – César de Vendôme, der uneheliche Sohn des Königs – an einer Verschwörung seiner Mutter. Auch dieser Versuch, Richelieu zu stürzen, scheiterte. Der Anführer, der Graf von Chalais, wurde hingerichtet, und Herzog César verlor Amt und Titel.

COROT.

LUDOV. XIV. D. G. FRANC. ET NAVAR. REX CHRISTIANISS.
Ludovico Magno
Vovebat Simon Thomassin Sculptor Regis MDCCV

Die rebellische Gesinnung der Bretonen sollte Paris auch weiterhin Anlaß zur Sorge geben. Im Jahr 1642 starben Richelieu und Louis XIII im Abstand von nur sechs Monaten, und auf dem Thron saß jetzt der erst vierjährige Louis XIV, dem wieder ein Kardinal zur Seite stand, der Sizilianer Jules Mazarin. Als dieser 1661 starb, ließ der nun 23jährige König verlautbaren, daß er die Regierung persönlich zu führen gedenke.

Als eine seiner ersten Amtshandlungen gab er den Bau eines gewaltigen und prunkvollen Palastes in Auftrag. Für diesen Bau wurden enorme Geldsummen benötigt, und die Aufgabe, dieses Geld herbeizuschaffen, fiel Jean-Baptiste Colbert zu, dem Finanz- und Wirtschaftsminister, der schon Mühe hatte, die Mittel für den begonnenen Ausbau der Kriegsflotte aufzutreiben.

Auf der Suche nach neuen Einnahmequellen verfügte er 1675, daß alle Verträge und Urkunden nur dann Gültigkeit haben sollten, wenn sie auf besonderem, mit Steuermarken versehenem Papier abgefaßt waren. Die „Steuermarken-Revolte“, die daraufhin in der Bretagne ausbrach, fand zusätzliche Nahrung in einem – damit nicht zusammenhängenden – Aufstand der Bauern gegen ihre adeligen Feudalherren.

Schwelender Groll: Um die Tabakpreise halten zu können, hatten sich die bretonischen Stände einige Jahre zuvor gegen Zahlung der erpresserischen Summe von zwei Millionen Livres von der Zentralregierung die Abgabefreiheit für Tabak erkauft. Ohne Vorankündigung führte Colbert diese Tabaksteuer nun wieder ein, was das Herzogtum an den Rand des Bankrotts brachte.

Der Funke der Rebellion sprang jedoch von einer anderen französischen Hafenstadt über. Im März 1675 wurde Bordeaux drei Tage lang von Aufständischen besetzt. Die Einwohner von Rennes folgten dem Beispiel und belagerten im April einige Regierungsgebäude. Nur dem Umstand, daß die Erstürmung des Alkoholsteuerbüros ein Massengelage zur Folge hatte, war es zu verdanken, daß die Behörden die Situation wieder unter Kontrolle brachten. Nichtsdestotrotz griffen die Unruhen auch auf Nantes über. In St-Malo versuchte man Schlimmeres zu verhüten, indem man den Besatzungen der Schiffe den Tabak steuerfrei verkaufte.

Entschlossen, den beginnenden Volksaufstand im Keim zu ersticken, hielt der König in Versailles Ausschau nach jemandem, der die Autorität der Zentralgewalt wiederherstellen sollte. Die Wahl fiel auf den Herzog de Chaulnes, ehemaliger Gouverneur der

Bretagne, der, nun mit einer Armee ausgestattet, dorthin zurückkehrte. Einige öffentliche Hinrichtungen genügten, um in Nantes und Rennes wieder Ruhe zu schaffen. Doch der Frieden hielt nicht lange. Colbert ließ nun eine Getreidesteuer und, noch schlimmer, die *gabelle* auf Salz erheben. Mit der *gabelle* hatte der Staat ein Monopol auf Salz; zudem wurde damit jede Familie verpflichtet, eine bestimmte Menge pro Monat unabhängig vom Bedarf zu kaufen. Im Juli brachen daraufhin weitere Aufstände aus, bei denen aufgebrachte Volksmassen die Steuerbüros in Rennes, Châteaulin, Quimper und Guingamp kurz und klein schlugen.

Vorherige Seiten: ***Bretonnes à la Fontaine de Batz-sur-mer*** **von Camille Corot. Links: Sonnenkönig Louis IV. Oben: Kardinal Richelieu.**

In der Basse-Bretagne nahmen die Dinge noch eine andere Wendung: In England hatte der Bürgerkrieg von 1642 zum Entstehen landwirtschaftlicher Genossenschaften seitens der sogenannten „Digger“ geführt, und die „Leveller“ schrieben, unerhört für die Zeit, ein allgemeines Wahlrecht und Gleichheit vor dem Gesetz auf ihre Fahnen. Unausweichlich fanden diese Ideen auch ihren Weg über den Kanal, und die bewaffneten Bauernscharen, die sich selbst *Bonnets Rouges* („Rotmützen“) nannten, wandten sich nun auch gegen einen bis dahin ungeschoren davongekommenen Feind.

Seit dem Mittelalter war der Groll gegen die unverhältnismäßig hohen Belastungen, die die Feudalherren den Bauern auferlegten, ständig gewachsen. Nun wurden die adeligen Großgrundbesitzer zum Ziel zunächst vereinzelter Angriffe, die sich dann aber zu einer Massenbewegung entwickelten. In vierzig Gemeinden riefen die Kirchenglocken die Bauern zu den Waffen, die dann, oft mit dem Gemeindepriester an der Spitze auf die Schlösser der adeligen Lehensherren zu marschierten.

Bald war ein *Code Paysan*, ein „Bauerngesetzbuch“, im Umlauf. Darin wurde unter anderem die Rechtsprechung durch gewählte Richter, die Abschaffung des Kirchenzehnten und der Fronarbeit sowie die Aufhebung der sozialen Unterschiede gefordert. Außerdem wurde dazu aufgerufen, jeden, der die *gabelle* einzutreiben versuche, „wie einen tollen Hund“ abzuschießen. Bei der Sonntagsmesse, so eine weitere Forderung, solle unentgeltlich Tabak ausgeteilt werden.

Ein neuer Anführer: Was den *Bonnets Rouges* noch fehlte, war ein tatkräftiger Anführer. Zunächst schien Sébastien Le Balp, ein Anwalt aus Carhaix, der richtige Mann zu sein. Unter seiner Führung griff die Massenrebellion von Carhaix auf Pontivy über: Sogar das historische Schloß in Josselin war zeitweise bedroht. Zudem wollte Le Balp einen allgemeinen Volksaufstand organisieren, der generalstabsmäßig geplant ablaufen und von einem Offizier, dem Marquis de Montgaillard, geleitet werden sollte.

Aber de Chaulnes war unterdessen nicht untätig geblieben, und nachdem er in Rennes Ruhe und Ordnung wiederhergestellt hatte, konnte er nun seine Aufmerksamkeit auf die Basse-Bretagne richten. Sein erster taktischer Winkelzug war, daß er jedem Strafverschonung versprach, der seine Waffe abgab. Unterstützung in seinem Einschüchterungsbemühen fand er seitens der bretonischen Jesuitenseminare, die den *Code Paysan* als Ketzerei oder gar als Werk des Antichrist qualifizierten. Die strenggläubigen Bauern waren solchen Argumenten nicht gewachsen, und die Massenbewegung von Le Balp begann sich aufzulösen. Außerdem war allen klar, daß im Falle einer Niederlage Le Balps diejenigen, die jetzt auf das Amnestieangebot nicht eingingen, einen schrecklichen Preis dafür zu zahlen hätten.

Le Balp sah, daß er Verbündete brauchte, seien es auch Feinde Frankreichs. Die niederländische Flotte kreuzte im Ärmelkanal, und so kam der Anwalt auf die Idee, die Stadt Morlaix zu besetzen und anschließend an den niederländischen Admiral De Ruyter zu übergeben. Wären die Brüder Montgaillard nicht gewesen, hätte dieses Vorhaben durchaus Erfolg haben können. Diese waren entsetzt über den vermeintlichen Hochverrat, schon zuvor hatten sie das Benehmen Le Balps kritisiert. Um die *Bonnets Rouges* von einem Sturm auf Morlaix abzubringen, ließen sie verbreiten, de Chaulnes habe dort 6000 Mann stationiert.

Ohne das vielleicht entscheidende Erfolgsmoment ging der Aufstand weiter, und am 3. September brannten 30 000 *Bonnets Rouges* Cahaix nieder. Ihr nächstes Ziel hieß Quimper, wo der Herzog de Chaulnes sein Hauptquartier aufgeschlagen hatte. Auf dem Wege dorthin machte Le Balp im Schloß der Montgaillards Station, wo er die Brüder vor die Alternative stellte, mitzumachen oder den Zorn der Massen auf sich zu ziehen. Die Antwort des Marquis bestand darin, daß er Le Balp ein Schwert in den Leib rammte. Plötzlich führerlos geworden, zerstreute sich das Bauernheer daraufhin in alle Winde. Die große Rebellion war vorüber.

Nun folgte die Vergeltung. Einige wenige *Bonnets Rouges* schafften es, sich bis zum Ärmelkanal durchzuschlagen und dort auf den niederländischen Schiffen oder auf den Kanalinseln Zuflucht zu finden. Wer gefangen und als Rädelsführer angesehen wurde, sah dem sicheren Tod durch den Strang oder das Rad entgegen. Viele wurden nur aufgrund des bloßen Verdachts der Mittäterschaft zum Tode verurteilt. Am „besten“ waren noch die wenigen dran, die zur Zwangsarbeit auf den Galeeren verdammt oder nur auf ewig verbannt wurden.

Von ihrem Schloß in Les Rochers aus beobachtete Madame de Sévigné voller Entsetzen, welche Barbareien sich vor ihrer Haustür abspielten. In den erhalten gebliebenen Briefen an ihre Tochter beschrieb sie, wie die Bauern vor den französischen Truppen um Gnade winselten, nur um bald darauf auf dem Schafott um ein Glas Wasser und einen schnellen Tod zu bitten.

Links: Die Festungsmauern von St-Malo im 15. Jahrhundert. Oben: Fischweiber von einst im Hafen von Concarneau.

BRETONISCHE TRACHT

Wenn etwas typisch für die Bretagne ist, dann ist es die Tracht ihrer Bewohner. Auf Tausenden von Postkarten, Kekspakkungen und Reiseführern sind sie abgebildet: die Männer mit Kalabresern, breiten Rockaufschlägen und goldgeknöpftem Wams, die Frauen mit schwarzem Gewand und Schürze und *coiffe* auf dem Kopf.

Allerdings sind die Trachten nur anläßlich eines *pardon* oder eines der großen Feste wie den *Fêtes de Cornouaille* im Juli zu bewundern. Selbst in Gegenden, in denen man das Brauchtum noch pflegt, ist die *coiffe*-Haube selten geworden. Verschwunden sind auch die alten Frauen in Tracht, die einst auf den Märkten die Erzeugnisse des Familienhofs oder selbstgefertigtes Kunsthandwerk feilboten. Fragt man nach beim örtlichen Syndicat d'Initiative, wird man in der Regel auf das Heimatmuseum verwiesen. Da ist es oft leichter, hübsch herausgeputzte Mädchen und Jungen außerhalb der Bretagne und im Ausland auf den Tourneen zur Förderung des bretonischen Tourismus anzutreffen.

Nachdem das Kulturgut jahrhundertelang der fremden Unterdrückung trotzte, erscheint es nun fast tragisch, daß die so charakteristische bretonische Tracht in den heutigen, weitaus toleranteren Zeiten nach und nach verschwindet oder nur als folkloristische Kuriosität überlebt.

In vergangenen Tagen wurde von jedem bretonischen Mann erwartet, daß er mindestens eine vollständige Tracht sein eigen nannte. Von einem Mädchen durfte man annehmen, daß die traditionelle Kleidung einen ganzen Schrank füllte: vom reich mit Silberfaden durchwirkten Festkleid bis hin zum schlichten schwarzen Trauerkleid.

Selbst wenn einiges als Familienerbstück weitergegeben oder für die Aussteuer erworben wurde, waren doch die Kosten für solch eine Ausstattung ungemein hoch, zweifellos aber auch ein Mittel, den Wohlstand einer Familie zu demonstrieren. Die „mehrstöckigen" Röcke der Frauen in Penmarc'h waren denn zuzeiten ein – jedem Betrachter ersichtlicher – Maßstab, an welchem eine „gute Partie" abzuschätzen war.

Zweifelsohne spielten die hohen Kosten eine Rolle bei dem Niedergang der Tracht: Für eine Mindestausstattung mußte man ein kleines Vermögen auf den Tisch legen. Hinzu kam, daß Hutmacher und Maßschneider Boutiquen und Kaufhäusern Platz machen mußten und daß bretonische Frauen, die einst die Winterabende mit Klöppeln verbrachten, nun dem Fernsehen den Vorzug geben.

Der Ausdruck „bretonische Tracht" ist im Grunde irreführend, denn es gibt nicht nur eine, sondern eine ganze Reihe von Trachten, anhand derer sich die Herkunft des Trägers bestimmen läßt. Lange bestickte Westen, die unter kurzen schwarzen Tuchjacken getragen wurden, waren charakteristisch für die Kleidung der Männer aus Bigouden. Ihre Frauen trugen, außer den mehrlagigen Röcken, reich bestickte Mieder aus Seide. Im nahe gelegenen Quimper dagegen zogen sich die Männer blaßblaue Jacken über, während die bunten Kleider der Frauen mit hochkomplizierten Stickereien durchwirkt waren. In anderen Gegenden trugen die Männer bauchige Kniebundhosen, die *bragoubras*.

Zwei Bestandteile der Frauentracht waren allen Varianten gemein: die Schürze, die gewöhnlich aus Satin oder Samt, brokaten oder bestickt und mit Spitzen eingefaßt war; das Maß der Verzierungen zeigte den Status der Familie der Trägerin an. In Cornouaille z. B. waren die Schürzen in hellen Farben mit langen Schleifen gehalten, in Pont-Aven fielen sie eher schmal aus.

Vor allem war der Gestaltung von *coiffe*-Hauben keine Grenzen gesetzt. Die *coiffe* von Douarnenez war nicht mehr als ein Beiwerk des Haarknotens im Nacken, in Cornouaille erreichte sie die Größe einer kleinen Kappe. In Huelgoat legte man sich die *coiffe* als Netz auf das Haar; in Plougastel bestand sie aus einer einfachen weißen Leinenkappe mit Spitzensaum. Die *coiffe* von Auray bedeckte einen Teil der Stirn, die aus Quimper ähnelte einer spanischen *mantilla*. Die prächtigsten Hauben fand man in Pont-Aven, wo die Krempen mit Flügeln versehen waren, und in Pont l'Abbé, wo sie zu einem Turm emporwuchsen, der einen Menhir symbolisierte. ■

Nachdem der Basse-Bretagne ihre Lektion erteilt worden war, kam nun Rennes an die Reihe. Ganze Stadtviertel wurden hier niedergebrannt. Schließlich mußte das Herzogtum Bretagne drei Millionen Livres Strafe bezahlen, und 10 000 französische Soldaten wurden den Winter über in Privathäusern einquartiert. Sie führten sich dort wie barbarische Eroberer auf – Vergewaltigungen, Morde und Plünderungen waren an der Tagesordnung. Erst im darauffolgenden Sommer hielt man die Bretonen für genug gestraft, und das Leben begann langsam wieder, seinen gewohnten Gang zu gehen.

Der Sieg der französischen Zentralregierung war überwältigend. Doch im Rückblick wird klar, daß die „Steuermarken-Revolte" bereits den Keim der Revolution in sich trug, die mehr als ein Jahrhundert später mit dem Sturm auf die Bastille ihren Anfang nahm. Sogar die phrygische Mütze der *Bonnets Rouges* wurde von den aufbegehrenden Volksmassen 1789 als Jakobinermütze zum Symbol der Freiheit erkoren.

Piraten des Königs: Die folgenden Jahre zeigten jedoch, daß einige Bretonen Frankreich nicht nur mit bedingungsloser Loyalität gegenüberstanden, sondern sich sogar kühn für dessen Ruhm einsetzten: die Freibeuter, bretonische Seeleute, wurden mit „Kaperbriefen" ausgestattet, um mit ihren Piratenschiffen ganz „offiziell" die Beute, in aller Regel englische Kriegs- oder Handelsschiffe, anpeilen zu können.

Die beiden herausragendsten Charaktere unter den Piraten waren Duguay-Trouin (1673-1736) und Robert Surcouf (1773-1827). René Duguay-Trouin, der eigentlich Priester werden sollte, hatte seinen Vater, einen Reeder aus St-Malo, durch sein ausschweifendes Leben bitter enttäuscht. Als letzten Ausweg schickte dieser ihn schließlich zur See, wo er sich sehr schnell zum legendären Kapitän entwickelte. Von den Engländern 1694 gefangengenommen, gelang es ihm, in der Verkleidung eines schwedischen Kapitäns zu entkommen. Drei Jahre später – er war gerade 24 – wurde er Kommandant eines eigenen Schiffes, und mit 32 erhob man ihn in den Adelsstand. Eine seiner größten Heldentaten war die Einnahme Rio de Janeiros im Jahre 1711.

Das Leben des Robert Surcouf war nicht weniger aufregend. 100 Jahre später als Duguay-Trouin geboren, stammte er ebenfalls aus einer Reederfamilie in St-Malo und sollte Priester werden. Doch nachdem er im Alter von zehn Jahren von der Ordensschule

Links: Bretonische Trachten sind nicht nur wegen der *coiffe* bezaubernd. Oben: Warten auf die Beute im gestrandeten Schiff.

verwiesen worden war, schickte man auch ihn zur See. Mit 20 übernahm er zum ersten Mal das Kommando auf einem Schiff und kaperte mit nur 18 Mann das englische Schlachtschiff *Triton*, das über 26 Kanonen und 150 Matrosen verfügte.

Im Jahre 1800 landete er jedoch noch einen größeren Coup. Mit seiner *Confiance*, einem von ihm selbst entworfenen Freibeuterschiff, überraschte er in der Bucht von Bengalen ein Handelsschiff der East India Company. Trotz Trommelfeuers aus 38 Kanonen gelang es Surcouf, nahe genug heranzukommen, um das Schiff zu entern. Zwar war die englische Crew mit 437 Soldaten verstärkt worden, die den Piraten erbitterten Widerstand leisteten, doch war sie am Ende chancenlos. Als der englische Kapitän Rivington fiel, gab die Besatzung auf.

Im Jahre 1809 zog sich Surcouf ins Privatleben zu-rück. Als Reeder vergrößerte er sein bereits beträchtliches Vermögen. Doch nach wie vor ging ihm die Ehre des Vaterlandes über alles. Mit 44 Jahren und schon etwas füllig, lieferte sich Surcouf 1817 ein Duell mit zwölf preußischen Offizieren, die Frankreich in einem Restaurant in St-Malo beleidigt hatten. Nachdem er elf getötet hatte, verschonte er den zwölften, damit dieser in seiner Heimat von der Heldentat berichten konnte.

Daß Duguay-Trouin und Surcouf als Piraten „Karriere" machen konnten, verdankten sie dem Umstand, daß sich England und Frankreich zu jener Zeit mehr oder weniger ständig im Kriegszustand befanden. Im Juni 1758 wurde eine 14 000 Mann starke englische Sondereinheit mit der Einnahme von St-Malo beauftragt. Sie landete in Cancale und rückte dann bis nach St-Servan vor. Doch der Vorstoß geriet ins Stocken, und die Engländer begnügten sich mit der Zerstörung St-Servans, bevor sie wieder abzogen.

Anfang September starteten die Briten einen erneuten Versuch. Dieses Mal landeten die Truppen westlich von St-Malo, in St-Briac. Doch auch dieses Mal hatten sie kein Glück. Von plötzlichen Sturmwinden überrascht, mußten die englischen Kriegsschiffe nach Westen, in Richtung St-Cast, abdrehen und konnten ihren Landungstruppen keinen Feuerschutz geben. Ohne diese wichtige Unterstützung ließ der Kommandant seine Männer kehrtmachen und ebenfalls nach Westen abmarschieren.

Unterwegs wurden sie von einer kleinen französischen Streitmacht lange genug aufgehalten, um deren Oberbefehlshaber, dem Herzog d'Aiguillon, Gelegenheit zu geben, seine Truppen wieder zu sammeln. Am 11. September wurden die Engländer bei St-Cast vernichtend geschlagen. Eine Siegessäule erinnert heute an dieses Ereignis.

Societas Jesu: Zwar war der Herzog d'Aiguillon nun ein großer Kriegsheld, als Gouverneur der Bretagne jedoch machte er eine weniger gute Figur, als er in eine Auseinandersetzung um den Jesuitenorden gezogen wurde. Dieser hatte immer wieder seinen Einfluß für politische Ziele eingesetzt. In einer Zeit, als die Gedanken der Aufklärung sich ihren Weg auch in die Bretagne bahnten und dem religiösen Dogma der Kampf angesagt wurde, sah sich der Jesuitenorden heftigen Anfeindungen ausgesetzt.

1760 verfaßte der Generalstaatsanwalt des Herzogtums einen überaus kritischen Bericht über die Aktivitäten der Societas Jesu, der bald in ganz Frankreich zum Bestseller wurde. Sogar von Voltaire kam das Kompliment aus Ferney, daß dies „das erste wahrhaft philosophische Werk eines Rechtsgelehrten" sei. Auf der Grundlage dieses Berichts beschlossen die bretonischen Stände die Ausweisung der Jesuiten aus der Bretagne.

Als Vertreter der Krone versuchte Herzog d'Aiguillon, das Parlament umzustimmen. Als er damit keinen Erfolg hatte, intervenierte Louis XV persönlich. Er ließ drei Parlamentarier verbannen und warf La Chalotais ins Gefängnis. Damit erreichte er aber nur das Gegenteil. Die Generalstände in Paris setzten sich vehement für die Kollegen in Rennes ein, und es war abzusehen, daß auch andere Provinzparlamente dem Beispiel folgen würden. Louis hatte nicht mit so viel Widerstand gerechnet und befand sich nun in der peinlichen Situation, in dieser Angelegenheit klein beigeben zu müssen.

Innerhalb eines Jahrhunderts war es also zweimal zu einer Rebellion gekommen. Im ersten Fall hatte sich das Volk gegen die unmäßigen Forderungen der französischen Zentralregierung und Feudalherren zur Wehr gesetzt. Im zweiten Fall verwiesen die Parlamente den absolutistischen Anspruch des Königs in die Schranken.

„Bewohner der Küste" in Finistère.

BAZ
ZAR

Die Französische Revolution von 1789 machte deutlich, daß die Rebellionen zuvor nur Vorboten gewesen waren. Die Aussicht, von den absolutistischen Tyrannen befreit zu werden, fiel in der Bretagne auf fruchtbaren Boden, und der Sturm auf die Bastille am 14. Juli wurde in der Bretagne so stürmisch gefeiert wie überall in Frankreich.

Die Ernüchterung kam schon im Herbst desselben Jahres, als die neue Regierung die Kirchengüter einzuziehen begann, was die Bretonen als schweres Sakrileg betrachteten. Dann folgte die Gebietsreform im Jahre 1790: Die Stelle der alten Provinzen nahmen nun 83 Départements ein, und die Bretagne wurde in fünf dieser Départements aufgeteilt. Damit verlor sie auch all ihre Rechte, die ihr die Zentralregierung 1532 zugestanden hatte. In dem Streben, Frankreich zu einem einzigen monolithischen Block zu formen, begann die Revolutionsregierung überdies mit den Angriffen auf die bretonische Sprache, die sich das ganze nächste Jahrhundert fortsetzen sollten. Erahnend, was kommen würde, gründete der Marquis de la Rouërie, der die Revolution zunächst unterstützt hatte, eine Widerstandsbewegung – die *Association Bretonne*. Die Hinrichtung von Louis XVI im Januar 1793 gab der Bewegung weiteren Auftrieb, denn die Autonomie der Bretagne war stets eng an die Krone gekoppelt gewesen.

Im März erreichte der Terror in der Person von Jean-Baptiste Carrier, dem Konventsabgeordneten für das Département Cantal, Rennes. Bald verrichtete die Guillotine auch in der Bretagne ihr Werk.

Brutale Ausschreitungen: Einem Volk, das sich Frankreich als Ganzes ohnehin nicht verbunden fühlte, mußte diese Art der Behandlung das Gefühl geben, einer besonders brutalen Besatzungsmacht ausgeliefert zu sein. Dabei sollte es noch schlimmer kommen: Rücksichtslos wurden Lebensmittelvorräte requiriert, so daß die Bevölkerung große Not litt. Dann wurde die Zwangsarbeit eingeführt, die Historiker mit den Arbeitsdienstgesetzen der Nazis verglichen. Die *Association Bretonne* mußte einige Rückschläge hinnehmen. Zunächst starb der Marquis de la Rouërie infolge völliger Erschöpfung und des Schocks, den die Hinrichtung des Königs ausgelöst hatte. Dann wurde die Bewegung verraten, und zwölf ihrer führenden Mitglieder wurden guillotiniert.

Doch trotz alledem fand die Bewegung bei der bretonischen Jugend weiterhin großen Zulauf. Bald hatte sie auch wieder einen neuen Anführer. Georges Cadoudal, ein 22jähriger Bauernsohn, hatte bereits in der Vendée, der Küstenregion zwischen La Rochelle und der Loire, die sich offen auflehnte, gekämpft. Unter seinem Kommando führten die Widerstandskämpfer, die bald besser unter dem Namen *Chouans* (nach dem Schrei der Schleiereule, mit dem sich Mitglieder zu erkennen gaben) bekannt waren, die wagemutigsten Aktionen durch.

Das Zentrum der Aufstandsbewegung war Nantes, und so sah sich Carrier im Oktober veranlaßt, die Stadt „von der Fäulnis" zu säubern. Eine Verhaftungswelle hatte zur Folge, daß die Gefängnisse bald überfüllt

Vorherige Seiten: *Le Marché aux Chiffons* (1886) von Jean-Baptiste Jules Trayer. Links: Elegantes Nantes im 19. Jahrhundert. Oben: *L'Aumône* von François Talay, genannt Talec's.

waren und sich die Frage nach weiteren Unterbringungsmöglichkeiten für die Gefangenen stellte. Carrier löste das Problem auf seine Weise, ließ sie auf Lastkähne verladen und in der Loire versenken. Damit nicht genug: Bei seinen *mariages républicains* („Republikanerhochzeiten") wurden gefangengesetzte Ehepaare nackt aneinandergefesselt und ins Wasser gestoßen.

Diese Horrorgeschichten waren selbst dem nicht gerade zimperlichen Nationalkonvent in Paris zuviel. Carrier wurde von seinem Posten abberufen, vor Gericht gestellt und schließlich hingerichtet.

Der Terror jedoch stachelte den Widerstand nur noch weiter an, so daß aus Paris

nun Louis-Lazare Hoche, einer der fähigsten Revolutionsgeneräle, geschickt wurde, um die bewaffnete Rebellion der *Chouans* endlich niederzuschlagen.

1795 beteiligte sich Cadoudal an einem ehrgeizigen Vorhaben, das exilierte Franzosen in Deutschland und England ausgeheckt hatten. Eine 100 000 Mann starke Truppe sollte auf der Halbinsel Quiberon landen, um sich dort mit den *Chouans* zu vereinigen und eine Gegenrevolution in Gang zu bringen. Die Exilierten waren aber unvorsichtig genug, mit ihren Plänen zu prahlen, und Hoche, der über ein ausgezeichnetes Spionagenetz verfügte, war vorgewarnt.

Als die Truppen am 27. Juni landeten – gerade ein Zehntel der ursprünglich angekündigten Zahl –, kam es zum Streit mit Cadoudal. Ihm wurde klar, daß niemand daran interessiert war, der Bretagne ihre Freiheit zurückzugeben, sondern die Exiltruppen nichts anderes im Sinn hatten, als das Ancien régime wiederherzustellen – die Regierung also, gegen die einst die *Bonnets Rouges* auf die Barrikaden gegangen waren.

Als die Truppen vorrückten, marschierten sie direkt in die Falle: Am Flaschenhalsende der Halbinsel wartete General Hoche bereits auf sie. Viele der Exilanten hatten ihre Familien mitgebracht, und so fanden sich die Kämpfer bald in einem großen Tohuwabohu mit schreienden Frauen und Kindern. In einem wilden Durcheinander wurden die Rebellen zurückgetrieben. Ihre Versuche, sich mit bereitgestellten kleinen Booten auf die wartenden Schiffe der Royal Navy zu retten, wurden von der rauhen See vereitelt.

Die Übriggebliebenen bildeten eine dünne Verteidigungslinie, die Hoche am 20. Juli jedoch angriff und durchbrach. Am Abend dieses Tages hatte er 900 Gefangene gemacht. In einem Schnellverfahren wurden sie sämtlich zum Tode durch Erschießen verurteilt, obwohl Hoche um Gnade für sie bat. Einige wurden in Quiberon, andere in Auray und Vannes exekutiert, damit möglichst viele sehen konnten, was mit Leuten passierte, die sich dem „Willen des Volkes" entgegenstellten.

Auch wenn dies der letzte organisierte Versuch einer Erhebung von Königstreuen war, war das Ende der *Chouans* noch lange nicht gekommen. Der größte Teil hatte sich zwar aufgelöst und in alle Winde zerstreut oder das Amnestieangebot General Hoches angenommen; Cadoudal selbst jedoch war geflohen. Als Napoléon 1799 zum Ersten Konsul der Republik ernannt wurde, rief er die *Chouans* erneut ins Leben.

Besonders eingerichtete mobile Spezialtruppen hatten es vor dem Hintergrund der Patriotismuswoge, die nach Napoléons Siegen bei Hohenlinden und Marengo das Land überschwemmte, nicht schwer, die Rebellen erneut zu unterwerfen. Doch wieder gelang es Cadoudal zu fliehen, dieses Mal nach England. Von hier aus startete er 1804 seinen letzten großen Versuch zur Befreiung der Bretagne: Er plante, Napoléon zu entführen. Doch auch dies scheiterte, er wurde gefangengenommen, zum Tode verurteilt und exekutiert. Zu seiner Verhöhnung überließ man seine Leiche der Anatomie.

Die *Chouannerie* erwachte jedoch noch einmal zum Leben. Nach Napoléons endgültiger Niederlage im Jahre 1815 bestieg 1824 Charles X den Thron. Seine restaurative Politik führte zu schweren Unruhen, und 1830 wurde der „Bürgerkönig" Louis Philippe zum Nachfolger gewählt.

Auch dieser Regierungswechsel stieß nicht überall auf Gegenliebe. So erhob die verwitwete Gräfin de Berry, deren verstorbener Ehemann der Sohn von Charles X war, für ihren Sohn, den Grafen von Chambord, den Anspruch auf den Thron. Ihre Intrigen hatten die Verbannung nach Italien zur Folge. Als Bäuerin verkleidet, kehrte sie jedoch 1832 wieder zurück in die Bretagne. Sie erinnerte sich der königstreuen Erhebungen dort und versuchte nun, einen Aufstand gegen Louis Philippe zu entfachen.

Wegen dieser – wenn auch erfolglosen – Versuche wurde bald die Polizei auf sie aufmerksam. In Nantes brachen die Gendarmen deshalb in das Haus ein, in dem sich die Gräfin versteckt hielt. Dort fanden sie niemanden vor und beschlossen deshalb zu warten. Als es kalt wurde, versuchten sie, ein Kaminfeuer zu entfachen. Der Grund, weshalb dies nicht gelang, wurde bald klar: Aus dem Schornstein landeten vier jämmerlich aussehende geschwärzte Gestalten hustend in der Asche. Es waren die Gräfin und drei

Links: Die Kathedrale von Vannes und das Château de la Bourbansais. Oben: *Le Champ de Foire à Quimper* (1810) von Olivier Perrin.

ihrer treuesten Anhänger, die sich 16 Stunden lang im Kamin versteckt hatten. Damit schien die *Chouannerie* endgültig erledigt; doch die Unabhängigkeit der Bretagne lebte in vielen Köpfen weiter.

1911 wurde eine bretonisch-separatistische Partei – die *Strollad Broadel Breiz* – ins Leben gerufen, deren erste öffentliche Aktion eine Demonstration bei der Enthüllung eines Denkmals war, das an die Union der Bretagne mit Frankreich im Jahre 1532 erinnerte. Der Anführer, Camille Le Mercier d'Erm, wurde zu einer symbolischen Strafe von zwei Francs verurteilt. Das Denkmal blieb den bretonischen Nationalisten ein Dorn im Auge, bis sie es schließlich 21 Jahre später – zum 400. Jahrestag der Union – in die Luft sprengten.

Der Erste Weltkrieg unterbrach vorübergehend separatistische Bestrebungen. Die Namen der Bretonen, die in diesem Krieg ihr Leben für Frankreich ließen, sind auf langen Listen unzähliger Kriegsdenkmäler verewigt. Nach Kriegsende wiesen die Separatisten darauf hin, daß diese Opfer für eine Macht erbracht worden waren, die den Bretonen die Unabhängigkeit geraubt sowie Sprache und Kultur unterdrückt hatte.

Geheimorganisation: Militantere Organisationen entstanden, so eine bretonische „Armee" *(Bezenn Perrot)* und eine Geheimorganisation mit Namen *Gwenn ha Du* – „Schwarz und Weiß" nach den Farben der bretonischen Flagge –, die für den Bombenanschlag auf das Unionsdenkmal verantwortlich gezeichnet hatte.

In den folgenden Jahren waren es weniger spektakuläre Aktionen, mit denen die *Gwenn ha Du* und andere Gruppen auf sich und ihre Ziele aufmerksam machten. Doch bestimmten äußere Ereignisse das Geschehen: im Herbst 1939 lagen Frankreich und Deutschland wieder im Krieg miteinander.

In den ersten Monaten schien es, als ob, wie im Ersten Weltkrieg, die Front weit entfernt von der bretonischen Halbinsel verlaufen würde. Aber nachdem im Mai 1940 die Niederlande und Belgien kapitulierten und die Alliierten nur noch Rückzugsgefechte lieferten, rückten deutsche Truppen immer näher. Der Plan der Alliierten, eine „Festung Bretagne" als Brückenkopf zu bilden, kam durch das Tempo des deutschen Vormarsches nicht mehr zur Realisierung. Mitte Juni war klar, daß Frankreich nur die Wahl zwischen sofortigen Waffenstillstandsverhandlungen oder späterer bedingungsloser Kapitulation hatte. In den Tagen nach dem Waffenstillstand stießen deutsche Truppen auch in die Bretagne vor.

Schon in den dreißiger Jahren hatte die *Gwenn ha Du* Kontakte zu den Nazis geknüpft, und die *Bezenn Perrot* war in Deutschland keine Unbekannte geblieben.

Diesem Umstand Rechnung tragend, wurden Kriegsgefangene, die ihre Mitgliedschaft in einer der separatistischen Bewegungen nachweisen konnten, entweder sofort freigelassen oder durften in Lagern nahe ihres Heimatorts bleiben. In den Schulen setzte die deutsche Besatzungsmacht die bretonische Sprache wieder auf den Lehrplan, und den Separatisten wurde sogar die Herausgabe einer eigenen Zeitung, der *L'Heure Bretonne,* erlaubt, wenn auch unter Zensur der Wehrmacht.

Doch keine dieser Konzessionen machte die Besatzer beliebter bei einem Volk, das,

über Jahrhunderte von Eroberungen heimgesucht, auch den neuen Herren im Grunde mißtraute. Als die Deutschen die Ernteerträge zur Versorgung der eigenen Bevölkerung abtransportierten, wurden sie spöttisch *les doryphores* getauft – Kartoffelkäfer!

Doch der Widerstand erschöpfte sich nicht in der Vergabe von Spottnamen. Schon vor der Ankunft der Deutschen hatten die Bretonen ihre Einstellung klar geäußert. Am 18. Juni, 24 Stunden nach seiner Ankunft in

Links: Bretonische Arbeiter in den dreißiger Jahren. Oben: 1945 – Befreiung der Bretagne durch die alliierten Truppen.

London, rief General de Gaulle die Franzosen in einer Rundfunkansprache auf, es ihm gleichzutun und den Kampf vom Exil aus fortzusetzen. Zu den ersten, die ihm folgten, gehörten 130 Seeleute und Fischer von der Ile de Sein, von denen der jüngste gerade 14 Jahre alt war. Als die Deutschen dort ankamen, fanden sie nur noch Frauen, Kinder und alte Männer vor.

Im Laufe der folgenden Jahre traten Hunderte von Bretonen die Reise über den Ärmelkanal an. Die Zurückbleibenden gründeten bald eine Widerstandsbewegung nach dem Modell von Cadoudals *Chouans.* Eine der Aktivitäten bestand in der Organisation von Fluchtwegen. Die Inschrift auf einem Denkmal in Plouha zum Beispiel erinnert daran, daß 1944 von Januar bis August 135 alliierte Luftwaffenpiloten zurück über den Kanal nach England geschleust wurden.

Zu den Waffen: Die bretonische Résistance zeichnete auch für unzählige Sabotageakte verantwortlich, ganz besonders in der Zeit vor dem „D-Day" (der Landung der Alliierten in der Normandie). Hunderte von Telefon- und Stromleitungen wurden gekappt; viele Truppen- und Munitionszüge wurden zum Entgleisen gebracht.

Am Tag der Landung folgten fast 20 000 Bretonen dem Ruf zu den Waffen, und nach weiteren vier Wochen waren es 30 000. Als am 3. August 1944 die Befreiung der Bretagne begann, kämpften die *résistants* Schulter an Schulter mit den Einheiten des VIII. US-Korps unter General Patton. Unter anderem gelang ihnen die Zurückeroberung des Flughafens von Vannes.

Die blutige Schlacht um die Bretagne dauerte mehr als sechs Wochen. Als der Sieg errungen war, lagen viele Städte, Saint-Malo zum Beispiel, in Schutt und Asche.

Weit größere Opfer hatten jedoch die Massenexekutionen von den Bretonen gefordert: Die zahlreichen Mahnmale auf der Halbinsel künden noch heute davon. Diese Erschießungen als Vergeltung für Anschläge der Résistance waren zwar durch die Plakate bekannt, die überall in den Dörfern angeschlagen wurden; doch das wahre Ausmaß der Greueltaten der Gestapo und ihrer Gehilfen von der Geheimpolizei des Vichy-Regimes kam erst nach Kriegsende ans Tageslicht. In Port Louis zum Beispiel fand man in einer Grube die Leichen von 69 zu Tode gefolterten Männern.

Die Wiedergeburt der Bretagne

In den ersten 20 Jahren des Friedens nach 1945 konnte ein Besucher der Bretagne zwar beobachten, wie die im Laufe von sechs Kriegsjahren ganz oder teilweise zerstörten Städte wiederaufgebaut wurden; doch die Atmosphäre der Zeitlosigkeit und Abgeschiedenheit des Landes blieb.

Auf den kleinen Feldern gediehen Blumenkohl, Artischocken, Frühkartoffeln und Zwiebeln oder weideten kleine Rinderherden, Schweine und Pferde. Der Tourismus war als rein saisonale Erwerbsmöglichkeit auf Küstenstädtchen und -dörfer beschränkt. Das einfühlsame humorvolle Bild, das Jacques Tati, genannt Talec's, in *Die Ferien des Monsieur Hulot* zeichnet, gibt die Wirklichkeit von damals ziemlich genau wieder. Doch in der ganzen Region begann sich eine Stimmung der Mutlosigkeit breitzumachen und zu einer schwarzen Gewitterwolke des Protestes zu verdichten.

Es war keine Überraschung, daß in einem Land, dessen Geschichte von der normannischen Eroberung, dem „Kampf der Dreißig“, dem Erbfolgekrieg und der „Steuermarken-Revolte“ geprägt worden war, in den frühen sechziger Jahren nun der „Artischockenkrieg“ ausbrach. Künftige Historiker werden dieses Ereignis sicherlich als den Auslöser bezeichnen, der die wirtschaftliche Renaissance der Bretagne einleitete und die weitere soziale Entwicklung sehr wesentlich mitbestimmte.

Damals hing das wirtschaftliche Wohlergehen der Bretagne nahezu ausschließlich von der eigenen Landwirtschaft und vom einheimischen Gartenbau ab. Fast 80 Prozent der Bevölkerung lebte direkt oder indirekt von der Nutzung des Bodens, und dies mehr schlecht als recht mit geringen Zukunftsaussichten. Für die Hafenstädte Brest und Lorient oder für die Fischindustrie im Süd-Finistère sah es auch nicht viel besser aus. Als wichtiges Mitgliedsland der damals aus sechs Staaten bestehenden Europäischen Gemeinschaft legte Frankreich sein Augenmerk auf die östlichen Landesteile und auf die anderen Mitgliedsländer. Die Bretagne wurde in die wirtschaftlichen Zukunftsplanungen nicht mit einbezogen und zusehends vernachlässigt.

Vorherige Seiten: Gruppenbild mit Damen. Links: Der bretonische Nationalismus findet viele neue Anhänger auf der Halbinsel.

Trotz der besorgniserregenden Abwanderung junger Leute auf der Suche nach besseren Zukunftsaussichten blieben einige Unerschütterliche in ihrem angestammten Land zurück. Doch sie wußten, daß sie ihr Schicksal nicht von Politikern in Paris abhängig machen durften, sondern ihre Zukunft selbst in die Hand nehmen mußten.

Zu ihnen gehörten junge Bauern, wie Alexis Gourvennec aus Taule bei St-Pol-de-Léon, die den kleinen Landbesitz der Familie geerbt hatten, sich aber mit ihrer Ernte von Blumenkohl und Artischocken einer ausschließlichen Käuferschaft von rund 80 Händlern ausgeliefert sahen. Eine Marktstrategie fehlte, und den Händlern war es ein Leichtes, die rund 7000 Produzenten preislich gegeneinander auszuspielen.

Im Sommer 1960 kollabierte der Artischockenpreis im Finistère am Höhepunkt der Ernte. Doch statt sich mit dem völlig unzureichenden Entgelt für ihre Produkte auf ihre Höfe zurückzuziehen und vor sich hin zu schimpfen, nahmen die Bauern unter der Führung von Gourvennec das Heft selbst in die Hand: Sie fuhren mit ihren Lastwagen voller Artischocken nach Paris und verkauften sie dort direkt auf der Straße. Die Bauern waren mehr als verärgert darüber, daß die Regierung sie zunächst gedrängt hatte, mehr zu erzeugen, aber nicht für eine Verbesserung des Absatzsystems gesorgt hatte.

Im darauffolgenden Winter machte sich der 24jährige Gourvennec als führendes Mitglied der Bewegung junger Bauern daran, die Vermarktungsstruktur zu verändern. Für ihn kam es darauf an, die Erzeuger zu vereinigen, die dadurch den Händlern verstärkt Paroli bieten konnten. In 1800 Versammlungen konnte er die Bauern im Nord-Finistère überzeugen, eine Genossenschaft zu gründen.

Aber die französische Regierung war mit der vorgesehenen Rechtsform für die Kooperative nicht einverstanden. Die Händler ließen aus wohlverstandenem Eigeninteresse auf allen politischen Ebenen gegen das

Vorhaben Fallstricke legen. Und von den Bauern selbst fürchteten viele, in der Genossenschaft ihre Unabhängigkeit zu verlieren.

Doch Ende des Winters 1961 wurde die SICA *(Société d'Interêt Collectif Agricole)* Saint-Pol-de-Léon endlich gegründet. Erwartungsgemäß fungierte Gourvennec als ihr Vorsitzender. Der Kampf, über die Genossenschaft einen einzigen Markt für das Gemüse der Bretagne zu schaffen, war damit aber noch nicht ausgestanden.

Ende Mai bewirkte ein saisonales Überangebot eine Überschwemmung des Marktes mit Gemüse. Die Bauern in Pont l'Abbé reagierten, indem sie die Wahlurnen bei Kommunalwahlen in Brand steckten und die Straßen mit Tonnen von Kartoffeln blokkierten. Zehn Tage später fielen 4000 junge Bauern in Morlaix im Nord-Finistère mit ihren Traktoren ein und besetzten für mehrere Stunden die Präfektur. Gourvennec und ein weiterer Demonstrant wurden festgenommen, aber entlang der Westküste Frankreichs fanden weitere Protestkundgebungen statt. In den Pyrenäen und dem Languedoc kam es zu Straßenblockaden und Demonstrationen.

Damals ging das Gerücht um, Gourvennec habe sich überreden lassen, seine Festnahme selbst herbeizuführen, um den Protesten zusätzliches Feuer zu geben.

Die Demonstrationen in der Bretagne hatten bis dahin unbekannte Protestformen angenommen. Und vor allem waren die Akteure nicht Bauern der älteren Generation, die ihre Lebens- und Arbeitsformen beibehalten wollten: Es war die Stimme der Jugend, die nach Wandel verlangte. Eine Stimme, die sieben Jahre später bei den Studentenunruhen in Paris erneut zu hören sein sollte.

Präsident Charles de Gaulle reagierte, indem er den gemäßigten liberal-konservativen Landwirtschaftsminister Henri Rocherau durch Edgard Pisani ersetzte. Pisani richtete einen Rentenfond ein, der alte Bauern ermutigen sollte, in den Ruhestand zu treten, damit Jüngere den Besitz übernehmen konnten. Als wichtigste Maßnahme gewährte er den Produktions- und Vertriebsgenossenschaften Unterstützung, und dem Beispiel der SICA folgten bald auch die Erzeuger in anderen Départements der Bretagne.

Doch Alexis Gourvennec strebte mehr an als nur die Stabilität und Rentabilität der Agrarwirtschaft. So erkannte er, daß die Landwirtschaft nur gesunden würde, wenn die gesamte Wirtschaft der Region florierte. Vorausschauend sah er den strukturellen Zu-

Oben: Geschäftsabschluß per Handschlag. Rechts: Prinz Charles mit dem „Prinzen der Bretagne".

ALEXIS GOURVENNEC

Eine Markthalle im Norden der Bretagne: Über 4000 verärgerte Schweinezüchter versammeln sich im Protest gegen die Europäische Gemeinschaft, die hochsubventioniertes Schweinefleisch aus Holland, Belgien und Dänemark nach Frankreich gelangen ließ. Auf der Rednerplattform die stämmige Gestalt von Alexis Gourvennec, grauer Anzug, offener Hemdkragen.

Die Lautsprecheranlage plärrt seine Botschaft über die Köpfe der Anwesenden hinweg: „Wer uns Bretonen erniedrigt und angreift, soll sich vorsehen. Weil wir mit Paris nichts am Hut hatten, haben wir aus der Bretagne das wichtigste Agrarland in Frankreich gemacht. Und so soll es, so *wird* es auch bleiben!"

In welcher Eigenschaft spricht er eigentlich, dieser Gourvennec? Heute einmal nicht als größter Schweinezüchter Frankreichs, nicht als der Vorsitzende der mächtigen Gemüsevermarktungsgenossenschaft, auch nicht als Geschäftsführer von *Canaux Bretons*, dem bretonischen Schifffahrtsverband. Heute tritt er als Aufsichtsrat des *Crédit Agricole*, der Raiffeisenbank, auf.

Im Publikum sind viele, die solche Töne schon vor 20 Jahren vernommen haben. Damals begann Alexis Gourvennec seinen Kreuzzug zur Befreiung der bretonischen Bauern vom Joch eines archaischen Vermarktungssystems, in dem die Produzenten kaum ein Wort mitzusprechen hatten – gerade 24jährig, stur und angriffslustig, ein kleiner Bauer, der eben den elterlichen Hof mit sieben Hektar Pachtland übernommen hatte. Ein deutlich besserer Lebensstandard der Bauern und eine kraftvolle und zukunftsorientierte Bretagne waren sein unbescheidenes Ziel.

Zwei große Demonstrationen, eine Verhaftung und mehr als 1800 Versammlungen waren nötig, bevor 1961 die erste Genossenschaft zur Vermarktung des Gemüses ins Leben gerufen werden konnte. Überall in der Bretagne folgte man dem Beispiel, und weitere *coopératives* entstanden. Doch damit nicht genug: Als nächstes überzeugte Gourvennec die Bürgermeister und Handelskammern, die Vertreter von Industrie und Tourismus davon, daß die Bretagne mit einer Stimme jenseits von Parteiinteressen sprechen müsse. Dann legte er den Plan vor, der den Eckstein für die wirtschaftliche Wiedergeburt der Bretagne bilden sollte.

„Wir waren arm genug, um etwas unternehmen zu müssen, aber nicht so arm, als daß wir nichts hätten tun können", erinnert Alexis Gourvennec sich heute. Wird er von Bauern aus der Dritten Welt gefragt, ob die Bretagne für ihre Länder Modell sein könne, fragt er meist zurück: „Seid ihr hungrig genug? Wir waren es und haben etwas dagegen getan. Könnt ihr guten Gewissens dasselbe von euch sagen?"

Ein anderer Traum des Kelten Gourvennec ist ein Wirtschafts- und Handelsverbund, die gesamte Atlantikküste umfassend, vom Nordwesten Schottlands über Irland, Wales, den Südwesten Englands und die Westküste Frankreichs. Allerdings ist er sich der großen geographischen, sprachlichen und politischen Schwierigkeiten bewußt: „Wo ist der eine Mann auf den Britischen Inseln, der für alle Kelten sprechen könnte?"

Trotz seiner vielen Engagements, die weit über sein Eigeninteresse hinausreichen, konnte er sich für die Politik nie richtig begeistern: „Das, was ich mache, hat eine Dauerwirkung. In der französischen Politik ist man genauso schnell wieder draußen, wie man hineingekommen ist, und hat am Ende nichts erreicht." Alexis Gourvennec sieht sich im Grunde weiterhin als Bauer. Der elterliche Hof ist inzwischen auf 250 Hektar angewachsen, und neben den Schweinen züchtet er jetzt auch Fische.

Das Feuer in seinem Herzen brennt noch immer, wenn auch vom Alter gemildert. Er geht für seine Überzeugungen nicht mehr auf die Straße und hat es akzeptiert, daß auch kühles wirtschaftliches Kalkül zum Ziel führen kann. Als die Marketing-Kommission einen Namen für die Produkte der Provinz suchte, kam sie auf „Prinz der Bretagne", und die meisten im Land assoziierten damit den Namen Alexis Gourvennec. So lauteten denn die Schlagzeilen in der örtlichen Presse anläßlich des Besuchs von Prinz Charles treffend: „Der Prinz von Wales zu Besuch beim Prinzen der Bretagne." ■

sammenhang zwischen Landwirtschaft, Lebensmittelindustrie, Tourismus und allen übrigen Wirtschaftszweigen.

Die Vorstellung einer Zusammenarbeit stieß zunächst auf taube Ohren. Doch dann begann Gourvennec mit Unterstützung der Genossenschaften, die übrigen Wirtschaftszweige von der Notwendigkeit eines geschlossenen Auftretens zu überzeugen. Eine Wirtschaftskommission aus Vertretern der örtlichen Verwaltungen, der Handelskammern, der Industrie und Interessengruppen erstellte unter seinem Vorsitz einen Strukturentwicklungsplan für die Bretagne.

Über 200 Vorschläge für die kommenden 20 Jahre wurden erarbeitet. In Paris wurde

das umfangreiche Dokument zwar gerne angenommen, doch blieben durchgreifende Änderungsmaßnahmen, wie nicht anders zu erwarten, aus.

Daraufhin reduzierte die Kommission ihren Katalog von Forderungen auf fünf Grundbedingungen, die sie zur Entwicklung der Region für unabdingbar hielten. Hinter den Forderungen stand der Grundsatz, daß nicht der Staat, sondern die Region selbst das Heft in die Hand nehmen müsse. Paris solle lediglich die Voraussetzungen für eine eigenständige Entwicklung schaffen.

Die fünf Grundforderungen waren: ein modernes Straßennetz, um die Entfernung zwischen der Region und Paris und Mitteleuropa leichter zu überbrücken; ein modernes Telekommunikationssystem, um den Außenhandel anzukurbeln; Verbesserungen im Bildungssystem, vor allem der Ausbau der Universität Brest; die Modernisierung der Industrie in Brest; der Bau eines Tiefseehafens bei Roscoff an der Nordküste.

Konfrontiert mit der Entschlußkraft der Bretonen, gab die französische Regierung im Oktober 1968 grünes Licht.

Inzwischen hatten auch andere Gruppen Erstaunliches geleistet. Die verschiedenen Genossenschaften hatten einen Ausschuß gebildet, der sich um die Marktstrategien für den Vertrieb der Produkte kümmerte. Auch hier fungierte Gourvennec als Vorsitzender. Eine der ersten Maßnahmen dieses Ausschusses war es, eine Markenbezeichnung für alle Lebensmittel zu schaffen, die in der Region erzeugt wurden und den gestrengen Qualitätsanforderungen entsprachen. „Prinz der Bretagne“ ist heute durch die Einführung der Kontrollen und die ständigen Produktverbesserungen ein führender Name auf dem Weltmarkt.

In den siebziger Jahren kamen in der Bretagne viele Veränderungen in Gang. Die Straßenverbindung Paris–Brest schob sich von Rennes aus nach Westen vor, die Verbindung zwischen Brest und Quimper wurde ausgebaut und die Zugverbindung von Paris in Richtung Westen verbessert.

Während der Bauarbeiten des Hafens bei Roscoff versuchte man, geeignete Betreiber einer Fähre über den Ärmelkanal zu finden. Die Überfahrt zwischen Roscoff und Plymouth dauerte länger als alle bereits bestehenden Fährverbindungen zwischen England und dem Kontinent, so daß die Idee auf Skepsis stieß. Doch Gourvennec überzeugte die Gemüsebauern, in das neue Projekt zu investieren, und mit Zuschüssen von Handelskammern konnte ein gebraucht gekaufter Frachter im Januar 1973 den Liniendienst über den Kanal aufnehmen.

Auf der Route fahren heute zehn Schiffe, und eine weitere „Jumbo“-Fähre wurde in Saint-Nazaire gebaut. Mit der Zunahme des Handels und des Verkehrs kamen weitere Routen hinzu: 1976 Portsmouth–Saint-Malo, 1978 Plymouth–Santander/Spanien, ebenfalls 1978 Roscoff–Cork/Irland. 1985 wurde mit Portsmouth und den Kanalinseln ein Joint Venture vereinbart, und 1986 vervollständigten die Verbindungen zwischen Poole und Cherbourg sowie Portsmouth und Caen das Programm. Die Fährgesellschaft ist nach wie vor in den Händen der Bauern. Sie befördert jährlich an die 1,25 Millionen Passagiere und 370 000 Fahrzeuge, darunter 113 000 Lastwagen.

Das hartnäckigste Problem der Bretagne war schwieriger zu lösen: Wie konnte die Abwanderung der jungen Generation nach Paris und in andere Industriezentren aufgehalten werden? Eine Teillösung bestand darin, den jungen Bauern günstige Darlehen, aber auch Unternehmen der Lebensmittelproduktion günstige Ansiedlungsprogramme anzubieten. Angesichts hoher Grundstückspreise wurden diese Gelder von den Bauern häufig dazu benutzt, zusätzliches „Land" in Form von Gebäuden für die Tierhaltung zu erwerben.

Unter den Landwirten wuchs das Bewußtsein, daß dieser Wirtschaftszweig sich nicht weiterentwickeln konnte, solange der einzige Rohstoff Gemüse war. Diversifizierung war das Gebot der Stunde. Die Forderung der Europäischen Gemeinschaft „Erzeugen, erzeugen, und noch mal erzeugen!" traf nirgends auf so fruchtbaren Boden wie in der Bretagne der siebziger Jahre.

In Saint-Pol-de-Léon war die Antwort eine Diversifikation auf lukrative Pflanzenarten. Dazu gehörten Baumschulen ebenso wie Schnittblumen- und Zwiebelfelder sowie neue Salat- und Gemüsesorten. Auch die Tierzucht wurde effektiver gestaltet.

Dieses Wachstum war nicht möglich, weil neue Märkte erschlossen wurden, sondern es ging auf Kosten anderer Gebiete Frankreichs. Im Loire-Tal mußten die Schalotten-Anbauer plötzlich feststellen, daß ihre Kollegen im Norden nicht nur mehr Ertrag erwirtschafteten, sondern auch auf den traditionellen Märkten als Wettbewerber auftraten. Die Milchbauern der Normandie mußten ihre Führungsposition in der Milchproduktion an die Bretagne abgeben.

Auf der Halbinsel füllten sich die Ställe mit Schweinen und Geflügel zur Fleisch- und Eiergewinnung. Aus einem rückständigen Bauernland mit beständiger existenzieller Bedrohung war eine Oase ungeahnter Güterproduktion geworden.

Heute ist die Bretagne immer noch der größte Gemüse-, Eier- und Geflügelproduzent Frankreichs; die Hälfte des Schweinefleisches für französische Konsumenten stammt von dort; sie hat ihre Stellung als Milchproduzent ausbauen können und lie-

Links: Der Hafen von Brest ist heute auch eine wichtige Basis der französischen Atlantik-Flotte. Oben: Landarbeit in Rimou.

fert mehr Rind- und Kalbfleisch als jede andere Region in Frankreich.

Die Umwälzungen machten nicht bei den Erzeugern halt. Als Folge entstanden große nahrungsmittelverarbeitende Betriebe. Und dank der regionalen Wirtschaftskommission sind heute die Marketingstrategien aggressiv und erfolgreich.

Folgeerscheinungen zeigten sich auch im sozialen Bereich. Das traditionelle bretonische Heim, ein beliebtes Motiv für Künstler und Photographen, vor allem, wenn zufällig eine ältere Frau in Tracht davorstand, war in Wirklichkeit ein trostloser Ort. Falls es fließendes Wasser gab, dann nur aus einem einzigen Hahn in der Küche – kalt, versteht sich. Auch die übrige Einrichtung war mehr als einfach gehalten.

Nachdem die Tiere komfortable Ställe erhalten hatten, waren nun die menschlichen Behausungen an der Reihe. Ein Modernisierungsprogramm für die Wohnhäuser in Stadt und Land wurde in die Wege geleitet, doch bald stellte sich heraus, daß die wirkliche Lösung im Neubau lag. Dies hatte einen Bauboom zur Folge – und Neubauten, deren Größe und Ausstattung zwar variierten, doch einem Planungsgrundsatz folgten, wie ihn Henry Ford einst bezüglich seines Models T formulierte: „Sie können jede Farbe fürs Dach haben, nur schwarz muß sie sein."

Ein noch fundamentalerer Wandel vollzog sich durch die Veränderung der äußeren Grenzen der Bretagne. Um den Regionen zu mehr Eigenständigkeit zu verhelfen, zog die Pariser Regierung die Grenzen der Regionen neu. Das Département Loire-Atlantique befand sich plötzlich außerhalb der Breta-gne, und Orte wie Saint-Nazaire, Nantes und „das Juwel der Bretagne", La Baule, waren nicht mehr unter bretonischer Verwaltung. Die Bewohner dieses Gebiets betrachten sich aber heute noch als Bretonen und fühlen sich dem Norden weit mehr verbunden als dem Süden, dem sie offiziell angehören.

Die Geschichte der wirtschaftlichen Renaissance der Bretagne ist jedoch nicht ausschließlich von Erfolgen gekennzeichnet. Fehlgeschlagen ist die Entwicklung der Industrie in Brest. Rückblickend wird deutlich, daß der Versuch, den wichtigen Hafenort zu industrialisieren, verfrüht war.

Zudem wurde die industrielle Entwicklung nicht auf die sich ebenso schnell entwickelnde Infrastruktur abgestimmt. Trotz neuer Industrieansiedlungen, beruht die bretonische Wirtschaft auch weiterhin zu großen Teilen auf der Agrarwirtschaft.

Die Zeiten, als 80 Prozent der Bevölkerung von der Landwirtschaft lebten, mögen vorbei sein, doch wird derzeit geschätzt, daß immer noch fast die Hälfte der erwerbstätigen Bevölkerung mittelbar oder unmittelbar in diesem Sektor beschäftigt ist.

Ein Wirtschaftszweig, der von den vergangenen 20 Jahren sicherlich profitieren konnte, ist der Tourismus. Nichtsdestotrotz finden sich immer noch ruhige Orte und Buchten, und es ist höchst unwahrscheinlich, daß an den verschiedenen *Côtes* einmal ähnliche Betonhochburgen errichtet werden wie an der spanischen Küste oder an den Stränden des Mittelmeers.

Die Schaffung neuer Fährverbindungen zu den Britischen Inseln über die Häfen von Roscoff und Saint-Malo veranlaßte Tausende von sonnenhungrigen Engländern, die Bretagne in ihre Ferienplanung mit einzubeziehen. Die Zahl derer, die sich auch im Inneren der Bretagne umsehen, nimmt stetig zu. Der zuvor geföderte Wohnungsneubau zeigte eine weitere positive Seite dadurch, daß nun die älteren Gebäude vermietet werden konnten. Vor allem bei Familien, die sich dort selbst versorgen können, ist der Urlaub in einem *gîte* beliebt. Die Bretagne ist ein bevorzugtes Ziel auch von Kurzurlaubern. Die Zeiten, in denen die Fähren mit einer Handvoll Passagieren, ein paar Autos und Lastwagen herüberkamen, gehören seit langem der Vergangenheit an.

Weitere Erleichterungen im Transportwesen brachte im Jahre 1973 die Gründung der Fluglinie Brit Air, die die Industrie- und Handelskammer von Morlaix mit Unterstützung der örtlichen Geschäftswelt ins Leben rief. Sie war als eine Art regionales Taxisystem geplant. Die Brit Air begann mit drei Mitarbeitern, 600 Passagieren und einem Umsatz von 600 000 Franc. Heute beschäftigt sie 220 Personen, und der Umsatz beträgt 220 Millionen Franc bei einer Flotte von 15 Flugzeugen.

Wenn der Aufschwung des vergangenen Jahrzehnts in den achtziger Jahren langsam abflaute, so liegt das nicht daran, daß den Verantwortlichen schließlich doch die Ideen ausgegangen wären. Diese Phase der Konsolidierung und des Atemholens war von vorneherein eingeplant; denn auch wirtschaftspolitische Maßnahmen bedürfen zu ihrer Wirksamkeit eines guten Timings.

Die nächste wirtschaftliche Expansionswelle rollt. Wie in jedem anderen Land der Europäischen Union herrscht auch hier Einigkeit darüber, daß sich die Landwirtschaft einer umfassenden Krise des Agrarmarkts gegenübersieht, die für Gegenden wie die Bretagne von zerstörerischer Wirkung sein kann.

Links: Stolzer Landwirt mit seinen prächtigen Kühen. Oben: Martialischer Polizeiaufmarsch gegen bäuerliche Atomkraftgegner.

Im Jahre 1987 machten sich deshalb verschiedene ortsansässige Interessengruppen daran, die sogenannte „Charta von Brest“ zu erarbeiten. Wie der vorausgegangene Regionalplan forderte auch dieses Dokument die sofortige Durchführung zahlreicher infrastruktureller Verbesserungen. Und auch diesesmal befolgte man die – zuvor schon so erfolgreiche – Taktik, von vielen möglichen Forderungen, einige wenige herauszuheben und politisch zu vermarkten.

Bereits binnen Jahresfrist hatten die Bemühungen gefruchtet: Im Februar 1988 gab die französische Regierung ihr Plazet zu den beiden Hauptforderungen dieser Charta der bretonischen Zukunft: zum einen die Ver-

kehrsanbindung der westlichen Bretagne an die Marktplätze der Welt, zum anderen die Einrichtung eines Zentrums, das sich mit den Technologien der lebensmittelverarbeitenden Industrie, der Elektronik und der Meerestechnologie befassen soll.

Die Verkehrsanbindung soll vor allem den Ausbau des Hafens von Brest zum Containerhafen beinhalten. Aber auch der Flughafen soll im Zuge der geplanten Internationalisierung der Flugverbindungen technisch so aufgerüstet werden, daß alle Flugzeugtypen bei jedem Wetter starten und landen können.

Das Technologiezentrum soll im Rahmen der Universität der West-Bretagne mit einem Institut für Agrarwissenschaft und einer nationalen Ausbildungsstätte für Lebensmittelingenieure beginnen. Außerdem soll ein Forschungszentrum für Elektronik und Ozeanologie entstehen. Die Qualität der höheren Bildungseinrichtungen im Ingenieur- und Handelswesen bedarf erheblicher Verbesserungen, weshalb die Einrichtung von neuen Instituten geplant ist, die sich vor allem mit Zukunftstechnologien wie der Telekommunikation befassen sollen.

Wie bei der Annahme des ersten Regionalplans breitete sich Optimismus in der Region aus, der mit der Zuversicht einherging, daß die Bretagne auch die nach der Entstehung des Europäischen Binnenmarktes im Jahre 1992 entstandenen Herausforderungen meistert.

Die Nebenprodukte der Charta wurden bereits realisiert: die Fertigstellung von Landstraßen, die Anbindung an den TGV-Express nach Brest, neue Firmenniederlassungen, Schulungszentren für Firmen und eine Intensivierung der Beziehungen zwischen den Schiffsdocks in Brest und den regionalen Firmen, die vom Bau des nuklear betriebenen Flugzeugträgers Charles de Gaulle profitieren.

Die Charta von Brest deutete an, wie die Wirtschaftsführer der Bretagne ihre Prioritäten setzten. Für sie bestand die Wahl, von der Regierung den Ausbau des Flughafens, den Neubau eines dringend benötigten Krankenhauses oder die Erneuerung einer wichtigen Brücke zu verlangen.

Die Brücke wurde hintangestellt, da die bestehende bald nicht mehr zu benutzen und die Regierung dann ohnehin gezwungen sei, eine neue zu bauen. Das Krankenhaus würde erst ausgelastet sein, wenn die Bevölkerung groß genug sei. Wohingegen der Flughafen den ansässigen und künftigen Unternehmen entgegenkomme – was die Bevölkerungszahl konsolidiere oder gar erhöhe. Dies wiederum hätte zur Folge, daß der Krankenhausneubau höchste Priorität erlange. Die Konjunktur wäre dann so weit angekurbelt, daß auch der Brückenbau steuerlich ohne Probleme finanzierbar sei. Es ist diese Art von differenziertem Wirtschaftsdenken, das der auch Region für das 21. Jahrhundert gute Entwicklungschancen verspricht.

Oben: Die Austern in Quimper sind ein Genuß.
Rechts: Auf dem Weg ins Bistro.

DIE SPRACHE DES PARADIESES

Wer Französisch spricht, wird die bretonischen Ortsnamen sonderbar finden: Trémazan und Le Minihic, Kergoat und das russisch klingende Roscoff, der Ankunftshafen für viele Besucher. Es ist beruhigend, hin und wieder auf offensichtlich französische Ortsnamen zu treffen, wie Fougères, Pont l'Abbé oder Pointe Petit Minou. Wenigstens kann man dann seine Mitreisenden mit Übersetzungen beeindrucken.

Selbst wenn man es vorher nicht gewußt haben sollte, wird man schnell feststellen, daß die Bretonen Kelten sind und ihre Sprache mit dem Walisischen und Kornischen verwandt ist. Sie wurde im 5. und 6. Jahrhundert von den Kelten der Britischen Inseln, die vor den Angeln, Sachsen und Dänen flohen, über den Ärmelkanal nach Nordfrankreich gebracht. Sie waren es auch, die dem damaligen Armorica den Namen *Petite Bretagne* gaben, um es von ihrer ehemaligen Heimat, der *Grande Bretagne*, zu unterscheiden. Die Briten nennen ihr Land heute noch „Great Britain".

Die Bretonen bestehen darauf, daß ihre Sprache diejenige ist, die Adam und Eva im Paradies vor dem Sündenfall benutzten, was die Vorstellung der Waliser widerspiegelt, daß ihre Sprache „die Sprache des Himmels" sei. Daher auch das Phänomen, daß die bretonischen, walisischen und kornischen Ortsnamen Ähnlichkeiten aufweisen.

Die Vorstellung, daß sich die Bewohner der Bretagne, von Wales und Cornwall in einer Art keltischen Lingua Franca unterhalten könnten, ist zwar verbreitet, aber falsch; auch wenn einige behaupten, umherziehende Händler aus der Bretagne in Wales und Cornwall dabei beobachtet zu haben, wie sie ausführliche Gespräche mit Einheimischen führten. Diese Legende geht wohl auf die Zwiebelverkäufer zurück, die einst in gestreiften Hemden und mit Baskenmützen ihre Ware mit Fahrrädern durch die Lande fuhren.

Ungeachtet spitzer Zungen, die behaupten, diese Händler hätten sich aus reinem Geschäftsinteresse ein oder zwei Sätze beider Sprachen angeeignet, geht die Legende womöglich viel weiter zurück. Im Mittelalter schon sollen Mönche aus der Bretagne mit ihren Glaubensbrüdern in Cornwall und Wales ohne Probleme parliert haben. Das mag zwar so gewesen sein, doch ist anzunehmen, daß man sich dabei des Kirchenlateins bediente. Trotz oder gerade wegen dieser Möglichkeit der Kommunikation soll es unter den Mönchen immer wieder zu Handgreiflichkeiten über die Frage gekommen sein, wo denn nun die Ereignisse der Artus-Legende stattfanden – in der Bretagne oder in Wales/Cornwall?

Mythologie hin oder her: Selbst diejenigen, die der walisischen oder kornischen Sprache mächtig sind, müssen sich notgedrungen des Englischen bedienen, wenn sie sich miteinander unterhalten wollen. Jede dieser Mundarten hat eine besondere Entwicklung durchgemacht, die erheblich von äußeren Bedingungen beeinflußt war. Die räumliche Nähe zu Frankreich hat französische Sprachanteile in das Bretonische eingemengt, genauso wie das Englische Einfluß aufs Walisische hatte.

Die Bretonen britischer Abstammung, die nach 400 Jahren unter Wilhelm dem Eroberer nach England zurückkehrten, sprachen bereits – für die Ohren der Einheimischen von Wales und Cornwall – ein lächerliches Kauderwelsch, wenn sie überhaupt zu verstehen waren.

Die Geschichte des Bretonischen ist, wie die aller keltischen Sprachen, eine des unaufhaltsamen Verfalls. Die Blüte des Bretonischen war schon im 9. Jahrhundert überschritten, als das Herzogtum seine größte räumliche Ausdehnung erreichte. Der Niedergang ist zum Teil auf den Verlauf der Geschichte zurückzuführen, wie die Annexion der Bretagne durch Frankreich im 15. Jahrhundert. Es gab aber auch das Bemühen der Zentralregierung in Paris (und in London für ihren Einflußbereich), die keltischen Sprachen zu unterdrücken. Seit der Französischen Revolution, deren Führer eine geeinte Nation anstrebten, ist diese Politik von späteren Regierungen rücksichtslos weiterverfolgt worden. Ältere Bretonen erinnern sich noch an Zeiten, als der Gebrauch ihrer Muttersprache in der Schule damit bestraft wurde, daß man einen *sabotes*, „Holzschuh", um den Hals gehängt bekam. Dieses Zeichen der Erniedrigung konnte nur loswerden, wer einen Mitschüler des gleichen Vergehens überführte.

Ein nicht weniger wichtiger Faktor war die fortdauernd schlechte Wirtschaftslage in den keltischen Gebieten, insbesondere nach der jeweiligen Eingliederung in das französische oder englische Staatsgebiet. Wer es zu etwas bringen wollte, mußte auswandern und danach zwangsläufig eine neue Sprache lernen. Diejenigen, die zurückblieben, sahen bald, daß auch ihr Fortkommen einzig vom Beherrschen der Sprache der Eroberer abhing.

Schließlich kam es dazu, daß die Zahl derjenigen, die des Französischen nicht mächtig waren, ständig abnahm – und noch immer abnimmt. Anfang des Jahrhunderts sah der bretonische Dichter Théodore Botrel deutlich die Gefahren, die der Niedergang der Sprache mit sich brachte: „Wir sind von einem großen Übel bedroht. Nicht nur die bretonische Sprache ist bedroht, sondern auch unsere Seele ..."

Die neue nationalistische Bewegung hat versucht, eine Umkehrung des Trends einzuleiten. Bretonisch wird wieder an den Universitäten von Brest und Rennes gelehrt, und in Rennes wurde ein Lehrstuhl für keltische Sprachen eingerichtet. Die nationalistische Partei *Union Démocratique Bretonne* (UDB) hat durchsetzen können, daß in der Basse-Bretagne Bretonisch in das Lehrangebot der Oberschulen und pädagogischen Hochschulen aufgenommen wurde. Und der Ruf nach einer eigenen Hochschule für keltische Sprachen wird in letzter Zeit immer lauter. Doch auch heute wird Bretonisch nur an den wenigsten Schulen unterrichtet. Ob es stimmt, daß Bretonisch noch öfter als Walisisch gesprochen wird, läßt sich nicht überprüfen, weil Statistiken fehlen. Sicher ist, daß kaum noch Kinder Bretonisch als Erstsprache lernen.

Diejenigen, die sich in den zwanziger Jahren des Jahrhunderts die Wiederbelebung der Sprache zur Aufgabe machten, waren auch bemüht, eine bretonische Literatur wiederzubeleben, die über das hinausging, was seit dem 15. Jahrhundert an Mysterienspielen und religiösen Schriften übriggeblieben war. Dabei ergab sich bald das Problem, daß es an einer geschriebenen und genormten Sprachform fehlte; eine Reihe örtlich verschiedener degenerierter Dialektformen war alles, auf das man sich stützen konnte. Schließlich einigte man sich auf zwei genormte Formen des Bretonischen. Die eine nannte man KLT – ein Akronym aus den Initialen der bretonischen Form von Cornouaille, Léon und Tréguier –, die andere war der Dialekt von Vannes.

Dies erlegte den literarisch Aktiven in der Bretagne notgedrungen große Beschränkungen auf. Was in der Bretagne an Literatur entsteht, hat ein Leserpotential, das selten mehr als 10 000 Personen umfaßt. Dies ist natürlich für die Zukunft nicht gerade erfolgversprechend, und es verwundert nicht, daß die insgesamt schlechten Aussichten für die keltischen Sprachen in der Bretagne besonders düster sind. Die zunehmende Wiederbelebung des Walisischen könnte auf die Förderer der alten Sprache motivierend wirken. Da ist aber auch das eher entmutigende Beispiel des „Manx", des Keltischen der Isle of Man, das im Laufe der zweiten Hälfte des 19. Jahrhunderts völlig verschwand.

Die moderne zeitgenössische bretonische Literatur ist nicht sehr umfangreich, doch sie hat Schriftsteller wie Auguste Brizieux hervorgebracht, den Autor von *Arvor Telen*, und zweifellos einen Beitrag zur französischen Literatur geleistet.

Die lange Liste bretonischer Autoren enthält unter anderem den Dichter und Theologen des 12. Jahrhunderts Pierre Abélard; Alain-René Lesage, den Autor von *Gil Blas*; François-René de Chateaubriand, den Verfasser des *Essai sur les révolutions*, *Le génie de christianisme* und der außergewöhnlichen *Mémoires d'outre-tombe*; Ernest Renan, den Freidenker und Verfasser der umstrittenen *Vie de Jésus*; den Autor futuristischer Utopien Jules Verne; und den eigenwilligen Tristan Corbière, dessen Gedichtband *Les amours jaunes* die literarischen Kreise in Paris Ende des letzten Jahrhunderts mit pikantem Diskussionsstoff versorgte. Die Reihe reicht bis hin zu Max Jacob, der im Konzentrationslager von Drancy ums Leben kam, und zu einem Autor der Moderne: Alain Robbe-Grillet, dem Begründer des *Nouveau Roman*, bekannt vor allem für sein Drehbuch zum außergewöhnlichen Kultfilm der frühen sechziger Jahre: *Letztes Jahr in Marienbad*. ■

Nördlich der Schnellstraße Morlaix–Brest erstreckt sich ein von Straßen und Feldwegen durchzogenes Land. Es scheint im Sommer ausschließlich von Artischocken und im Winter von Blumenkohl bewachsen zu sein. Bei näherer Betrachtung enthüllen sich jedoch eine große Bandbreite von landwirtschaftlichen Erzeugnissen und ungezählte langgestreckte, niedrige Bauernhöfe mit reichem Viehbestand.

Alain Kerdiles, der oberhalb des Dorfes Plouvorn bei Landivisiau im Nord-Finistère zusammen mit seiner Frau und einem Knecht 40 Hektar Land bewirtschaftet, steht für eine alte bretonische Tradition. Es wurde nie in Frage gestellt, daß er Bauer werden würde; seit Generationen hatte seine Familie vom Land gelebt, und 1962 setzte er diese Tradition im Alter von 15 Jahren fort.

„Als ich anfing, begann gerade der Aufruhr in der bretonischen Bauernschaft", sagt er. „Damals wurden die Schritte eingeleitet, die den Gemüseanbau erleichterten und einen fairen Preis für die Mühen einbrachten."

Anfang der sechziger Jahre erlebte er hautnah den „Artischockenkrieg". „Die Demonstrationen gingen von Bauern aus, die mehr Preisstabilität und Mitsprache bei der Vermarktung verlangten."

Er war noch zu jung, um an der Demonstration in Paris teilzunehmen, bei der die Artischocken entweder an die irritierte Pariser Stadtbevölkerung verschenkt oder aber weggeworfen wurden. Er war jedoch dabei, als die Bauern im nahen Morlaix „einfielen", Tonnen von Artischocken auf die Straßen schütteten und die Präfektur stürmten. In neueren Geschichtsbüchern sind Szenen dieser *manifestation* zu sehen, wie der Anführer Alexis Gourvennec bis zu den Knien in den Artischocken steht.

Da der junge Alain Kerdiles seine Felder wie seine Vorväter mit Blumenkohl und Artischocken bebaute, war er Feuer und Flamme für die wachsende Zahl der neuen Genossenschaften. Er trat der SICA von St-Pol-de-Léon bei, mußte jedoch noch sechs Jahre warten, bis der Traum der völligen Kontrolle des Marktes durch die Produzenten Wirklichkeit wurde.

Im Vorgriff auf die lauten Klagen der Europäischen Kommission über fehlende Diversifikation 20 Jahre später erkannte die SICA St-Pol-de-Léon, daß die kleinen Bauern von ihren Monokulturen wegkommen und den Anbau mit unterschiedlichen hochwertigen Erzeugnissen ausweiten mußten.

In den späten sechziger Jahren und während der siebziger Jahre staunten die Besucher der Region über die Vielfalt der Gemüsearten und über die Standorte, an denen sie gediehen: Karotten im Sand knapp hinter der Küstenlinie von Santec und Dossen; Endivien weiter im Westen entlang der Küste, und auf seltsam schmalen Feldern brachen Schalotten aus ihren Plastikplanen hervor. Die Erweiterung der Erzeugnispalette – die nun auch Baumschulen, Saatzwiebeln und Schnittblumen umfaßte – stellte sich jedoch nicht für jeden als Allheilmittel heraus.

„Wir mußten sorgfältig planen, was wir anpflanzten, und sicherstellen, daß das, was wir aussuchten, auch tatsächlich den gewünschten Ernteertrag erbrachte", sagt Kerdiles. „Mein Land war beispielsweise nicht für Frühkartoffeln oder andere typische Erzeugnisse der Bretagne geeignet." In Plouvorn aber ersetzten im Laufe der Zeit grüne Bohnen, Salatköpfe und Futtermais den Blumenkohl und die Artischocken.

Die SICA besorgt nicht nur den Verkauf der Erzeugnisse, sie engagiert sich auch in der Forschung und Entwicklung. Als 1980 die Nachfrage nach Eisbergsalat von seiten der Restaurants wuchs, stellte ein großer holländischer Aufkäufer fest, daß es auf dem Markt in Nordeuropa eine zweiwöchige Versorgungslücke gab. Er fragte einen bretonischen Exporteur, ob die örtlichen Bauern da einspringen könnten. Einige nahmen die Herausforderung an. Das Ergebnis des ersten Jahres war jedoch katastrophal. Daraufhin schickten die Bretonen eine Gruppe von Agrarwissenschaftlern und Bauern auf einen Schnellkurs nach Kalifornien. Heute ist der Salat mehr als ein zweiwöchiger Lückenbüßer und macht einen wichtigen Erzeugnisanteil aus.

Vorherige Seiten: Romantische Ferien mit dem bunt bemalten Pferdewagen. Links: Alain Kerdiles inmitten seiner Felder.

Ständige Forschungen, neue Züchtungen und bessere Anbauweisen haben die Bretagne auch in den traditionellen Anbauarten konkurrenzfähig gemacht. Während in anderen Gegenden Anbau und Absatz stagnieren oder abnehmen, konnte die Produktion gesteigert und neue Märkte erobert werden.

Die Mitgliedschaft in einer Genossenschaft bedeutet finanzielle Hilfe, wenn der Markt übersättigt ist, die Preise unrealistisch sind oder die Ernte durch Unwetter zerstört wird, aber auch Verpflichtungen.

„Von den Bauern wird verlangt, daß sie ihre Produkte über die co-op verkaufen und sich deren Qualitätskontrollen unterwerfen", so Kerdiles. Mit anderen Worten, große Anstrengungen sind notwendig, um die Qualität zu halten. „Es ist das gleiche, wenn der Preis eines Autos bekanntgegeben wird; stimmt der Name des Produkts, sagt auch der Preis etwas über die Qualität aus."

Auch auf die wachsende Nachfrage nach Rind- und Kalbfleisch in Frankreich und im Ausland reagierten die *fermiers*. Da das Land teuer und knapp blieb, erweiterte man die Zuchtkapazitäten, indem man „neues Land" durch die Errichtung langgestreckter Gebäude zur Schweine- und Federviehhaltung schuf. Die Einfuhr englischer Kälber vergrößerte den Bestand an Milchkühen und damit den täglichen Milchertrag.

Obgleich er von Bauernhöfen umgeben war, die sich auf die Milchwirtschaft spezialisiert hatten, nahm Kerdiles die günstigen Bedingungen an, die ihm der *Crédit Agricole*, die Raiffeisen-Bank, bot, um seine Produktion durch die Erweiterung seiner Gebäude zu erhöhen, in denen er nun an die 500 Schweine mästen kann. „Ich brauchte ein System, das nicht allzuviel Arbeit und Zeit erforderte. Die Schweinehaltung paßt sehr gut zu dem Gemüseanbau draußen."

Doch die Folgen der europäischen Agrarordnung, die feste Abnahmepreise durch EU-Aufkäufer für die Produkte in allen Mitgliedländern vorsieht, sind auch in der Bretagne zu spüren. Mit den auf diese Weise „subventionierten" Importen konnten die Bretonen kaum konkurrieren, die Wettbewerbsverzerrung auch durch direkte staatliche Hilfen in anderen Ländern war zu groß. Dies führte zu erheblichen Unruhen unter der Bauernschaft. Grenzblockaden und andere Straßenaktionen wie in den Sechzigern konnten aber nicht ungeschehen machen, was die Bretonen als Unrecht ansahen.

„Das Ergebnis ist, daß Landwirte, die verzweifelt versuchen, ihre Schweine loszuwerden, nun die Genossenschaften verlassen, um ihr Glück auf dem freien Markt zu versuchen", sagt Kerdiles. „Das hilft jedoch weder ihnen noch der Bauernschaft. Die einzige Möglichkeit zum Erfolg ist, in dieser schwierigen Zeit zusammenzuhalten."

Eine weitere dunkle Wolke am Horizont drohte die Zukunftsaussichten zu verdüstern: der Europäische Binnenmarkt ab 1992. „Ein freier Markt sollte unserem Wohl dienen, aber wie kann er frei sein, wenn im Grunde die Währungspolitik die Preise bestimmt? Wird es tatsächlich soweit kommen, daß alle Landwirte in Europa den gleichen Lohn erhalten? Werden in jedem Land die gleichen Gesundheits- und Hygienebestimmungen gelten? Werden wir wirklich alle die gleiche Anfangschance bekommen und miteinander in einen fairen Wettbewerb treten können?", fragte sich Alain Kerdiles damals besorgt. Mit dem Vertrauen in die eigenen Fähigkeiten und dem Wissen, daß sie Meister ihres Fachs sind, ausgestattet, sind die bretonischen Landwirte auch nach 1992 erfolgreich.

Oben: Alain Kerdiles in seinem Heim. Rechts: Auf der Suche nach einem schattigen Plätzchen.

Es war keine Überraschung, daß André Le Torrec aus Bourg de Nevez bei Concarneau im südlichen Finistère Fischer werden wollte. Er kann sich nicht erinnern, seit wieviel Generationen schon seine Familie mit ihren Kuttern hinaus auf Fischfang fährt. Concarneau ist Frankreichs drittgrößter und Finistères zweitgrößter Fischereihafen.

„Es war gar keine Frage, daß ich mit 15 auf einem der Kutter anheuern würde", sagt er.

Menschen am Rande: In jenen Tagen vor 27 Jahren war der berufsmäßige Fischfang – wie auch die Landwirtschaft – ein Broterwerb, der unter veralteten Absatzstrategien und dem Mangel an Investitionen litt. Die Fischer fühlten sich von Regierung, Industrie und Handel im Stich gelassen, die sich mehr dem Herzland der Europäischen Gemeinschaft nördlich und westlich von Paris zuwandten und die Menschen im Nordwesten Frankreichs vergaßen.

„Die alten Boote waren zwar für Touristen ein schöner Anblick, das Leben auf ihnen und der Fischfang mit ihnen jedoch nicht einfach", berichtet André. „Und wenn wir mit unserem Fang in den Hafen zurückkehrten, gab es keine Garantie, daß wir den Fisch zu einem angemessenen Preis würden verkaufen können. Die Fischer waren damals ohne jegliche Organisation."

Das Gefühl, auf sich allein gestellt zu sein, verstärkte sich, wenn die Mannschaft gegen Wind und Wetter anzukämpfen hatte, die Netze rissen und die Seeleute in einer Ecke auf Deck, eine Taurolle als Matratze und ein Stück Segeltuch als Bettlaken, versuchten, etwas Schlaf zu finden. Da sie aber, wie ein bretonisches Sprichwort sagt, „mit Meerwasser um die Herzen geboren wurden", gab es für Menschen wie André kaum andere Möglichkeiten, als das Geschäft weiter zu betreiben, das sie am besten verstanden.

Während der frühen sechziger Jahre fand jedoch auf den Feldern, in den Dörfern und Städten im Norden der Bretagne eine Revolution statt. Landwirte, Gärtner und Viehzüchter begannen, die Fesseln eines archaischen Absatzsystems abzuwerfen und selbst den Verkauf ihrer Produkte zu organisieren. Die Fischer im Süden – unter ihnen der junge André – verfolgten mit lebhaftem Interesse, wie die Landwirte langsam ihr Schicksal selbst in die Hand nahmen.

Auch die Fischer gründeten ihre Genossenschaften, und als das bretonische Komitee für Wirtschaftswachstum damit begann, die sozialen Gruppen zusammenzuführen, um die Wiedergeburt der Bretagne zu verkünden, waren sie begeisterte Mitstreiter.

Die Landwirte hatten den *Crédit Agricole*, der junge Bauern mit langfristigen, günstigen Krediten unterstützte, um ihre Betriebe zu modernisieren oder neue zu gründen. Die Fischer wandten sich wegen ähnlicher Bedingungen an den *Crédit Maritime* und wurden nicht enttäuscht. Der Wirtschaftsaufschwung ermöglichte den Fischern nicht nur den Erwerb neuer Boote und modernster Ausstattung, sondern verschaffte den Häfen zugleich eine lebendige Infrastruktur.

Die neue Kraft: Als die alten Kutter mit den bunten Segeln von neuen Dieseltrawlern abgelöst wurden, fanden an den Kais der alten Häfen drastische Veränderungen statt. Die *criées* (Auktionen) fanden in neuen Gebäuden statt, die es ermöglichten, den Fisch gleich vor Ort zu verarbeiten. Der Auktionsbau von Concarneau ist der größte der Bretagne und erstreckt sich über die gesamte Länge des Hafens. 70 Millionen Francs investierte die Regionalverwaltung in Quimper in die Häfen von Le Guilvinec, Saint-Guénolé, Loctudy, Lesconil, Douarnenez und Audierne.

Diese Verbesserungen an Land ließen die Gefahren auf See jedoch nicht geringer werden. In den frühen siebziger Jahren erlitt André das erste und einzige Mal in seinem Leben Schiffbruch: „Wir fuhren gerade durch dichten Nebel nach Concarneau zurück, und das Boot besaß keine Radarausrüstung", erinnert er sich. „Es gab ein knirschendes Geräusch, und wir liefen bei den Felsen der Iles de Glénan, ein paar Kilometer vom Festland entfernt, auf Grund. Obwohl das Boot hinüber war, wurde niemand verletzt. Und niemand trug durch diese Erfahrung Schaden davon."

<u>Vorherige Seiten</u>: Hummerkörbe in Erwartung neuer Beute am Pier von St-Guénolé. <u>Links</u>: André Le Torrec auf seinem Trawler.

Als sich Andrés Wunsch nach einem eigenen Boot Anfang der achtziger Jahre erfüllte, sorgte er dafür, daß es die richtige Ausrüstung für das tückische Atlantikwetter besaß. Seine 49 Tonnen schwere, mehr als 20,5 Meter lange *Albator II* mit einem starken 500-PS-Motor kostete ihn umgerechnet rund 900 000 DM, die er zu günstigen Bedingungen finanziert bekam. „Ich fiel noch unter das Kreditprogramm des Crédit Maritime für junge Fischer: Zwölf Jahre Laufzeit zu fünf Prozent Zinsen."

In Concarneau liegen heute 31 Boote der *Pêche-Artisanale*-Klasse vor Anker, nur eines davon zählt mehr als 15 Jahre, die meisten sind um die fünf Jahre alt. Der Preis für

eines dieser Boote ist in den letzten sechs Jahren auf 2,5 Millionen DM gestiegen. Wer unter 40 Jahre alt ist, hat jedoch noch immer Anspruch auf Bankdarlehen.

Die bretonische Fischerei-Industrie hat sich zwar ans 20. Jahrhundert angepaßt, aber der traditionelle Lebensrhythmus der Seeleute hat sich nur wenig verändert. Auf den 14tägigen Touren mit seiner siebenköpfigen Crew fährt André meist die Westküste der Bretagne ab, dann am westlichen Cornwall vorbei bis in die südliche Irische See. Er kommt traditionsgemäß gegen Mitternacht nach Hause, um den Fang sieben Stunden später zu verkaufen.

Die *Albator II* kann 105 Tonnen Fang laden, worunter stets Glattbutt, Kabeljau, Weißfisch, Seezunge und Rochen zu finden sind. Heute weiß André, daß er seinen Fang auch verkaufen wird und daß, falls die Preise in den Keller fallen sollten, die Genossenschaft den Markt stützen wird.

Die Fischer und Bootsbesitzer vor 100 oder selbst vor 50 Jahren würden die Seefahrt und deren Bedingungen heutzutage kaum verstehen. Es heißt längst nicht mehr nur, den Anker zu lichten, den Hafen zu verlassen, eine volle Ladung Fische zu fangen und zurückzukommen in der Hoffnung, sie alle zu verkaufen.

Der heutige Fischer arbeitet in einer Welt von Zuteilungssystemen, Lizenzen und Beschränkungen, die von der EU und ihren Mitgliedstaaten verfügt werden. Die meisten Fischer sind sich einig, daß Kontrollen nötig sind, um die Fischbestände zu erhalten, weniger stimmen sie jedoch mit der Durchführung dieser Kontrollen überein. Der Konkurrenzkampf wird um so heftiger, je mehr traditionelle Gewässer leergefischt werden und je mehr Boote ihr Glück versuchen. Die Bürokratie produziert einen wachsenden Berg an Formularen. Und Fischereischutzboote der verschiedenen Länder wachen darüber, daß die immer neuen Vorschriften, die aus den europäischen Hauptstädten herbeifluten, eingehalten werden.

Ein neues Bild: André Le Torrec hat nichts mehr gemeinsam mit dem Kutterkapitän im Pullover und Ölzeug. Nur in Notfällen streift er diese Kleidung über. Betritt er das Ruderhaus, gleicht er eher einem Industrie- oder Wirtschaftskapitän in Freizeitkleidung als einem Kutterkapitän alter Prägung.

Das Ruderhaus hat sich in den vergangenen 20 Jahren ebenfalls drastisch verändert. Die Einrichtung gleicht eher dem Verwaltungsbüro einer großen Fabrik. Abgesehen von den nötigen Vorrichtungen, um ein Boot zu steuern, blinken im Raum die elektronischen Apparaturen. Der Ehrenplatz aber gebührt einem Computer, der ihm hilft, die besten Fanggründe aufzuspüren.

„Ich lernte sehr schnell, den Computer und seine Informationen zu nützen", sagt er. „Es ist ein Vergnügen, ihn zu bedienen, und er spart mir und dem Boot eine Menge Zeit."

Oben: André Le Torrec im hypermodernen Ruderhaus. Rechts: Bunte Fischerboote im Hafen.

BAR
TAR
TAR
TAR

LO686550
NEPTUNE LO

CREPERIE

Das Land

Die Bretagne wird auch den am weitesten gereisten Besucher nicht enttäuschen: Obzwar übersichtlich und zusammenhängend, ist die Halbinsel „ein Land der Gegensätze". Eine wilde See schlägt gegen die zerklüftete Küste und gibt den uralten Granitfelsen langsam eine neue Form. Im Binnenland scheint in stillen Dörfern und unheimlichen Wäldern die Zeit still gestanden zu sein. Armor, das „Land am Meer", wird ergänzt durch Argoat, das „Land der Wälder".

An der Nordküste liegt die alte Freibeuterstadt St-Malo, ein Seebad, in dem sich die Architekturstile mehrerer Jahrhunderte großzügig mischen. Dinard, das sich gerne „Königin der Côte d'Emeraude" nennt, braucht keinen Vergleich mit Orten an der Côte d'Azur zu scheuen. Östlich davon ragt der einmalige Mont-St-Michel auf, eigentlich außerhalb der Bretagne gelegen, doch Anziehungspunkt für Millionen von Besuchern.

Im Westen hat die Côte de Granit Rose neben reizvollen rosa Granitfelsen das weite Meer, unberührte Sandstrände und ruhige Badeorte zu bieten.

Im nördlichen Finistère finden sich die vielen Pfarreieinfriedungen, *Enclos paroissiaux,* mit den berühmten Kalvarienbergen. Hier werden die alten Werte und die alte Sprache noch hochgehalten, auch am „Ende der Welt" (was *Finistère* wörtlich bedeutet) scheint die Zeit stillgestanden zu sein, trotz der modernen Hochhausarchitektur des betriebsamen Hafens von Brest.

Die Bandbreite von Morbihan steht dem in nichts nach: der Industriehafen von Lorient, ein inselgetupftes Binnenmeer, mittelalterliche Städtchen, das elegante Seebad La Baule und die geheimnisumwitterten Menhire von Carnac.

Das oft vernachlässigte Herz der Bretagne heißt besonders Wanderer und Spaziergänger willkommen. Hier wurde Geschichte gemacht wie im Schloß von Josselin. Und im Wald von Paimpont soll der Zauberer Merlin noch Blitz und Donner heraufbeschwören.

Weiter im Osten wird der Lauf der Geschichte noch deutlicher, so an der Burg von Fougères und in Vitré, wo die Spuren der Auseinandersetzungen mit Frankreich unübersehbar sind.

Von den größeren Städten hat die regionale Hauptstadt Rennes mehr den Charakter eines Marktfleckens, in dem sich Urbanität ausgewogen mit mittelalterlicher Vergangenheit mischt. Nantes, die alte Hauptstadt der Bretagne, ist eine geschäftige Stadt mit weiten Boulevards und eleganten Geschäften.

Am erfreulichsten jedoch: Die Bretagne hat es verstanden, den Forderungen des modernen Tourismusgeschäfts zu widerstehen, deren Erfüllung zumeist gerade die Besonderheiten eines Landes zerstört, um derentwillen die Besucher anreisen. Wer hätte auch etwas anderes erwartet, wo so viele Heilige darauf achten, daß die bretonischen Interessen gewahrt bleiben?

Vorherige Seiten: Boote im Hafen von Lorient. Sonnenuntergang am Mont-St-Michel. Die Pointe du Raz. Landwirt im Süden der Bretagne. Links: Bretonische Sommeridylle.

Bretagne
20 km
CÔTE DE GRANIT ROSE
Perros-Guirec
ILE DE BATZ
CÔTE DE LÉON (LÖWENKÜSTE)
St-Pol-de-Léon
Lannion
Lanmeur
Pontrieux
Trieux
Lannilis
Lesneven
Ploudalmézeau
Kerjean
Morlaix
Landivisiau
ILE D'OUESSANT
Plabennec
Belle-Isle-en-Terre
PARC RÉGIONAL D'ARMORIQUE
Landerneau
MONTS D'ARRÉE (ARRÉE-BERGE)
Elorn
Brest
Sizun
Bourbria
PARC RÉGIONAL D'ARMORIQUE
Daoulas
Réservoir de St-Michel
Pointe St-Mathieu
Huelgoat
Crozon
Le Faou
Carhaix-Plouguer
Pleyben
Châteauneuf-du-Faou
Châteaulin
Aulne
Canal
MONTAGNES NOIRES (SCHWARZE BERGE)
Lac de Guerlédan
Douarnenez
Pointe du Raz
Gourin
ILE DE SEIN
Briec
Odet
Pont-Croix
Scaër
Guémené-Penfao
Quimper
Rosporden
Ellé
Scorff
Isole
Blavet
Fouesnant
Concarneau
Quimperlé
Pont-l'Abbé
Pont-Aven
Guilvinec
Hennebont
CÔTE DE COURNAILLE
ILES DE GLÉNAN
Lorient
Port-Louis
ILE DE GROIX
CÔTE SAUVAGE
Quiberon
ILE DE HOUAT
le Palais
BELLE-ILE
Atlantischer Ozean

BRÉHAT
Ärmelkanal
La Manche
CÔTE D'EMERAUDE
(SMARAGDKÜSTE)
ILES CHAUSEY
CHANNEL
Granville
Villedieu-les-Poêles
Vire
Tinchebray
Cap Fréhel
Etables-sur-Mer
St-Malo
Cancale
Mont-St-Michel
Avranches
Dinard
Pléneuf-Val-André
Châteauneuf
Pontorson
St-Hilaire-du-Harcouët
Sélune
St-Brieuc
Ploufragan
Dinan
St-James
Château de Combourg (Schloß)
Combourg
Antrain
Moncontour
Jugon-les-Lacs
Rance
Couesnon
Fougères
Tinténiac
Ernée
Caulnes
Loudéac
St-Aubin-du-Cormier
St-Méen-le-Grand
Rennes
Vitré
Montfort
Nantes
Josselin
Châteaugiron
Laval
Etang de Boulet
Plélan-le-Grand
La Guerche
ILLE-ET-VILAINE
MORBIHAN
Bain
Malestroit
Pipriac
Craon
Vilaine
Châteaugontier
Pouancé
Redon
Châteaubriant
Vannes
Segré
Derval
Muzillac
Guéméné-Penfao
Moisdon
Sarzeau
Nozay
La-Roche-Bernard
Grand Réservoir de Vioreau
Candé
Blain
LOIRE-ATLANTIQUE
Pontchâteau
PARC REGIONAL DE LA BRIERE
E HOÉDIC
Ancenis
Guérande
Montoir
Savenay
St-Georges
Le Croisic
Loire
La Chapelle
Chalonnes
St-Nazaire
CÔTE D'AMOUR
(LIEBESKÜSTE)
St-Etienne-de-Montluc
Le Loroux-Bottereau
Nantes
MAINE-ET-LOIRE
Pornic
Bouaye
Pointe de St-Gildas
Clisson
Maine
Noirmoutier
ILE DE NOIRMOUTIER
Bourgneuf
Cholet
VENDÉE
Montaigu
Sèvre
Mortagne
Legé

S.F.T

ST-MALO UND DIE CÔTE D'EMERAUDE

Von den Zufahrtswegen in die Bretagne übertrifft mit Sicherheit keiner den Weg über das Meer zur Inselstadt **Saint-Malo.** Die smaragdgrüne Farbe des Wassers, die von Felsbuchten unterbrochene Küstenlinie, im Hintergrund Heidelandschaft und mit Farn bewachsene Felsen, deren leuchtendes Grün, wenn der Sommer sie noch nicht in Purpur und Rostbraun getaucht hat, verdeutlichen, warum die Küste diesen Namen trägt: *Côte d'Emeraude,* Smaragd-Küste. Wenn das Boot dann um die **Môle des Noires** biegt, sind die hohen Häuser der *Cité Intra-Muros* zu sehen, deren spitze Schieferdächer über die Festungsmauer ragen.

Eine Vielzahl von Booten entlang der Kaimauern – Yachten, Frachter, Kanalfähren und vielleicht sogar ein *Cancale bisquine,* das schönste Fischerboot – machen deutlich, daß in diesem Ort das Meer mit dem Leben auf dem Land verknüpft ist und das eine wie das andere Quelle des Lebensunterhaltes ist.

Für die meisten Küstenbewohner war es ein karges und gefährliches Leben, die prächtigen Häuser, in denen die Schiffsreeder, die *armateurs,* des 17. und 18. Jahrhunderts wohnten, zeugen jedoch auch von Wohlstand.

In manchen Kellern erinnern Überreste der Pfosten, an denen die Schiffe vertäut wurden, an die Zeiten des Dorschfangs hoch oben an der Neufundländischen Küste, an die Entdekkungsreisen, den Sklavenhandel oder die Kaperung englischer und holländischer Schiffe. Diesem „Sport" verdankt Saint-Malo den Spitznamen „Stadt der Korsaren". Der einstige Wohlstand wird offensichtlich bei einem abendlichen Spaziergang auf der Stadtmauer, wenn die bereits erleuchteten Fenster Einblick in die Wohnungen geben.

Während der französischen Sommerferien von Anfang Juli bis Ende August herrscht in den Wehrmauern ein ganz anderes Treiben: Touristenmassen drängeln sich dann in den engen Gassen, den Cafés und Souvenirläden.

Rummelplatz-Atmosphäre liegt über dem Geschehen, gelegentlich verstärkt von den Klängen einer Gruppe, die den *vielle* spielt, den bretonischen Leierkasten, der außerhalb der Stadt nur noch selten zu hören ist. Die Preise sind zu dieser Zeit vielleicht höher, jedoch kostet Sie das Vergnügen des Zuschauens nicht mehr als eine Tasse Kaffee oder ein *bière à la pression* („Bier vom Faß"), wenn Sie des Laufens müde sind.

Da bietet sich der Stand im Schatten der **Cathédrale Saint-Vincent** an, wo der stimmgewaltige stämmige Besitzer aus flüssigem Zucker – rot, gelb, orange oder grün – kunstfertig Bonbons herstellt und verkauft.

Oder die vielen Konditorbuden, in denen sich Dosen voller Schokoladensardinen in Silberpapier türmen; oder die perfekten Imitationen der Strandkiesel aus Zucker, verpackt in Muschelschalen oder Schachteln, die winzigen Matrosenmützen gleichen – wie wäre es damit?

Auch die weiteren Sehenswürdigkeiten gleichen denen in anderen Touri-

Vorherige Seiten: Luftansicht von St-Malo. **Links:** Die Porte St-Vincent. **Rechts:** Strand und Stein.

stenzentren: ein Aquarium; ein Terrarium mit Krokodilen, Leguanen, Schlangen und Skorpionen; das Puppenmuseum und das Wachsfigurenkabinett mit Bezügen zur Stadtgeschichte im **Quic-en-Groigne.**

Dieser Turm an der nordöstlichen Ecke der ummauerten Stadt gehört zur Burg, in der heute das **Hôtel de Ville,** das Rathaus, untergebracht ist. Die Burg geht auf Herzog Jean V zurück, der sie 1415 weniger wegen der Angriffe von außen – deren es genügend gab – erbauen ließ, als um ein Auge auf seine aufmüpfigen *Malouins* zu haben. Der Turm wurde, entgegen dem Wunsch der Stadtältesten, von der jungen Herzogin Anne, einer Nachfolgerin Herzog Jeans, hinzugefügt. Obgleich sie für die Klagen ihrer Untertanen stets ein offenes Ohr hatte, beschied sie in diesem Fall die Beschwerdeführer nur mit einem bündigen *quic en groigne* („beschwere sich, wer mag").

Innerhalb der mächtigen Mauern bietet die Saint-Vincent-Kathedrale ein Stilgemisch; sehenswert jedoch ist das Farbenspiel der Glasfenster an sonnigen Tagen.

Außerhalb der Mauern: Saint-Malo besteht selbstverständlich nicht nur aus der ummauerten Inselstadt. Die Festungsmauern schützen bei Flut die schönen Sandstrände außerhalb der Stadt, und die Ebbe macht einen Fußweg zur **Ile Grand-Bé** passierbar, wo der Dichter René-François de Chateaubriand begraben liegt. Das dortige **Fort National** schützte einst die *malouin*s vor britischen und holländischen Vergeltungsmaßnahmen für die ständige Belästigung ihrer Schiffe.

Das übrige *Extra-Muros* von Saint-Malo hat ein modernes Gesicht: das Kasino, der Palais de Congrès, der Bahnhof, zwei Yachthäfen sowie vier Kilometer befestigten Sandstrands, der sich bis nach **Rochebonne** erstreckt.

Saint-Servan: Genaugenommen ist Saint-Malo eine Ansammlung ineinander übergehender Erholungsorte, an die sich im Süden Saint-Servan anschließt, das weniger elegant, weniger mondän und folglich weniger besucht ist.

Saint-Servan ist älter als Saint-Malo, hier landete im 6. Jahrhundert Saint Maclou (der Saint-Malo seinen Namen gab), um die Heiden zu bekehren. Die herrliche quadratische **Tour Solidor,** eigentlich ein Doppelturm, trotzt seit dem 13. Jahrhundert den Elementen. Heute beherbergt sie das Musée International des Cap Horniers, mit ausführlichen Informationen über die Kap-Horn-Umsegler Sir Francis Drake und Captain Cook.

Das **Fort de la Cité** bei Saint-Servants Corniche d'Aleth war der Schauplatz schwerer Gefechte während des Befreiungskampfes von 1944. Obwohl sich der piniengesäumte Gehweg schon lange von den Verwüstungen des Krieges erholt hat, trägt er noch Spuren des Geschehens. Die stählernen Geschützstände der Reichswehr, die einst das Mündungsgebiet der Rance bewachten, zeigen die Spuren der Einschläge der Granaten des VIII. Armeekorps der Amerikaner.

Paramé und Rothéneuf: Der Kurort Paramé östlich von Saint-Malo kann nicht nur auf ein großes Zentrum für Meeresheilkuren, sondern auch auf schöne Villen aus dem 19. und frühen 20. Jahrhundert verweisen. Die Attraktion von Rothéneuf sind seine **Rochers sculptés,** die Lebensarbeit eines Geistlichen aus dem 19. Jahrhundert, des Abbé Fouré, der neben seinen Pflichten als Pfarrer eine Unmenge bizarrer Formen von Menschen, Tieren und Pflanzen aus den Felsen meißelte. **Le Manoir de Limoelou** war im 16. Jahrhundert der Wohnort von Jacques Cartier, dem Entdecker Kanadas, und beherbergt heute ein Museum. Jenseits von Rothéneuf erstrecken sich am Fuße pinienbewachsener Hügel rund um die Landzunge von **Pointe du Grouin** viele kleine Buchten: **Le Lupin, La Guimorais** und **Le Verger, Port Mer, Basse-Cancale** und **Port Briac** mit einer Vielzahl von Campingplätzen.

Austernbänke: Der Ferienort und geschäftige Fischereihafen **Cancale** hinter der Pointe du Grouin ist bereits seit Jahrhunderten für seine Austern berühmt. Die königliche Tafel orderte in

Kanonen sind zum Spielen da.

vorrevolutionären Zeiten zweimal wöchentlich große Mengen aus Cancale, die auf schnellstem Wege Paris erreichen mußten.

Der Handel blüht immer noch, die Austernbänke, die bei Ebbe sichtbar werden, bedecken 730 Hektar und produzieren 250 000 Tonnen „Meeresfrüchte" pro Jahr. Zum Abernten pendeln flache *chalands,* angetrieben von uralten Motoren, unablässig zwischen den Bänken und dem Ufer hin und her. Seegrasverzierte Buden am Hafen bieten die Austern zusammen mit anderen Schalentieren zum Verkauf an, und in Cancale sind Restaurants und Cafés mit *dégustations* häufiger zu finden als in anderen Orten entlang der Küste.

Es mag als indirektes Kompliment an die Austern aufgefaßt werden, daß die Bänke eine unwiderstehliche Versuchung, speziell für die Briten, waren, die mit ihrer gewissenlosen Plünderung wiederholt den Lebensunterhalt der *Cancalais* gefährdeten.

Cancale produziert neben Austern auch Miesmuscheln, und die Pfahlreihen, an denen sie wie schwarzblaue Trauben hängen, sind bereits vom Ufer aus zu erkennen. Eine Flotte von etwa 30 Booten geht zudem auf Fang nach Seezunge, Scholle und Steinbutt.

Urlauber, die ihre Ferien nicht nur am Strand verbringen möchten, können Wanderungen von Cancale aus unternehmen, z.B. auf dem alten Handelsweg **Sentier des douaniers,** den heute noch Küstenwache und Händler benutzen. Er führt zur Pointe du Grouin und für eifrige Wanderer bis nach Rothéneuf, Paramé und Saint-Malo.

Ein anstrengender Aufstieg vom Hafen führt zu zwei Museen: dem Musée des Boirs mit Holzschnitzereien des Abbé Quemarais und einem Museum mit Trachten und Modellbooten.

Die Polders: Östlich von Cancale wird die Landschaft flach und monoton. Die Flut bringt etwas Abwechslung in die Meeresseite der Küstenstraße (D 155), bei Ebbe scheinen sich Schlamm und Seegras jedoch bis zum Horizont zu erstrecken. Die Landseite der sandigen Straße ist mit flachen Ferienhäusern aus

Giebel in St-Malo.

Granit gesäumt. Dahinter erstreckt sich eine windige Ebene, ein dem Meer abgewonnenes Land, auf dem Getreide, Gemüse und Früchte gedeihen. Hier weiden auch die *pré-salé*-Schafe, die das delikate Lammfleisch für viele bretonische Gerichte liefern. *Polders* heißt das Küstengebiet hier, benannt nach dem holländischen Deich-System zur Landgewinnung.

Die Straße führt nach **Le Vivier,** mit einer Produktion von 10 000 bis 12 000 Tonnen pro Jahr das größte Muschelzentrum Frankreichs. Hier liegt die *Sirène de la Baie*, ein 30 Meter langes Amphibienfahrzeug mit 150 Sitzen, das auf großen Rädern über die Schlammebenen fährt. Eine Reise rund um die Bucht schließt ein komplettes Menü mit *fruits de mer* ein.

Das Wunder von Frankreich: Einige Kilometer hinter Le Vivier verläßt die Straße die Küste Richtung **Saint-Broladre** oder **Poultière** und führt weiter ins Landesinnere nach **Pontorson.** Weder Saint-Broladre noch Poultière sind von großem Interesse, aber nur diese Strecke führt zum **Mont-Saint-Michel.** Mehr als eine halbe Million Menschen besuchen jährlich diesen Felsen, den die Bretonen weiterhin als den ihrigen betrachten, auch wenn er wegen einer Richtungsänderung des Couesnon, der die historische Grenze kennzeichnet, jetzt zur Normandie gehört.

Ungeachtet dessen, daß die meisten der halben Million Besucher am gleichen Tag wie man selbst anzukommen scheinen, trotz der aufdringlichen Parkwächter, kitschigen Souvenirläden und des atemraubenden Aufstiegs zum Gipfel, sollte man Mont-Saint-Michel auf keinen Fall links liegenlassen.

Sich an den nackten Fels klammernd, bilden die in mehr als fünf Jahrhunderten entstandenen Gebäude ein wunderbares harmonisches Ganzes. Das Kloster mit den spitzen Steinarkaden, die mit Himmel und Meer verschmelzen, die prachtvollen gotischen Gebäude, die sich auf der Nordseite erheben – sie verdienen einfach das Attribut *inoubliable,* unvergeßlich, oder auch *La Merveille,* das Wunder.

Austernbänke bei Cancale.

Der Mont-Saint-Michel

Im Jahre 708 erschien dem Bischof Aubert von Avranches im Traum der Erzengel Michael und befahl ihm, auf einem 78 Meter hohen Felskegel, der im Wald von Scissy nahe der Mündung des Couesnon aufragt, eine Kirche zu bauen.

Der heilige Michael – Richter über die Toten, ranghöchster Engel und Sieger über den aufbegehrenden Luzifer – verdiente eine Huldigung. Und im 10. Jahrhundert war die Kirche Auberts, die nur 100 Seelen Platz bot, bereits zu klein und mußte durch eine größere ersetzt werden. Kurz nach der Einweihung aber geschah eine Katastrophe: Das Meer verschlang den Wald von Scissy. Der Felsen war von nun an nur bei Ebbe über einen Damm zu erreichen.

Daß die Kirche daraufhin ihre Bedeutung als christliche Kultstätte nicht verlor, ist wohl den Normannen zu verdanken, die sich hier niederließen und ihr den Namen gaben: Normandie. Die Gestalt des Erzengels Michael entsprach so sehr ihrer Auffassung von Kampfgeist, daß sie ihm ein gebührendes Heiligtum bauten.

Abt Hildebert II und Richard II, vierter Herzog der Normandie, ließen sich von der Schwierigkeit, auf einem meerumspülten Felsen ein Gebäude zu errichten, nicht abschrecken. Sie gaben den Auftrag an Mönche des Benediktiner-Ordens, die sich neben der Religion auch den Künsten widmeten – insbesondere der damals als revolutionär geltenden romanischen Architektur, die es ermöglichte, Bauwerke von bis dahin unvorstellbarer Größe zu erstellen. Das Unterfangen war vergleichbar dem Bau der Pyramiden. Im Jahre 1017 begann eine Armee von Arbeitern, ganze Waldstücke zur Holzbeschaffung abzuholzen. Andere mußten auf den Chausey-Inseln Granitblöcke brechen, die mehr als mannshoch waren. Diese wurden dann auf dem Wasserwege über 30 Kilometer weit zu Landungsstegen gebracht, die die schwer beladenen Schiffe nur bei Flut anlaufen konnten.

Die gelöschte Ladung wurde dann mit Menschenkraft den Serpentinenpfad hinauf zum Gipfel des Felsens transportiert. Das war nicht nur besonders mühsam, sondern auch, besonders im Winter, sehr gefährlich. Zum Schluß mußte dann jeder Steinkoloß in seine endgültige Lage manövriert werden.

Die Bauaufsicht führte der hervorragende Benediktiner-Architekt Guilliaume de Volpiano. Er ließ einen Stab italienischer Handwerker und Spezialisten anreisen, die nicht nur ihre eigenen Fähigkeiten unter Beweis stellten, sondern auch die örtlichen Arbeiter in den zum Bau notwendigen Fertigkeiten unterwiesen: im Schmieden, im richtigen Mischen von Mörtel, in der Freskenmalerei oder in der Herstellung von Buntglasfenstern. Nach 60 Jahren Arbeit konnte die Abtei 1080 ihre Tore öffnen.

Über 100 Jahre bestand sie in dieser Form. Als die Normandie im frühen 13. Jahrhundert an Frankreich fiel, zerstörte ein Feuer Teile des Klosters. Um die neuen Untertanen für sich zu gewinnen, ließ der König von Frankreich eine neue Abtei errichten, die als Folge des nun modernen gotischen Stils noch höher, noch weitläufiger und erhabener war.

Mit der Arbeit wurde 1204 begonnen, und nach 17 Jahren war ein mit Streben und Pfeilern gestützter Bau aus Stein und Glas entstanden, der drei Stockwerke hoch aufragte. Eine der Neuerungen war ein Klostergarten auf der Höhe des Dachs, der Mönche und Besucher zur Meditation lud. Als Wunderwerk, *La Merveille*, wurde das Ganze freudig gefeiert.

Im Hundertjährigen Krieg fand sich auch der Mont-Saint-Michel im Brennpunkt widerstreitender Interessen. Belagerungen durch die Engländer hatten einen neuerlichen Brand zur Folge, doch nach 1446 wurde die Abtei wiederaufgebaut und erstrahlte in schönerem Glanz denn je.

Nach diesem Krieg schwand allmählich das Bedürfnis, dem heiligen Michael zu danken, und das Kloster verlor an Bedeutung. Unmoralische Äbte und korrupte Mönche brachten es dermaßen in Verruf, daß antiklerikale Anhänger der Französischen Revolution auf keinerlei Widerstand stießen, als sie die Abtei in ein Gefängnis verwandelten. Erst im letzten Viertel des 19. Jahrhunderts verhalf der Staat dem „Wunderwerk" zu jener Pracht, die es zu einer der beliebtesten Touristenattraktionen Frankreichs hat werden lassen. ■

Von Dinard nach Le Val-André: Saint-Malo wacht über die Ostseite der Mündung der Rance, einer der größten Flüsse der Bretagne. Dinard thront über deren Westseite, und bis 1967 führte nur ein einziger Weg – erst flußauf- und dann wieder flußabwärts – von einem Ort zum anderen. Die einzige Alternative war eine Flußüberquerung mit den Motorbooten, den *vedettes blanches* oder *vertes,* die heute noch an der Flußmündung dümpeln.

Der **Barrage de la Rance,** längster Staudamm der Welt und eine der größten Leistungen französischer Technik, erleichterte die Verkehrsverbindung. Beeindruckender als seine Größe ist die Konstruktion des Gezeitenkraftwerks **Usine marémotrice,** das durch 24 Generatoren in einem Tunnel im Kern des Staudammes jährlich 600 Millionen Kilowatt Strom erzeugt – weitaus mehr als die meisten Atomkraftwerke. Führungen erklären die Arbeitsweise mit einer Vielzahl visueller Hilfsmittel.

Eine umstrittene Königin: Einige *Malouins* sind davon, daß die D169 über den 800 Meter langen Damm **Dinard** um so vieles nähergerückt hat, gar nicht erbaut. Mit Sicherheit bietet Dinard einen gewaltigen Kontrast zur alten Stadt der Korsaren. Ob man der einen oder anderen zuneigt, hängt davon ab, ob man die Geschichte der Côte d'Emeraude erforschen oder sich an weißen Sandstränden und Badebuchten in der Sonne aalen will. Sonnen- und Meeresanbeter verehren Dinard als die Königin unter den Seebädern der Bretagne – zwar nicht gerade eine unbestrittene, da die Rivalin La Baule an der Atlantikküste regiert, doch mit ihren Palmen, Kamelien und Tamarisken braucht sie auch den Vergleich mit den bekannten Orten des Mittelmeeres nicht scheuen.

Die viktorianische Leidenschaft für Seebäder zog zuerst reiche Engländer zu dem kleinen Fischerdorf nahe der Marktstadt **Saint-Enogat.** Bald entdeckten es die Amerikaner, und ein Millionär namens Coppinger baute eine mit Türmchen verzierte Villa, „Schloß des Börsenmaklers" genannt – der Beitrag Dinards zum Repertoire der fran-

Links: Der Mont-St-Michel. **Unten:** *Le Cloître du Mont-St-Michel* von Emmanuel Lansyer.

zösischen Architektur. Innerhalb weniger Jahre entstanden 800 Villen, viele von ihnen bescheidene Imitationen der Villa Coppingers, und das Tempo dieser Entwicklung setzte sich über das nächste halbe Jahrhundert fort. Meist waren die Besitzer Amerikaner und Briten, letztere machten die Franzosen auch mit dem Rasentennis bekannt.

Einer der Anziehungspunkte Dinards für die späten angelsächsischen Siedler muß das Klima gewesen sein, ein anderer sicherlich die Strände. Und hier stellten die Franzosen wieder einmal ihre außerordentliche Fähigkeit unter Beweis, natürliche und künstliche Reize miteinander zu verbinden. So kann man auf der Promenade an der **Grande Plage,** einem lang geschwungenen Bogen zwische Étêtés und der Pointe du Moulinet, entspannt einen Aperitif nehmen, sich anschließend ein mehrgängiges Mahl genehmigen, während man dem Treiben unten am Strand, bewundernd oder neidvoll, zusieht.

Auf der Rückseite des Kasinos liegt „La Grande Plage", und in warmen Sommernächten erfrischen sich die Spieler nach einer Sitzung an den Spieltischen mit einem kurzen Bad im glitzernden Meer. Neben Cafés und Restaurants, Duschen und Umkleidekabinen sind auf der Promenade jene Läden zu finden, die von Schwimmflügeln bis hin zur Sonnencreme alle Utensilien für das Strandleben führen.

Wie an anderen Stränden in der Bretagne zieht sich auch in Dinard das Meer bei Ebbe zurück. Am Ende von La Grande Plage jedoch, an der **Pointe du Moulinet,** ermöglicht die Piscine de plein air, ein Seewasserbecken, auch bei Ebbe ein Bad. Kinder können sich im Wasser und auf einem Strandspielplatz tummeln, auch Unterricht im Windsurfen wird erteilt.

Wer der Grande Plage überdrüssig ist, den locken zwei weitere Strände: **Saint-Enogat** und die **Plage du Prieuré** am Ende der Promenade du Clair-de-Lune. Wie jeder Ferienort, der etwas auf sich hält, bietet Dinard seinen Besuchern Bootsfahrten nach Saint-Malo, Cap Fréhel, Dinan (an der Rance), zur

Zelte in Reih und Glied am Strand von Dinard.

Ile de Cézembre, zu den Iles Chausey und sogar nach Jersey und Guernsey an.

In Dinard scheint meist die Sonne. Sollte es einmal regnen, kann man den Vormittag oder Nachmittag im Aquarium, im Musée de la Mer oder im Musée Historique verbringen.

Heilige und Seefahrer: Westlich der Rance säumen die Côte d'Emeraude mehrere kleine und größere Ferienorte. Stammgäste haben ihre Vorlieben, aber alle weisen ausgezeichnete Strände und oft auch kleine Häfen für Segler auf – es ist wirklich eine Geschmacksfrage, wo man bleibt. Auf der D786 gelangt man zunächst nach **Saint-Lunaire,** einem kleineren Ort als Dinard. Die beiden hiesigen Strände, Saint-Lunaire und Longchamp, sind durch die Pointe du Décollé voneinander getrennt, die zu Fuß über eine natürliche Brücke, Le Saut du Chat, den Katzensprung, erreichbar ist. Die **Grotte des Sirènes** auf der an-deren Seite der Brücke besucht man am besten bei einsetzender Flut. In der Stadt selbst erhebt sich an der Place du Pilori, dem alten Pranger, die Kirche Saint-Lunaire aus dem 11. Jahrhundert. Hier liegt der irische Heilige Lunaire begraben, der dem Ort den Namen gab.

Nach einem Stück des Weges taucht **Saint-Briac-sur-Mer** an der Mündung des Frémur auf. Eine 300 Meter lange Brücke führt hier zur unberührten Felsenbucht von **Lancieux,** wo ein schöner Sandstrand und die kleine, bei Ebbe zu Fuß erreichbare Insel, L'Islet, auf den Besucher warten. **Saint-Jacut-de-la-Mer** auf der anderen Seite der Bucht von Lancieux ist ein kleiner, bei Seglern beliebter Fischerort, die vielen Campingplätze stören jedoch etwas.

An der **Pointe du Chevet** öffnet sich der Blick nach Westen über die Mündung des Arguenon, wo einst das Château Le Guildo, heute eine romantische Ruine, die Umgebung beherrschte. In diesem Château ließ sich im 15. Jahrhundert der Dichterprinz Gilles de Bretagne, seines Zeichens jüngster Sohn des Herzogs Jean V, mit seinem Gefolge junger englischer Ritter auf politische Intrigen ein, die schließlich zu seiner Ermordung führten.

Der Pier von Erquy.

Jenseits der Brücke über den Arguenon beim Dorf **Notre-Dame-du-Guildo** führt ein Feldweg entlang dem Flußufer zu den *pierres sonnantes,* Findlingen, die beim Aneinanderstoßen einen schaurigen Ton erzeugen.

Auf der D786 von Notre-Dame-du-Guildo landeinwärts gelangt man zur verschlafenen Kleinstadt Matignon. Zuvor jedoch bietet sich ein Abstecher auf der D13 nach **Saint-Cast-le-Guildo** an, das mit einem schönen Strand zwischen den Landzungen der Pointe de la Garde und Pointe de Saint-Cast aufwartet. Am Ende der Landzunge von St-Cast duckt sich ein kleiner Fischerei- und Yachthafen, und auf dem Gipfel der *pointe* erinnert ein Denkmal an die französischen Frauen und Männer, denen es während des Zweiten Weltkrieges gelang, aus der Gefangenschaft der Nazis zu entfliehen.

Ein älteres Denkmal, das den Windhund der Bretagne im Kampf mit einem Löwen zeigt, erinnert an den Sieg über britische Invasionstruppen im Jahre 1758. Eine Geschichte zweifelhaften Ursprungs erzählt, wie die walisischen Regimenter, ein Lied aus der Heimat auf den Lippen, in den Kampf zogen. Die bretonischen Verteidiger erkannten in dem Gesang die Melodie eines ihrer eigenen Lieder und fielen in den Refrain ein, was dazu führte, daß die Kampfhandlungen sofort eingestellt wurden und sich die Kombattanten als keltische Brüder um den Hals fielen.

Die Westflanke der Point St-Cast bildet das äußerste Ende der **Baie de la Frénaye.** Das mittelalterliche **Fort de la Latte** thront beeindruckend auf einem Felsvorsprung. Tiefe Felsspalten, die mit Zugbrücken zu überwinden waren, sorgten für natürlichen Schutz.

Die Burg war 1715 ein Stützpunkt von James Stuart in seinem letztendlich gescheiterten Feldzug zur Rückeroberung der britischen Krone. Während des Zweiten Weltkrieges hatte sich hier die Wehrmacht einquartiert, und in jüngster Zeit wurde hier der Hollywood-Schinken *Die Wikinger* abgedreht. In der Nähe steht der Menhir *Le doigt du Gargantua,* Gargantuas Daumen.

Idyllische Rance in Dinan.

Königliche Aussicht: Richtung Norden erreicht die Straße **Cap Fréhel,** den landschaftlichen Höhepunkt der bretonischen Küste. An dem 75 Meter hohen Granitfelsen bricht sich die Brandung, und die weiße Gischt spritzt bis zum Leuchtturm auf dem Gipfel empor. Bei klarem Wetter reicht die Sicht bis zur 48 Kilometer entfernt gelegenen Ile de Bréhat und zu den Inseln des Ärmelkanals. Kurz nach dem Kap bieten die **Fauconnière-Felsen** Nistplätze für Tausende von Seevögeln. Cap Fréhel kann von Dinard aus auch mit dem Boot angefahren werden – vom Meer aus ist die Perspektive noch überwältigender.

In leichtem Gefälle führt die D34 hinab nach **Sables-d'Or-les-Pins.** Tatsächlich ist der Sand an diesem weitläufigen Strand von goldener Farbe. Hinter Sables geht es wieder bergan zum **Cap Erquy.** Die D786 macht entlang seiner Ausläufer einen Abstecher landeinwärts nach **Erquy** selbst, einem schnell wachsenden Fischerort, der auch dem Urlauber Buchten, Strände und Freizeiteinrichtungen zu bieten hat.

Le Val-André rühmt sich des besten Strandes an der bretonischen Nordküste. Von hier aus führt der Zöllnerpfad, der einst der Küstenwache, aber auch den Steuereintreibern in ihrem Krieg gegen die Schmuggler diente, zum **Port Dahouet,** einem kleinen Fischerei- und Yachthafen in einer tiefen Bucht.

Landeinwärts: An der Côte d'Emeraude nur den Küstenstreifen zu besuchen hieße, das faszinierende Mosaik der Felder im Binnenland, alte Schlösser, Städte und Dörfer zu verpassen. Ein guter Ausgangspunkt für Erkundungen des Landesinneren ist die mittelalterliche Stadt **Dinan.**

Der reizvollste Weg dorthin ist zweifellos eine Fahrt auf der Rance: Eine Perlenkette von Seen, Schluchten, Auen, kleinen Buchten und Dörfern zieht sich dahin, bis die kompakten Steinhäuser und die gotische Brücke unterhalb der Stadtmauer von Dinan auftauchen. Und eine kopfsteingepflasterte Straße windet sich durch die **Porte Jerzual,** einst das wichtigste der vier Stadttore, hinauf in die alte Stadt.

Stadtansicht des mittelalterlichen Dinan.

Den steilen Aufstieg erleichtern gelegentliche Pausen, in denen man die durch Kragsteine gestützten Gebäude bewundern sollte. Viele sind heute Restaurants oder *crêperies,* Töpfereien, Webereien, Handwerkerläden und Holzdrechslereien, in denen Antiquitäten mit solcher Kunstfertigkeit imitiert werden, daß sie kaum von den Originalen zu unterscheiden sind.

Dieser Zugang zu einer der am besten erhaltenen Städte Frankreichs mag den Anschein erwecken, er sei nur Yachtbesitzern reserviert – für sie ist in der Tat gut gesorgt. Die Rance hat sich unterhalb von Dinan in einen Yachthafen verwandelt, und deshalb entstand ein kleinerer Hafen in **Port Lyvet,** einige Kilometer flußabwärts. Dinan ist auf dem Wasser jedoch auch für jene erreichbar, die mit den *vedettes* von Dinard und Saint-Malo anreisen. Allerdings ist wegen der Gezeiten Hin- und Rückfahrt an einem Tag nicht möglich.

Welchen Weg man auch wählt, eine Reise nach Dinan ist immer auch eine Reise in die Vergangenheit. Auf der **Place Du Guesclin,** die mittwochs Marktbuden, an den restlichen Tagen der Woche Autos einnehmen, besiegte im Jahre 1359 der große bretonische Heerführer Bertrand du Guesclin in einem Zweikampf Thomas von Canterbury. Die Reiterstatue des schwertschwingenden Kämpen beherrscht noch heute den Platz.

Wie häufig im Mittelalter, entstand nach seinem Tod ein Gerangel um seine sterblichen Überreste. Die Basilika von Saint-Denis in Paris, die Grabstätte vieler Könige und Helden, meldete ebenso Ansprüche daran an wie die Stadt, mit der er so eng verbunden war.

Das Problem wurde gelöst, indem sein Körper in Saint-Denis eine letzte Ruhestätte fand, sein Herz jedoch in einem Silberkästchen nach Dinan gebracht wurde. Es ist in der **Basilique Saint-Sauveur** aufbewahrt, einer der beiden Kirchen der Stadt. Ihr kunstvoller Turm ist ein Wahrzeichen, das kilometerweit vom Umland aus zu erkennen ist. Hinter Saint-Sauveur bietet der **Jardin Anglais** einen ausgezeichneten Blick über das Rance-Tal.

Die Südseite der Place Du Guesclin säumen viele Hotels, im Südwesten ragen der Donjon de la Duchesse Anne und die Tour de Coëtquen auf. Die beiden 1382 errichteten Türme gleichen eher eigenständigen Burgen, und der erstere dient heute als historisches Museum, das neben anderen Raritäten eine Sammlung bretonischer *coiffes*-Hauben beherbergt. An der **Promenade des Petits-Fossés** hinter der Festung treffen sich an langen Sommerabenden Boule-Spieler. Die beste Zeit für einen Besuch ist die Abenddämmerung, wenn die Festungsmauern und Kastelle in Flutlicht getaucht sind.

An der Nord- und Westseite münden in die Place Du Guesclin schmale Straßen und Gäßchen, deren Namen – **Place des Merciers, Rue de la Ferronnerie, Rue de la Lainerie, Rue de la Poissonnerie –** an die mittelalterlichen Zünfte erinnern, die hier einst ihrem Tagewerk nachgingen. Sehenswert sind in diesem Teil der Stadt das **Hôtel de Kératry** mit seinem schiefen, von Granitsäulen gestützten Obergeschoß, das heute das

Die „Ente" paßt zu Dinan.

Fremdenverkehrsamt beherbergt; die **Maison du Gouverneur** in der Rue du Petit Fort; das frühere **Château Beaumanoir;** das **Franziskanerkloster** und die **Tour de l'Horloge,** der Glockenturm, in der gleichnamigen Straße. Die Uhr war ein Geschenk der Herzogin Anne. Den Kern der Altstadt bildet die **Eglise Saint-Malo,** im 15. Jahrhundert im Flamboyantstil begonnen und im 19. Jahrhundert fertiggestellt.

Weiter flußaufwärts ist bei dem Dorf **Léhon** eine Schloßruine und die Abtei Saint-Magloire mit einem prächtigen Kreuzgang aus dem 17. Jahrhundert zu bewundern. Nach Léhon gelangt man entweder auf die D12, oder man wandert am Fluß entlang. Ebenfalls zu Fuß ist in entgegengesetzter Richtung **Taden** erreichbar, wo das zerstörte Château de la Garaye, die Überreste einer Villa aus römischer Zeit, und ein mit Hieroglyphen bedeckter Menhir, der **Menhir de la Tiemblaye,** eine interessante Mischung ausmachen.

Westlich von Dinan: An der Strecke nach Saint-Brieuc (D794) stößt man zunächst auf **Corseul,** das keltischen Ursprungs ist und ein kleines archäologisches Museum sowie die Überreste eines römischen Marstempels sein eigen nennt. Als nächstes liegt **Plancoët** am Weg. Bemerkenswert ist hier die im japanischen Stil gehaltene Brücke über den Arguenon. Entweder man folgt hier der eingeschlagenen Richtung oder biegt auf die D792 landeinwärts, um den Wald von **Hunaudaie** aufzusuchen, zwischen dessen Bäumen die Türme einer Burg aus dem 13. Jahrhundert hervorragen.

Der gegenwärtige Zustand des Baus ist weniger auf feindliche Angriffe oder den Zahn der Zeit als vielmehr auf Plünderungen zurückzuführen. Die letzten Bewohner verließen die Burg bereits während der Französischen Revolution; und seitdem hat sich jeder, der Steine oder Einrichtungsgegenstände gebrauchen konnte, großzügig bedient. Erst 1930, als die Burg in Staatseigentum überging, fanden diese Plünderungen ein Ende – zu spät allerdings, um die Entfernung des Treppenaufganges

Die steilen Dächer der Bretagne.

zu verhindern, der heute ein Schloß der Loire schmückt. Vom 1. Juli bis 31. August ist Hunaudaie der Öffentlichkeit zugänglich.

Wer nicht nach Hunaudaie abbiegt, kommt nach **Lamballe,** das heute in erster Linie einen Ruf unter Pferdekennern wegen des staatlichen Gestüts *(Haras)* genießt. Mitte Februar bis Mitte Juli schließt es seine Pforten, da die Hengste zum Decken gebracht werden; ansonsten ist es täglich geöffnet.

In Lamballe ist weiterhin erwähnenswert: die **Maison du Borreau,** das Haus des Henkers, in dem heute das Syndicat d'Initiative und ein Museum, das dem Künstler Mathurin Meheut gewidmet ist, untergebracht sind. Ein langer, mit Geschäften gesäumter Platz endet an einer Treppenflucht, die zur spätgotischen Kirche Saint-Jean hinaufführt. Der achteckige Turm weist eines der typischen bretonischen Schieferdächer auf. Gotischer Baustil kennzeichnet auch die **Eglise collégiale Notre-Dame,** die auf einer Terrasse über dem Guessant-Tal aufragt.

Nächste Station an der D768 ist **Moncontour.** Kurz vor dieser Stadt biegt die D6 nach **Trédaniel** ab, wo die Kirche Notre-Dame du Haut zu besichtigen ist. Die sieben aus Holz geschnitzten Heiligen der Stadt – Marmertus, Livertin, Eugenia, Léobinus, Méen, Hubert und Houarniaule – können alles heilen, von nächtlichen Schweißausbrüchen bis zu Hundebissen, Migränen, Rheumatismen und Wahnvorstellungen. In der Nähe ist noch das **Château Touche-Trébry** zu sehen, eine Imitation eines mittelalterlichen Schlosses aus dem 16. Jahrhundert, das nur im Juli und August geöffnet hat.

Zurück auf der D768, ist es nicht mehr weit bis Moncontour. Die Stadt ist terrassenartig an einem Hügel angelegt. Steintreppen oder steile Gassen verbinden die Ebenen, auf denen sich die charakteristischen Stein- und Fachwerkhäuser aneinanderreihen. Von Moncontour aus kann man entweder direkt nach Lamballe zurückfahren und dort auf der N176 bis nach Dinan; oder man folgt den D-Nebenstraßen durch die

Das mächtige Château Combourg.

ländliche Bretagne, wo es noch einiges zu entdecken gibt.

Charakteristisch für die Gegend sind die vielen Mistelbüsche, besonders in den Pappeln. Die Mistel ist tief mit dem keltischen Volkstum verwurzelt und wurde nach den Berichten von Plinius dem Älteren von den Druiden als Allheilmittel hoch geschätzt.

Östlich von Dinan: Von Dinan aus etwa elf Kilometer in östlicher Richtung auf der D794, geht rechter Hand die D137 ab, die zum **Château de la Bourbansais** führt. Das Schloß mit seinen spitzen Türmchen und Eckpavillons taucht am Ende einer prächtigen Buchenallee auf. Es wurde im 16. Jahrhundert erbaut und im 18. Jahrhundert erweitert. Einst Stammsitz der Huarts, liegt es inmitten eines typisch französischen, symmetrisch angelegten Parks und bietet als Attraktion zudem einen Zoo.

Noch beeindruckender ist das **Château Combourg** mit seinen Rundtürmen, das sich über den dichtgedrängten Dächern der kleinen Stadt erhebt. Einst im Besitz der du Guesclins, wurde es im 18. Jahrhundert vom Vicomte de Chateaubriand erworben, dem Vater des Dichters François René de Chauteaubriand, der das Leben im Schloß in seinen *Mémoires d'Outre-Tombe* beschreibt. Es ist von Ostern bis Ende September geöffnet, die Besucher können das Zimmer des Autors und ein ihm gewidmetes Museum besichtigen.

Die einzige große Stadt im Landesinneren westlich von Dinan, **Dol-de-Bretagne,** ist von Combourg aus auf der D795 zu erreichen. Statt auf direktem Weg dorthin zu fahren, sollte man den Umweg über **Croix-de-Bois** und **Epiniac** zum hübschen **Château Landal** inmitten von Rasenflächen und einem See nicht scheuen.

Kurz vor Dol ragt auf neun Metern der **Menhir du Champ Dolent** auf. Er steht im Mittelpunkt zweier Legenden. Die eine erzählt, daß er einst vom Himmel herabgeschleudert wurde, um zwei Brüder zu trennen, die mit ihren Armeen einen entsetzlich blutigen Krieg gegeneinander führten. Daher auch der Name „Feld des Schmerzes". Der zwei-

Blühender Raps in der Nähe von Dol-de-Bretagne.

ten Legende nach sinkt der Menhir jedes Jahrhundert um einige Zentimeter, und wenn er vollkommen verschwunden ist, geht die Welt unter.

Das gesamte Gebiet ist mit steinzeitlichen Überresten übersät, dazu zählt das begehbare Grab von **Tressé.**

Dol-de-Bretagne ist ein ehemaliger Bischofssitz, und als erster Bischof wird der größte aller missionierenden Heiligen, Samson, genannt. Die massive, im Stil der normannischen Gotik errichtete **Cathédrale St-Samson** ist ihm geweiht. Sie steht an der Stelle einer Kirche, die 1203 von englischen Truppen zerstört wurde. Besonders interessant sind die große Vorhalle an der Südseite und Glasmalereien aus dem 14. Jahrhundert.

Das kleine **Musée de la Trésorerie** nebenan ist der langen Geschichte der Stadt gewidmet und enthält eine Sammlung Holzskulpturen und Fayencen. Neben Dinan ist Dol die bretonische Stadt mit den meisten alten Häusern. Mindestens einem jedoch, der **Maison des Plaids** aus dem 11. Jahrhundert, gebührt der Titel, schönstes Beispiel bretonischer Romanik zu sein. Die meisten alten Häuser von Dol sind in der **Grande-Rue-des-Stuarts** zu finden, die ihren Namen der Tatsache verdankt, daß der letzte Stuart, James II, einige Jahre hier im Exil verbrachte.

Südlich von Dol, an der D155, bricht ein steiler Fels aus dem Marschland hervor: der **Mont Dol** (670 m). Die steile und enge Straße zum Gipfel ist mit dem Auto befahrbar. Heute finden sich dort die Überreste einer Telegrafenstation, ein riesiger Kastanienbaum aus dem 17. Jahrhundert und die Chapelle Notre-Dame-de-l'Espérance samt Turm, zu der noch heute die Gläubigen pilgern. Feuersteine haben zudem belegt, daß der Berg bereits in prähistorischer Zeit bewohnt war.

Für den Bau der Telegrafenstation im späten 19. Jahrhundert mußten zwei Kapellen niedergerissen werden. Ihre Altarsteine waren mit regelmäßig angeordneten trichterförmigen Löchern durchbort, und den Archäologen wurde bald klar, daß sie auf die Überreste eines Mithra-Tempels gestoßen waren, dem persischen Kult, der im römischen Heer kurz vor der Bekehrung zum Christentum viele Anhänger gewann. Die Einzuweihenden wurden einer Bluttaufe unterzogen, zu der sie unter den Altar kriechen mußten, auf dem ein Stier als Symbol für Mithras Urstier, geschlachtet wurde. Das Blut floß durch die Löcher auf die nackten Körper.

Danach taucht der Berg in den christlichen Legenden als der Ort auf, an dem ein furchtbarer Kampf zwischen dem Erzengel Michael und dem Teufel tobte. Der Erzengel schleuderte den Versucher vom Fels , um einen Durchbruch zu schaffen, durch den er ihn wieder in die Hölle zurückzutreiben gedachte. Der Satan erschien jedoch erneut, diesmal auf dem Mont-Saint-Michel – zu jener Zeit noch eine Erhebung im Wald von Scissy.

Selbstverständlich gewann der Erzengel schließlich den Kampf, aber es war wohl nur ein vorübergehender Sieg, denn der arglistige Teufel hat seitdem nicht nachgelassen, die Menschheit vom rechten Weg abzubringen.

Links: Mont-Dol. Rechts: Die Cathédrale St-Samson in Dol-de-Bretagne.

7173

Von Saint-Brieuc nach Locquirec

Zwei Dinge zeichnen **Saint-Brieuc** aus. Zum einen liegt es gerade westlich der breiten Anse d'Yffiniac, die in die noch breitere Baie de Saint-Brieuc einmündet, also Zugang zu einigen herrlichen Stränden und einer schönen Küste bietet; zum anderen ist es die Hauptstadt des Pays du Goëlo, das sich entlang der Küste mit sanften Hügeln und Dünen, die von Blumen und blühendem Stechginster übersäht sind, hinzieht.

Der hl. Brieuc, nur einer der 7707 Heiligen, die in der Bretagne gelebt haben sollen, war ein Kelte, den es im 5. Jahrhundert, als man die Bretagne noch Armorica nannte, auf der Flucht vor den normannischen Eroberern an diese Küste verschlug.

Die Stadt Saint-Brieuc ist relativ modern, da viele Gebäude nach der schlimmen Zerstörung von 1944 wiederaufgebaut wurden, aber immer noch beherrscht die **Cathédrale St-Etienne** den Ort. Seit ihrer Fertigstellung im 12. Jahrhundert erlebte sie, wie große Teile Saint-Brieucs, wilde Plünderungen und Zerstörung: im bretonischen Erbfolgekrieg und in den Religionskriegen, vor allen Dingen jedoch im Jahr 1944. Wie andere bretonische Kathedralen ist Saint-Etienne nicht besonders groß, aber massiv gebaut und neben dem Namenspatron Saint-Etienne auch Saint-Guillaume gewidmet.

Vorherige Seiten: Boule wird überall gespielt. Der Fang wird heimgebracht. **Links**: Quiberon. **Unten**: Die Cathédrale St-Etienne, St-Brieuc.

Saint-Brieuc bietet sonst wenig Sehenswertes, doch die Landschaft hat besonders am Abend ihre Reize, wenn die untergehende Sonne den Ginster und die Baie de Saint-Brieuc in zauberhaftes Licht taucht.

Zwei Wege führen von Saint-Brieuc nach Westen: einer läuft entlang der Côte du Granit Rose, der andere, die westliche Hauptroute, durch Guingamp. Die Küstenstraße hat etwas mehr für sich, wenn auch die andere Strecke nicht ohne Reize ist.

Etables-sur-Mer ist, wie der Name schon andeutet, ein Seebad, obwohl die Strände hier sehr klein sind und sich zwischen den Felsen der Côte de Granit Rose verstecken. Diese Küste erstreckt sich nach Norden und Westen bis nach Lannion und gilt mit den tatsächlich rosafarbenen Felsen und den geschützten Sandstränden als eine der schönsten Gegenden der Bretagne.

Die Hauptsehenswürdigkeit in Etables, abgesehen von den Ausblicken, die die Küste bietet, ist die Chapelle Notre-Dame-d'Espérance nahe dem Erholungsort **Saint-Quay-Portrieux.** Vom früheren Fischereihafen aus fuhren die Trawler einst auf Kabeljaufang bis nach Neufundland, heute ist er hauptsächlich Ferienort. In den guten Fischrestaurants entlang des Kais kann man frisch gefangenen Hummer, der auch hier seinen Preis hat, probieren. Etables hat vier ausgezeichnete Sandstrände, ein Schwimmbad, falls das Wasser der See zu kalt ist, ein Spielkasino und gute Ausflugsmöglichkeiten mit dem Boot zur **Ile de Bréhat.**

Ein Stück weiter nördlich liegt **Plouha** und noch weiter landeinwärts die Kapelle von **Kermaria-an-Iskuit.** Plouha markiert die östliche Sprachgrenze der Bretagne: Westlich von hier sprachen oder sprechen die Einheimischen nicht mehr Französisch, sondern Bretonisch. Gleich den meisten Orten entlang der Côte de Granit Rose ist auch Plouha nunmehr eine reine Touristenstadt. Allerdings verbringen viele alte Seefahrer und Fischer hier ihren Lebensabend, und so säumen die etwas abgelegeneren Straßen hübsche kleine Häuschen mit gepflegten Vorgärten.

Die Kapelle von Kermaria-an-Iskuit besteht aus gelbem Stein und beherbergt eine ganze Kollektion von Statuen bretonischer Heiliger, aber auch wunderbare Fresken mit der Darstellung des Jüngsten Gerichts: Seelen auf dem Weg gen Himmel oder hinab zur Hölle sind hier zu sehen, in mittelalterlichen Kirchen ein beliebtes Motiv. Die hiesige Darstellung aus dem 15. Jahrhundert zeigt das Jüngste Gericht als Totentanz, eine im Mittelalter weitverbreitete Vorstellung.

Steile Felsen kennzeichnen die Küste nördlich von Plouha, vorbei an Bréhec bis hin zur Bucht Anse de Paimpol und zur ersten dieser gezackten nördlichen Halbinseln, die dem knurrenden Wolfskopf, den die Umrisse der Bretagne darstellen, die Ohren geben. Ein erster Halt empfiehlt sich hier am Fuße der Paimpol-Halbinsel, an der **Abtei von Beauport.** Zwar ist diese seit der Französischen Revolution nur mehr eine Ruine, dennoch strahlt sie weiterhin etwas Würdevolles aus. Teile der Abtei, so der normannische Kapitelsaal, wurden inzwischen wiederhergestellt.

Paimpol ist für die ländliche Bretagne ein ziemlich großer Ort mit 10 000 Einwohnern. Ein Großteil von ihnen lebte früher von der Fischerei, heute bieten Tourismusgewerbe oder Austernzucht ein besseres Einkommen. Paimpol ist die Heimat von Pierre Loti, einem Schriftsteller des 19. Jahrhunderts, der einige seiner Romane in Paimpol schrieb und den berühmtesten, *Pêcheur d'Islande* (Islandfischer), hier spielen ließ.

Von Paimpol sind schöne kurze Ausflüge zur nahe gelegenen Küste möglich, etwa zu dem Fischerdorf **Pors-**

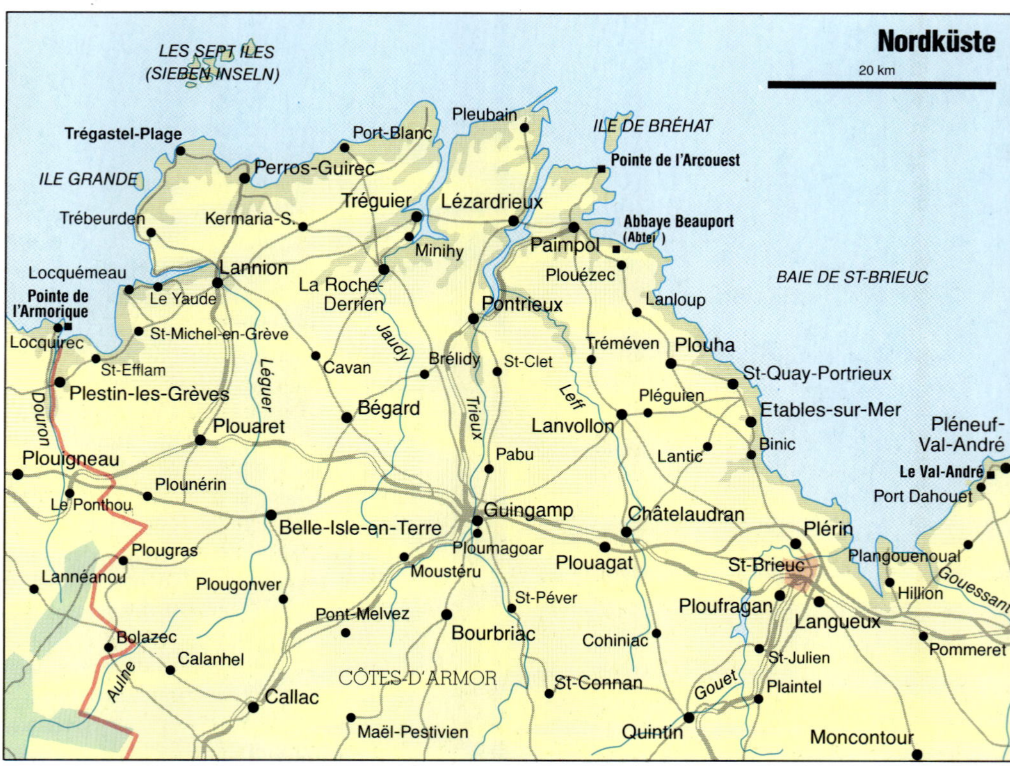

Even oder zur **Pointe de l'Arcouest** mit einer herrlichen Aussicht auf die verstreuten Inseln vor der Küste, besonders hinüber zur Ile de Bréhat , die man unbedingt besuchen sollte.

Die große, flache **Ile de Bréhat** ist zweieinhalb Kilometer lang und eineinhalb Kilometer breit. Sie besteht aus rotem Gestein und ist ein Vogelparadies. Das Innere der Insel durchziehen viele Fußpfade, Mimosen und Feigenbäume gedeihen prächtig. Die Bewohner Bréhats sind große Seefahrer, und man weiß hier zu erzählen, daß es einer ihrer Vorfahren war, der Christoph Kolumbus von Amerika berichtete, lange bevor dieser die Neue Welt entdeckte. Nun ... wer weiß?

Die größte und schönste Stadt an der Côte de Granit Rose ist **Tréguier.** Auf dem Weg ist ein breiter Meeresarm zu passieren, eine *ria,* wie man im Norden der Bretagne sagt, *aber* heißen diese dagegen für die Bewohner des Ostens. Wie immer diese Meeresarme auch genannt werden, sie sind eindrucksvolle Buchten und ideale Häfen.

Den Mittelpunkt Tréguiers bildet die **Cathédrale Saint-Tugdual;** der Heilige, dem die Kathedrale geweiht ist, war angeblich ein Verwandter König Artus' und kam einst aus Cornwall herüber. Er steht jedoch im Schatten des hl. Yves, des Schutzpatrons der Anwälte, dessen Herz in der Kathedrale aufbewahrt wird. Die meisten bretonischen Heiligen sind halbmythische Figuren, der hl. Yves hat aber wirklich im 13. Jahrhundert als Kaplan des Bischofs zu Rennes gelebt. In seiner Tätigkeit als Anwalt war er absolut unbestechlich, und den streitenden Parteien gegenüber konnte er sehr ungemütlich werden, wenn sie selbst unter Eid nicht die Wahrheit sagen wollten. Hochbetagt und -geehrt starb er um 1303, und noch immer besuchen seinen Schrein Anwälte.

Sehenswert in dieser Kirche ist auch das Grab des Herzogs Jean V, der sich während des Hundertjährigen Krieges kurzzeitig mit dem englischen König Henry V gegen Frankreich verbündete und 1442 starb. Ansonsten ist Tréguier ein lebhafter Ort mit verstreuten Resten

Einsamkeit bei Tréguier.

mittelalterlicher Befestigungsanlagen, darunter zwei Türmen am Hafen. Neueren Datums ist das Haus von Ernest Renan, dem Agnostiker, Religionswissenschaftler und Orientalisten, der 1823 in Tréguier geboren wurde und hier auch die meiste Zeit seines Lebens verbrachte.

Von Tréguier, das am Fluß Jaudy liegt, hat man die Möglichkeit, Ausflüge auf zwei nahe Halbinseln, nordöstlich und nordwestlich, zu unternehmen. Lohnenswert sind Abstecher nach Saint-Gonéry, zur Pointe du Château nach Westen und zum kleinen Erholungsort Port-Blanc an der Nordküste.

Saint-Gonéry weist eine herrliche Kapelle auf, die zum Teil noch aus dem 10. Jahrhundert stammt; von der **Pointe du Château** hat man, besonders bei Sonnenuntergang, einen wunderbaren Ausblick auf das Meer; in **Port-Blanc** thront die winzige Kapelle Nôtre-Dame-de-Port-Blanc hoch auf einem Felsen. Bei Flut ist sie vollkommen vom Festland abgeschnitten. Port-Blanc ist ein hübscher Ort, ein bißchen abseits der üblichen Touristenstrecke und sicherlich den Umweg wert, zudem ein gutes Hotel, das *Le Grand,* mit bretonischen Spezialitäten und einer ausgezeichneten Fischkarte lockt. Andere sehenswerte Plätze um Tréguier sind **Minihy-Tréguier** – hier wurde der heilige Yves geboren, und zu seinen Ehren findet hier am 19. Mai ein großer Pardon statt – und das schöne **Château La Roche-Jagu.**

La Roche-Jagu ist über die erwähnte Inland-Route von Saint-Brieuc über Guingamp zu erreichen. **Guingamp** ist eine dieser Städte, in denen die Zeit scheinbar stillgestanden ist. Es war früher ein Zentrum der Baumwollweberei, doch heute ist es eher bekannt für seine vielen guten Restaurants, besonders das *Relais du Roy.*

Guingamps hat eine mittelalterliche Altstadt, und einige Teile der Stadtmauer sind noch zu bewundern. **Notre-Dame-de-Bonsecours,** die Stadtkirche, besitzt eine der seltenen Schwarzen Madonnen, die einst von den Kreuzrittern aus dem Osten nach

Port-Blanc.

Frankreich gebracht wurden. Die Schwarze Madonna ist Mittelpunkt eines großen Pardon, der am ersten Wochenende im Juni abgehalten wird.

Zwei weitere Kapellen finden sich westlich von Guingamp: die **Chapelle Saint-Hervé** auf dem Menez-Bré und nördlich die berühmte bretonische Chapelle **Les Sept-Saints.** Das verfallene Schloß bei Tonquédec ist ebenso einen Abstecher wert wie die **Chapelle de Kerfons,** südlich von Lannion.

Lannion liegt 17 Kilometer westlich von Tréguier landeinwärts am Fluß Léguer. Die mit 22 000 Einwohnern relativ große Stadt ist eine gute Ausgangsbasis für Ausflüge in die Umgebung. Doch auch wegen der vielen alten Häuser aus dem 15. und 16. Jahrhundert, die die Place Général-Leclerc säumen, lohnt sich ein Besuch Lannions.

Der Templerorden ließ im 12. Jahrhundert die **Eglise de Brélévenez** erbauen, doch Teile des jetzigen Gebäudes stammen aus dem 15. Jahrhundert, als die Kirche vergrößert wurde. Die Kirche ist von der Stadtmitte aus über eine anstrengende Treppe zu erreichen, aber der Blick vom Kirchturm über die Dächer des Ortes entschädigt für alles.

Im Süden Lannions ist noch einiges zu besichtigen: Das große **Château de Kergrist** mit den Türmen aus dem frühen 16. Jahrhundert ist vollständig erhalten, doch leider sind nur die sehenswerten Gärten der Öffentlichkeit zugänglich. Von der Burg **Tonquédec** hingegen ist nur noch eine Ruine übrig. Im Vorgriff auf etwaige Rebellionsgelüste ließ Kardinal Richelieu einst alle Festungen des bretonischen Adels schleifen, darunter auch Tonquédec. Doch zwei Türme und Teile der Mauer überlebten die Anordnungen des Kardinals, und der Besucher kann sich heute ein vages Bild davon machen, wie die Burg im 15. Jahrhundert wohl ausgesehen hat.

Auch im Nordwesten Lannions kann der Besucher auf Entdeckungsfahrt gehen, am besten auf einem Rundkurs über den nördlich gelegenen Erholungsort **Perros-Guirec.** Das Seebad entstand einst um den Fischereihafen,

Unten links: Guingamp. **Unten rechts:** Das tägliche Baguette gib uns heute.

der mit den vielen Booten sehr malerisch wirkt. Auf beiden Seiten des Hafens findet man schöne Sandstrände und die übliche Aussichtsplattform am Boulevard Clémenceau.

Von Perros-Guirec stehen zwei Wege zur Auswahl: der erste folgt dem alten Zöllnerpfad, *sentier des douaniers,* entlang der Felsküste zum nahe gelegenen Erholungsort Ploumanac'h. Diese in der Bretagne recht häufigen Pfade wurden einst angelegt, um die Küste zu patrouillieren und ein Auge auf die vielen Schmuggler werfen zu können.

Oder man fährt mit dem Boot zu den Sept Iles („Sieben Inseln") gleich vor der Küste hinüber. Ornithologen aus aller Welt besuchen dieses einmalige Seevogelreservat. Einige Inseln sind ausschließlich den gefiederten Küstenbewohnern vorbehalten, die größte jedoch, **Ile aux Moines,** darf betreten werden. Seevögel wie Alke, Tölpel und Lummen sind hier zu beobachten, aber auch ein Leuchtturm und eine im 17. Jahrhundert von Vauban errichtete Festung sind zu besichtigen.

In **Trégastel-Plage** säumt ein schöner Strand die mächtigen Felsklippen, auf denen man spazierengehen kann. Ein schöner Anblick ist hier vor allen Dingen die **Chapelle Notre-Dame-de-La-Clarté,** im 16. Jahrhundert von Herzog de Barac'h als Ort der Andacht, aber auch als Orientierungspunkt für Schiffe bei Nebel erbaut. Die Fischer des Ortes halten hier jedes Jahr am 15. August einen Pardon ab.

Weitaus älter als die Kapelle ist der große Menhir von **Saint-Duzec** bei La Clarté in einem Feld nahe der modernen Rundfunkstation. Dieser Menhir, einst das Objekt heidnischer Verehrung, wurde vor langer Zeit getauft und mit einem Kreuz versehen, das die alten Götter fernhalten soll.

Trébeurden an der westlichen Spitze der Presqu'Île de Lannion ist ein sehr beliebter Ferienort mit schönen Stränden beidseitig des kleinen Vorgebirges und dem Schloß unterhalb des Stadtzentrums. Vier Kilometer südlich von hier entfaltet die **Pointe de Bihit** atemberaubende Ausblicke. Dieser Teil der

Plage de Trestraou, Perros-Guirec.

Côte de Granit Rose wird oft als *Corniche bretonne,* Horn der Bretagne, bezeichnet, und wirklich scheinen die Felsen zur See hinauszugreifen, zu den der Küste vorgelagerten Inseln und dem seltsamen rosaroten Gestein, das der Küste ihren Namen gab.

Einige der Inseln und der felsigen Erhebungen sind von der Küste aus zu erreichen, besonders diejenigen um die **Ile de Renot** bei Trégastel-Plage, eine Insel, die umringt ist von den von Wind und Wasser verwitterten Felsen. Manche dieser Felsen haben Namen wie **Tête du Mort** („Totenkopf") oder **Tas de Crêpes** („Pfannkuchen-Berg"), eine besonders treffende Bezeichnung für die Ansammlung aufeinandergetürmter flacher Felsscheiben.

Südlich von Trébeurden, jenseits des Flußes Léguer, liegt der kleine Weiher **Le Yaudet.** Als Bischofssitz war er einstmals sehr viel bedeutender, als seine heutige Größe vermuten läßt. Von dem einstigen Ruhm blieben nur die kleine Kapelle Notre-Dame mit einer geschnitzten Figurengruppe der Heiligen Familie. Sie ist Mittelpunkt eines lokalen Pardon am dritten Sonntag im Mai, der viele Besucher anzieht.

Westlich von hier verbreitert sich der Léguer zu einer Bucht, der Baie de Lannion, und die Straße entlang der südlichen Küste führt über das Dorf **Locquémeau** hinaus zur Pointe de Séhar. Locquémeau ist ein weiterer dieser malerischen Fischerorte, die vom Massentourismus noch nicht überrannt worden sind. Eine hübsche Kapelle aus dem 15. Jahrhundert rundet das Bild ab.

Weiter südlich liegt **Saint-Michel-en-Grève** und der wahrscheinlich – nein sicherlich – schönste Strand der ganzen Küste, **Lieue de Grève.** Auf fünf Kilometern zieht er sich bis zum Dorf Saint-Efflam am Fuße der Corniche de l'Armorique hin.

Saint-Michel ist weiter nichts als ein Badeort, aber mehr als dieser Strand ist auch gar nicht erforderlich. Bei Ebbe schafft die Lieue eine kilometerbreite Rennbahn, auf der sich die Strandsegler austoben können. Süßwasserbäche, in denen sich die Forellen tummeln, kom-

Plage de Tresmeur, Trébeurden. <u>**Folgende Seiten**</u>**: Am Morgen in der Boulangerie.**

men aus den Hügeln und fließen durch den Sand direkt ins Meer.

Den besten Blick auf diese schöne Bucht gibt der 76 Meter hohe **Grand Rocher** frei. Von hier oben ist die Flut ein ehrfurchtgebietender Anblick, vor allem, wenn sie von Westwinden herangetrieben wird. Riesige Wellen rollen dann über den Sund und schlagen wuchtig mit aufspritzender Gischt an die Mauer unterhalb der Küstenstraße.

In **Saint-Efflam** ist eine kleine, zwischen Dünen versteckte Kapelle dem hl. Efflam geweiht. Dieser irische Eremit landete irgendwann im 5. Jahrhundert in dieser Gegend und lebte hier bis zu seinem Tod im Jahre 502.

Vorbei an Saint-Efflam und weiter in westlicher Richtung führt die Straße hinauf zur **Pointe de l'Armorique,** die zu Fuß zu erreichen ist, und dann weiter abwärts nach **Plestin-les-Grèves.** 1944 machte die abrückende Reichswehr den Ort dem Erdboden gleich. Die hiesige Kirche, und nicht obengenannte Kapelle, enthält das Grab des hl. Efflam.

Die Küstenstraße überquert einen weiteren Fluß, den Douron, und erreicht **Locquirec.** Die durchaus sehenswerte Kirche des Ortes ist eine Stiftung des Johanniterordens und wurde im späten 15. Jahrhundert erbaut. Verschiedene Statuen der Jungfrau Maria und mehrerer Heiliger sowie eine sehr schöne Pietà aus Alabaster zieren das Innere der Kirche. Locquirec liegt an der Grenze zum Département Côtes-du-Nord; im Westen liegt Finistère, das eigentliche Herzland der Bretagne.

Zusammenfassung: Drei Merkmale des Küstenabschnitts im Norden, den kein Besucher der Bretagne versäumen sollte, sind hervorzuheben. Einmalig in ganz Frankreich ist das Farbschauspiel der wilden *Côte de Granit Rose,* der „rosa Granit-Küste"; die *Corniche de l'Armorique* und *Corniche de la Bretagne* locken mit ruhigen sandigen Buchten und großartiger Meereslandschaft. Von den Städten sind Tréguier und Paimpol zu empfehlen; und von jenen kleinen Orten, die noch abseits der ausgetretenen Touristenpfade liegen, sei an dieser Stelle das malerische Fischerdorf **Port-Blanc** genannt.

NÖRDLICHES FINISTÈRE

Das westliche Département Finistère ist in zwei Teile geteilt, und die nördliche Halbinsel gegenüber der **Presqu'île de Crozon** wird Léonais genannt. Eine populäre Beschreibung sieht in der Halbinsel der Bretagne einen Wolfskopf, der nach dem Atlantik schnappt – die Presqu'Île de Léonais bildet dabei den Oberkiefer, die südliche Presqu'Île de Cornouaille den Unterkiefer und die lange Presqu'Île de Crozon die Zunge.

Finistère entspricht ganz den Vorstellungen von der Bretagne, hier findet man die Kalvarienberge, Enclos paroissiaux und zuweilen die schwarzgekleideten Frauen mit ihren hohen spitzenverzierten *coiffes*. Wenn auch *coiffes* und Kalvarienberge häufig als Werbeträger für den Tourismus herhalten müssen, sind sie in Wirklichkeit recht selten. Die schönsten kann man jedoch hier entdecken, im Nord-Finistère, dem bezaubernden Land der Léonais.

Die meist aus Richtung Osten entlang der Küste kommenden Besucher sollten ihre Rundreise mit einem Besuch der Pilgerkirche **Saint-Jean-du-Doigt** (hl. Johannes des Fingers), 16 Kilometer von Morlaix, beginnen. In diesem berühmten Pilgerort wird seit 1437 der Finger Johannes' des Täufers gehütet.

Die Kirche hat gemessen an dem kleinen Dorf gewaltige Ausmaße. Sie verdankt sie den Wallfahrern und der Herzogin Anne, die 1505 hierher pilgerte und eine großzügige Spende hinterließ, die es ermöglichte, das Gebäude in der heutigen Größe fertigzustellen. Wer die Reliquie des Fingers sehen möchte, muß sich an den Priester des Dorfes wenden. Die Kirche selbst ist ebenso sehenswert und bildet einen angemessenen Ausgangspunkt für eine Rundreise durch das nördliche Finistère.

Die Landschaft um Saint-Jean-du-Doigt ist nicht weniger ansprechend. Eine gut ausgebaute Straße führt von den rosafarbenen Felsen der **Pointe de Primel** in Richtung Süden über **Primel-Trégastel,** einen Badeort, zum kleinen, für seine Austernzucht bekannten **Diben** und schließlich zur Mündung des Flusses Dossen, die sich von der Roscoff-Bucht bis zur Stadt Morlaix ausdehnt, nahe der Grenze der Départements Côtes-du-Nord und Finistère.

Dieser Landesteil nördlich von Morlaix wird wenig besucht. Kleine Dörfer, hohe Klippen, felsige Buchten und schöne Sandstrände sind für ihn charakteristisch. In die Bucht von Morlaix münden die Flüsse **Dossen** und **Dourduff,** deren Strömungen die Bucht vor der Verschlammung bewahrt haben und somit das Überleben einiger Häfen gewährleisteten: Roscoff ist der bekannteste von ihnen.

Die Marktstadt **Morlaix** liegt zwar mehrere Kilometer im Landesinneren, wird jedoch noch von Kreuzfahrern und kleinen Küstenfahrzeugen angesteuert, die an den Kais im Stadtzentrum festmachen. Sehenswert ist der imposante Eisenbahnviadukt aus dem 19. Jahrhundert, dessen Stützpfeiler wie die Beine von Giganten 60 Meter hoch über den Häuserspitzen emporragen.

Vorherige Seiten: Die Küste des Finistère. Entspannung in Roscoff. **Links**: Stolze *coiffe*-Trägerin. **Rechts**: Der Calvaire von St-Thégonnec.

Die Stadt war während des Hundertjährigen Krieges 1340 Schauplatz eines Waffengangs zwischen Engländern und Franzosen – den die Engländer gewannen –, und zu den späteren Besuchern zählten Herzogin Anne im Jahre 1505 und Maria Stuart.

Morlaix ist ein ruhiges Städtchen, eher Umschlagplatz für die Bauern der Umgebung als ein Ferienort. Das Wappen der Stadt – ein Löwe, der einem Leoparden gegenübersitzt – erinnert an den Tag im Jahre 1522, als englische Truppen in die Bucht segelten und in die Stadt einmarschierten, bis es den von den Feldern herbeieilenden Stadtbewohnern gelang, sie zu verjagen. Die Stadt liegt abseits der Touristenroute, und kaum ein Reisender wird sich dort lange aufhalten, obgleich die Häuser der Grande Rue und die Maison de la Duchesse Anne aus dem 16. Jahrhundert einen Besuch durchaus verdienen.

Von Morlaix aus in Richtung Norden führt eine malerische Strecke an der linken Seite der Flußmündung entlang nach **Pen-al-Lann** und dem kleinen Hafenort **Carantec.** Zwei schöne Strände sind auf dieser Halbinsel zu finden: **Grève-Blanche** an der Spitze und **Grève du Kelenn** unweit des Hafens. **La Chaise du Curé** („Stuhl des Priesters") nördlich der Stadt bietet einen schönen Ausblick auf die Strände. Zwei Ausflüge zur **Pointe de Pen-al-Lann** oder bei Ebbe zur küstennahen **Ile Callot** sind der Erwägung wert.

Für einen ausgiebigen Besuch der Insel sind mindestens zwei Stunden einzukalkulieren, schon wegen der Chapelle Notre-Dame. Sie ist der Jungfrau Maria gewidmet und enthält eine Madonna aus dem 16. Jahrhundert – Ziel eines alljährlichen Pardon am 15. August. Das Château du Taureau wurde 1512 erbaut, um Überfälle von seiten der Engländer abzuwehren. 1660 beherbergte es ein Staatsgefängnis.

Im Nordwesten weist ein Kirchturm zwischen Zwiebel- und Artischockenfeldern im Norden den Weg nach **Saint-Pol-de-Léon.** In dieser kleinen Stadt von nur 10 000 Einwohnern sind zwei interessante Baudenkmäler zu besichti-

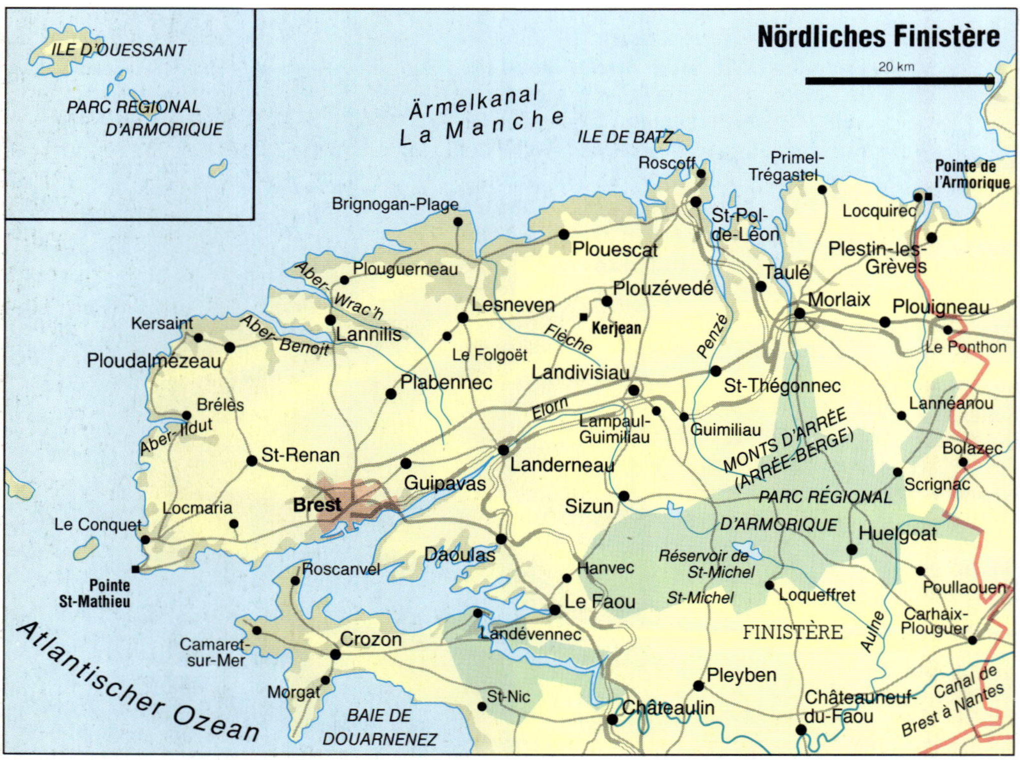

gen: die ehemalige Kathedrale und die berühmte Chapelle du Kreisker mit ihrem prachtvollen Glockenturm. Die aus dem 13. und 14. Jahrhundert stammende **Cathédrale Saint-Pol** beeindruckt durch ihre harmonischen Proportionen und ihre Schlichtheit. Sie wurde aus normannischem Granit erbaut. Von der Innenausstattung sind das kunstvoll geschnitzte Chorgestühl aus dem 16. Jahrhundert und das Grabmal des St-Pol-Aurélien, erster Bischof und Namensgeber der Stadt, neben der Kanzel hervorzuheben. Durch eine Lepra-Türe in einem der Zwillingstürme durften Aussätzige einen kleinen Bereich betreten, um die Andacht zu verfolgen.

Die **Chapelle du Kreisker** aus dem 14. und 15. Jahrhundert liegt am Ende der Rue du Général-Leclerc. Während des Mittelalters diente sie dem Rat der Stadt als Tagungsraum. Heute ist dieses prachtvolle Gebäude die Kapelle der nahegelegenen Hochschule.

Der 77 m hohe Glockenturm, der sogenannte Kreisker, ist St-Pierre in Caen nachempfunden. Kunstvoll durchbrochen, ist der Turm der Maßstab für viele andere Kirchtürme in der Bretagne gewesen, obgleich nur wenige die Schönheit des Originals erreichen. Von seiner Spitze entfaltet sich ein großartiger Blick über Land und Küste. Das Innere der Kapelle ist, wenn auch etwas karg, ein schönes Beispiel mittelalterlicher Architektur.

Eine kurze Fahrt Richtung Norden bringt den Reisenden nach **Roscoff,** Nord-Finistères wichtigstem Hafen, dessen Fähren Passagiere, Lastwagen und bretonische Produkte über das Meer nach England und Irland bringen. Roscoff ist im Sommer auch beliebter Badeort, Zentrum für Thalassotherapie und Meeresheilkuren sowie Marktstadt für die Bauern der Umgebung.

Roscoff bietet drei Sehenswürdigkeiten sehr unterschiedlicher Art. Die eine ist der große **Feigenbaum** an der Maison des Vacances in der Rue des Capucins, der 1625 von Kapuzinermönchen gepflanzt wurde und sich heute auf einer Fläche von 630 Quadratme-

Abendstille in Roscoff.

tern ausbreitet. Dieser Großvater aller Feigenbäume ist immer noch fruchtbar und trägt in einem guten Jahr mehr als 450 Kilogramm Feigen.

Die zweite Sehenswürdigkeit eher traditioneller Art ist die in der Nähe des Hafens gelegene **Eglise Notre-Dame-de-Krouz-Baz** aus der Spätrenaissance mit einem der schönsten Glockentürme im Finistère und einigen wunderbaren Alabasterschnitzereien am Altar. Letztere sind älteren Datums als das Gebäude, stammen somit aus einer anderen Kirche. Abgesehen vom prachtvollen Glockenturm sind die bemerkenswertesten Schätze dieses Gebäudes die vielen in Stein gehauenen Karavellen an den Außenwänden und Türmen. Sie wurden von Freibeutern gestiftet, deren Überfälle denen der Korsaren von Saint-Malo in nichts nachstanden.

Roscoffs dritte Attraktion ist das **Charles-Pérez-Aquarium.** Es ist im Sommer für Besucher geöffnet und zeigt die meisten der im Ärmelkanal heimischen Fischarten – darunter einige wirklich sehr seltsame Exemplare.

Roscoff lockt zu ausgedehnten Spaziergängen durch die engen Straßen und Gäßchen mit den weißgekalkten Häusern, in denen einige gute Restaurants zu finden sind.

Unweit der Küste liegt die stiefelförmige, leicht hügelige **Ile de Batz** mit ihren Sandstränden und dem durch den Golfstrom bedingten milden Klima. Die ca. 700 Bewohner nennen ihre Insel Enez Uaz und pflegen noch die alten Traditionen. Die Männer sind Fischer oder Bauern, die Frauen züchten Gemüse oder sammeln Meeralgen als Düngemittel. Die Hauptorte Porz Kernoc'h und Créac'h-Bolloc'h liegen auf der dem Festland zugewandten Südhälfte der Insel.

Südlich von Roscoff: Nebenstraßen führen hinab zur Südgrenze von Léonais und Cornouaille zu jenen Dörfern, in denen sich die Touristen aus aller Welt treffen: die „Enclos-paroissial-Dörfer" Saint-Thégonnec, Guimiliau und Lampaul-Guimiliau, nicht die einzigen, aber mit Sicherheit die schönsten solcher Dörfer im Finistère.

Roscoff aus der Vogelperspektive.

Ein vollständiger Enclos paroissial, ein von einer Mauer mit Triumphbogen umgrenzter Pfarrbezirk, besteht aus Kirche, Friedhof, Beinhaus, in dem die Knochen aufbewahrt wurden, und kunstvoll gearbeitetem Kalvarienberg. Kalvarienberge stellen meist eine Kreuzigungsszene dar, um die sich eine Gruppe (manchmal Hunderte) kunstvoll geschnitzter und verzierter Figuren schart: Heilige, Soldaten und Szenen vom Leidensweg Christi als steinernes Mysterienspiel.

Die Calvaires südlich von Morlaix gehen auf das 16. Jahrhundert zurück, als die Gegenreformation Frankreich und einen Großteil Westeuropas erfaßte. Aufzeichnungen lassen vermuten, daß neben der religiösen Leidenschaft der Bürger der Wettstreit der Gemeinden um die schönsten Kalvarienberge die Bautätigkeit anfeuerte.

Der Calvaire von St-Thégonnec aus anderer Sicht.

Der berühmte Enclos paroissial in **Saint-Thégonnec** weist alle obengenannten Elemente auf: eine große Kirche, einen imposanten Triumphbogen aus dem Jahre 1587, ein Beinhaus aus dem 17. Jahrhundert und einen Kalvarienberg mit drei Kreuzen, um die sich die Figuren scharen, unter ihnen der hl. Thégonnec mit den Wölfen, die er vor den Pflug spannte, nachdem sie seine Pferde gerissen hatten.

Die Kirche von Saint-Thégonnec und ihr Kalvarienberg kosteten ein Vermögen und wurden je nach Spendenlage über Jahre hinweg errichtet. Das mehrmals umgebaute Hauptschiff geht auf das Jahr 1563 zurück. Die schöne Kanzel ist mit den Kardinaltugenden verziert, und über dem Eingang wacht die Statue des hl. Thégonnec. Apsis und Chor schmücken Holzschnitzereien aus dem 17. und 18. Jahrhundert mit Auszügen aus dem Leben der Heiligen.

Der Kalvarienberg außerhalb wurde 50 Jahre nach der Fertigstellung der Kirche errichtet und zeigt Szenen der Leidensgeschichte. Das Beinhaus, heute eine Kapelle, entstand erst 1676.

Saint-Thégonnec ist ein idealer Ausgangspunkt für eine Rundreise zu weiteren Enclos paroissiaux der Gegend, wofür man sich in der Auberge Saint-

BRETONISCHE KALVARIENBERGE

Warum sich die Mühe geben, schön gehauene Bildhauerarbeiten unter freiem Himmel aufzustellen – vor allem, wenn ihnen Stürme vom Atlantik und die Seeluft arg zusetzen? Bretonische *Calvaires* liegen abseits der Kapellen und Kirchen, als ob sie ihre Unabhängigkeit, fast übermütig den Elementen trotzend, betonen wollten. Versteckt sich christlich-religiöse Kunst gemeinhin im Dunkel der Kirchen oder paßt sich in die Bauten ein, so ragen die „Schädelstätten" der Bretagne stolz und schön gen Himmel.

Um das Besondere dieser Skulpturensammlungen würdigen zu können, muß man den Zusammenhang mit den *Enclos paroissiaux* herstellen, jenen für das 16. und 17. Jahrhundert typischen umfriedeten Pfarrbezirken; die ältesten Kalvarienberge, wie in Rumengol und Tronoën, stammen jedoch aus dem 14. Jahrhundert, als die meisten bretonischen Kapellen und Kirchen errichtet wurden.

Damals gab es in der durchaus wohlhabenden Bretagne kaum Städte oder Großgrundbesitzer, die sich der Kunstförderung gewidmet hätten. So flossen finanzielle Mittel und künstlerisches Vermögen fast ausschließlich in den Kirchenbau der Gemeinden, wobei sich die Pfarreien gegenseitig zu übertreffen suchten. Innerhalb jener steinernen Einfriedung, die den „Heiligen" vom profanen Bezirk trennte, entstanden eine Reihe von eigenständigen baulichen Elementen: die imposante Triumphpforte, das reichverzierte Beinhaus und der skulpturenreiche Kalvarienberg.

Steinkreuze gibt es viele in der christlichen Welt, in den bretonischen Kalvarienbergen jedoch entwikkelten sich das Symbol und seine Botschaft auf ganz eigene Art. Die erzieherische Funktion und der erzählerische Aufbau, auf den man in den Predigten oft Bezug nahm, erforderten ganz neue bildhauerische Vorgehensweisen.

Wenn auch die Geschichte und die Ikonographie der Passion und Kreuzigung bekannt sind, so heißt das nicht, daß sich die Kalvarienberge auf Lösungen wie die des einfachen keltischen Kreuzes beschränkten. Vielmehr suchen sie, das Auge des Betrachters sowohl auf der dargestellten Geschichte zu halten als auch auf der klaren Linie des Kreuzes.

Die großen Kalvarienberge bestehen aus einer Plattform, die von einem einfachen Rechteck, Dreieck oder Oktagon zu entwickelteren Formen mit zusätzlichen Torbogen (in Pleyben) oder Kanzeltreppen für Predigten (in Guimiliau) reicht. Zwei Skulpturenebenen, die eine als Fries an der Basis, die andere auf der Plattform, zeigen Szenen aus den Evangelien. Das zentrale Kreuz sieht mit den vielen Verästelungen, auf denen sich Figuren halten, einem vielarmigen Kronleuchter nicht unähnlich.

Manchmal sind auf den Kalvarienbergen auch örtliche Gestalten zu sehen. In Lannédern hat man einen seltsam abstehenden Kreuzarm hinzugefügt, auf dem der örtliche Heilige St-Erdern wie in der Legende auf einem Hirsch reitet. In Plougastel ist zu sehen, wie Catell Gollet, ein Dienstmädchen von schlechtem Ruf, von einem Höllenmaul verschlungen wird.

Zwei Merkmale sind für die Kalvarienberge typisch: Sie sind aus hartem Granit gehauen, der nur wenig bildhauerische Feinheiten zuläßt und ihnen eine gewisse Grobheit verleiht; sie sind begehbar, die Skulpturen sind auf Augenhöhe oder etwas erhöht angebracht und sind von eindringlicher Klarheit.

Oft aber hat der Stein Wind und Wetter Tribut zollen müssen. Wie unfertige Arbeiten oft einen besonderen Reiz ausstrahlen, so hat die allmähliche Erosion der Kalvarienberge etwas Geheimnisvolles an sich. Viele Ensembles in der Bretagne sehen mitgenommen aus, oft sind die Gesichter unkenntlich geworden, zerbröckeln die Statuen oder fehlen ganz. Weißes, schwarzes, grünes und gelbes Moos macht sich breit, kann aber der Ausstrahlung der Kalvarienberge wenig anhaben.

Überall in der Bretagne laden sie die Besucher zu einem Rundgang und zur Deutung der Geschichten ein. Auch wenn man sich der Figuren erfreut, sollte man nicht vergessen, daß die Kalvarienberge stets eine starke religiöse Symbolkraft haben und nicht bloße Ausstellungsstücke einer einst bemerkenswert reichen Kultur sind. ■

Thégonnec gegenüber der Kirche mit ausgezeichnetem Essen stärken kann.

Südwestlich von Saint-Thégonnec ist **Guimiliau** mit einem noch schöneren Enclos paroissial zu finden. Der Calvaire zeigt neben den üblichen Szenen das Schicksal eines Dienstmädchens aus der Umgebung: Catell Gollet, die angeblich mit dem Teufel buhlte und geweihte Hostien stahl, wofür sie von Dämonen in Stücke gerissen wurde.

Der 1581–1588 entstandene Kalvarienberg von Guimiliau ist mit mehr als 200 Figuren einer der umfangreichsten im Finistère. Aber auch die südliche Vorhalle der Kirche ist reich mit Statuen und Skulpturen versehen, unter ihnen St-Miliau, der König von Cornouaille. Die Verzierungen setzen sich im Innenraum der Kirche fort, einem schönen bretonischen Renaissancebau.

Der letzte wichtige Kalvarienberg südlich von Morlaix in **Lampaul-Guimiliau** ist weit weniger kunstvoll als die vorher genannten. Für fehlende Details entschädigt jedoch die prachtvolle Kirche, die im Verlauf des 16. und 17. Jahrhunderts entstand. Viele Ausstattungsstücke, so die Kanzel aus dem 18. Jahrhundert, kamen später hinzu. Auch hier sind es die Details, vor allem die ausgezeichneten Holzarbeiten, die Beachtung verdienen.

Ein nur flüchtiger Besuch wird all den bildhauerischen Details der bretonischen Kalvarienberge und Enclos paroissiaux nicht gerecht. Es bedarf einiger Zeit und Muße, um diese Kostbarkeiten würdigen zu können.

Das Versailles der Bretagne: Der erste Ort auf dem Rückweg von Lampaul-Guimiliau in Richtung Nordküste ist die kleine Stadt **Landivisiau,** die abgesehen von einigen guten Restaurants nicht viel bietet. Sie ist in erster Linie für ihre Viehmärkte bekannt, die zu den größten Frankreichs zählen.

Das nördlich gelegene **Château de Kerjean** ist zwar recht beeindruckend, die Bezeichnung „Versailles der Bretagne“ jedoch ist leicht übertrieben. Der Architekt trimmte das am Ende einer langen Allee liegende Schloß auf Mittelalter, obgleich es aus dem späten

Links: Detail des Calvaire von St-Thégonnec. Unten: Auf der Jagd nach Meeresfrüchten.

16. Jahrhundert (1560–1590) stammt – über einen Burggraben führt eine Zugbrücke in den Innenhof.

Das Schloß umgibt ein weiter Park, und an einer Seite des Tores ragt ein Galgen, an dem der Herr von Kerjean die glücklosen Diebe und Bösewichte, die in seine Hände fielen, aufknüpfen ließ. Der letzte Herr von Kerjean endete 1794 aber selbst unter der Guillotine. Der Staat übernahm dieses schöne Renaissanceschloß 1911.

Heute beherbergt das Schloß ein kleines Museum bretonischer Volkskunst. Die Führung schließt das Zimmer mit ein, in das die Herrin von Kerjean vier Kavaliere vom Hof Louis XIII einsperrte, die mit ihrem Mann gewettet hatten, daß es einem von ihnen gelingen würde, sie zu verführen.

Zurück an der Nordküste Finistères, ist bei **Brignogan-Plage** im Westteil der Goulven-Bucht der **Menhir Marz** zu bewundern. Mit 7,6 Meter Höhe hat er stattliche Ausmaße, und ihm wurde wie vielen bretonischen Menhiren einst zur Sicherheit das Kreuz eingemeißelt.

Brignogan-Plage war früher die Heimat von Strandräubern, heute aber ist es ein kleiner, friedvoller Badeort östlich der großartigen Abers, tiefen fjordartigen Einschnitten an der Westküste des Léonais. Die Gegend heißt daher offiziell **Côte des Abers,** im Volksmund aber **Pays d'Ac'h,** manchmal auch „Küste der Legenden".

Wie die Landschaft der Nordküste Cornwalls gleicht, so ähneln sich auch die Menschen beider Regionen, der gemeinsame keltische Ursprung ist hier unverkennbar. Von alters her sammeln die ortsansässigen Bewohner, die *Geomonniers*, Meeresalgen aus den Abers, die sie zu einer Art Pottasche verbrennen, die ein gutes Düngemittel abgibt. Das harte und nasse Gewerbe ist in den letzten Jahren allerdings erheblich zurückgegangen.

Eine Erkundungsreise die wichtigsten *abers* – **Aber-Wrac'h, Aber-Benoît** und **Aber-Ildut –** hinauf und hinab mag gut und gerne zwei überraschend interessante Tage in Anspruch nehmen. Das kleine Dorf **Plouguerneau** ist ein guter Ausgangspunkt. Von hier kann der Reisende zu den nördlichen Abers aufbrechen, diese abfahren, um schließlich zum **Aber-Wrac'h** mit dem kleinen Yachthafen zu gelangen. Ein Spaziergang zur Landspitze der Presqu'Île Sainte-Marguerite bietet herrliche Ausblicke über die felsige Küste.

Die Fischerdörfer dieser Gegend bestehen häufig nur aus einem winzigen Hafen und einer einzigen Straße mit kleinen Häusern. Die Landschaft selbst ist jedoch von wilder Schönheit.

Das **Château de Trémazan,** heute Ruine, ist eng mit einer Legende verbunden: Tristan und Isolde, das tragische Liebespaar der Artussage, soll hier Zuflucht gesucht haben. Außerdem war es Geburtsort und Heimat von Tanguay du Châtel, einem Ritter des 15. Jahrhunderts. Er ging in die Geschichte ein, als er 1419 auf der Brücke von Montereau Johann den Furchtlosen, Herzog von Burgund, ermordete, während dieser mit dem späteren König Charles VIII von Frankreich über einen Waffenstillstand verhandelte. Dieser Anschlag löste die zweite Phase des Hundert-

St-Thégonnec in voller Größe.

jährigen Krieges zwischen England und Frankreich aus.

Im Süden der Ruinen von Trémazan bleibt die Straße nahe an der Küste zum Aber-Ildut, und kleine Nebenstrecken, meist nur Pfade, führen nach **Trézien**, dem höchsten Punkt der Küste. Ein Leuchtturm steht über diesem wilden, felsdurchsetzten Meer und weist den Seeleuten während der fürchterlichen Weststürme den Weg.

Ein Stück weiter erhebt sich die **Ile d'Ouessant,** bretonisch *Enez Eussa* oder **Ushant,** wie die Seefahrer sie nennen. Im kleinen Hafen von Brélès am Aber-Ildut kann man sich nach Ushant einschiffen. Bei ruhigem Meer kann das eine lohnende Reise zu dieser interessanten Insel werden.

Ushant bedeckt eine Fläche von gerade 28 Quadratkilometern, doch sind hier uralte Traditionen gewachsen, und auch die Natur gibt sich nicht einförmig. Eine sehr strenge Rollenteilung herrscht auf der Insel; die Männer fahren zur See, während die Frauen das Land bestellen. Auch heute noch ist die Landwirtschaft auf Autarkie ausgerichtet, mit ein paar Kühen, einem Kartoffelacker und einer kleinen Schafherde, die hier und da auf den windzerzausten Grasflächen weidet.

Auf dieser Insel hat sich die Tradition erhalten, daß die Frauen den Männern die Heiratsanträge machen, und Ushant ist einer der wenigen Orte der Bretagne, in der die traditionelle Tracht, zu der eine kleine Spitzen-*coiffe* gehört, auch im Alltag getragen wird und nicht nur anläßlich des Kirchgangs, bei Hochzeiten und Pardons.

Hauptstadt der Insel ist **Lampaul,** ein kleiner Hafen am Ende einer weiten Bucht im Südwesten, der kaum von den vorgelagerten Riffen geschützt ist. Auf der langen westlichen Landzunge erhebt sich die **Chapelle Notre-Dame-de-Bon-Voyage.** Beim Tod eines Seemannes spenden Freunde und Angehörige kleine Proëlla-Kreuze, die hier oder in der Hauptkirche von Lampaul aufbewahrt werden.

Der Tourismus nimmt auch hier an Bedeutung zu, und mehr und mehr Be-

Altes und Neues auf der Ile d'Ouessant.

sucher, speziell Vogelkundler, setzen auf die Insel über, um einige Zeit bei den Bewohnern zu verbringen. Das Klima von Ushant ist sogar im Winter sehr mild, solange keine starken Stürme toben. Wenn sich jedoch der Meeresnebel über die Felsen legt, der die Insel manchmal für Tage vom Festland abschneidet, wird Ushant ein wilder, einsamer Ort. Wer hierherkommt, sollte keine festen Rückreisetermine haben.

Zurück auf dem Festland, gelangt man südlich von Brélès am Ende des Aber-Ildut nahe der **Pointe de Saint-Mathieu** nach **Le Conquet,** einem Fischerhafen, der für seine Krebse und Langusten berühmt ist. Auf diesem Landzipfel am Goulet-Kanal, der bis nach Brest hinaufreicht, lag einst die ausgedehnte Stadt Saint-Mathieu, die jedoch heute verschwunden ist.

Übriggeblieben sind lediglich ein paar verlassene Häuser und die Ruinen eines uralten Klosters, vermutlich aus dem 6. Jahrhundert, in dem angeblich einst der Kopf von St-Mathieu aufbewahrt wurde. Vom Kloster existieren nur noch wenige Teile, beispielsweise die Kanzel. Hauptziel der Besucher ist der Leuchtturm mit seinem phantastischen Ausblick über die Riffe, Felsen und küstennahen Inseln bis hinaus nach Ushant und Raz du Sein sowie die Presqu'Île de Crozon im Süden. Dies ist der rauhe Teil der bretonischen Küste, an dessen Riffe über die Jahrhunderte unzählige Schiffe zerschellten.

Im Landesinneren führt die Straße unter Umgehung des großen Marinehafens Brest durch **Saint-Renau** mit der spätmittelalterlichen Altstadt und **Locmaria** mit der Eglise Notre-Dame de l'Assomption und einem kleinen Calvaire nach Le Folgoët im Zentrum des Léonais. **Le Folgoët** ist ein wunderschöner Ort und Schauplatz des berühmtesten Pardons der Bretagne, des „Grand Pardon", der alljährlich am 8. September oder am Sonntag davor stattfindet. In Scharen strömen dann die Gläubigen herbei, um an den religiösen Zeremonien teilzunehmen.

Das Fest geht auf das 14. Jahrhundert zurück, als ein Junge namens Salaün in

Jung und Alt auf der Ile d'Ouessant.

dieser Gegend lebte. Salaün, so heißt es, war seiner Sinne nicht ganz mächtig und wohnte in einem Baum, allerdings beherrschte er einen Satz, den er ununterbrochen von sich gab: „Oh Jungfrau Maria“. Nachdem er gestorben war und in Le Folgoët begraben wurde, wuchs eines Tages eine Lilie auf seinem Grab, die ebendiese Worte trug; und als man das Grab öffnete, stellte man fest, daß die Blume in seinem Mund wurzelte.

Den Grundstein der Basilique Notre-Dame-du-Folgoët legte Herzog Jean de Montfort zur Feier seines Sieges über Charles de Blois in Auray im Jahre 1364. Die Kirche wurde 1423 fertiggestellt und bald zu einem berühmten Wallfahrtsort, der jährlich Tausende von Pilgern anzog, unter ihnen auch Herzogin Anne, die 1505 mit ihrem gesamten Hof hierherkam. Der spätgotischen Kirche verleiht der blaue Granit aus Kersanton den Eindruck der Unzerstörbarkeit. Und in der Tat hat sie die Religionskriege und die Französische Revolution nahezu unbeschadet überstanden.

Die Wallfahrtskirche krönt ein schöner Glockenturm. Sie enthält Kostbarkeiten, unter anderen einen originalen Granitlettner aus dem 15. Jahrhundert, Statuen der Notre-Dame-du-Folgoët aus der gleichen Zeit sowie fünf Altäre aus Granit.

Finistère ist das einzige Département der Bretagne, das sich seine bretonische Kultur und sein Erbe bewahrt hat und sich bemüht, sie wieder zu neuer Blüte zu erwecken. Bretonisch ist wieder Unterrichtsfach in den Schulen und in den Familien vermutlich zuweilen immer noch oder wieder Alltagssprache, trotz der jahrhundertelangen Unterdrückung bretonischer Kultur und Tradition durch Frankreich – und in der neueren Zeit durch das Fernsehen.

Zusammenfassung: Auf keinen Fall versäumen sollte man den Besuch eines Enclos paroissial in Saint-Thégonnec, Guimiliau oder Lampaul-Guimiliau. Die *aber*-Küste und Le Folgoët gehören ebenso ins Pflichtprogramm wie die Fahrt übers Meer nach Ushant – es sei denn, man fürchtet die Seekrankheit.

Noch ein Pardon.

PARKING
MAIRIE

Am Ende der Welt

Die Bretagne besteht aus Felsen, die zu den ältesten der Welt zählen. Romantiker bestehen darauf, daß sich dieses uralte geologische Fundament im Charakter des Landes spiegele. Zweifellos ist im fernen Westen die Vergangenheit besonders gegenwärtig – aber wohl allein deshalb, weil in abgelegenen Gegenden die Traditionen leichter überleben als dort, wo die Brandung der Moderne sich ihren Weg bahnt.

Finistère ist im Süden wie im Norden von wilden, erfrischend unzivilisierten Küstenabschnitten geprägt, wie sie in den bewohnteren Teilen der Bretagne nicht zu finden sind. Einige davon sind abweisend und kalt, andere atemberaubend (vor allem, wo die Felsen ins Meer hinabstürzen) oder geschützt und sandig. Je weiter man nach Westen vorankommt, um so unberührter werden die Landschaften – eine Ausnahme macht Brest, die größte Hafenstadt im nordwestlichen Frankreich.

Von der Pointe des Espagnols auf der Presqu'Île de Crozon, sieht das jenseits der Bucht gelegene **Brest** durchaus reizvoll aus. Strahlend weiße Nachkriegsbauten, die etwas an New York erinnern, kontrastieren im Sonnenlicht eindrucksvoll mit den grauen, tief dahintreibenden Wolkenfetzen. Beim näheren Hinsehen verliert die Stadt jedoch das meiste dieses Reizes.

Der Seehafen und die Werftanlagen von Brest profitieren von einem der besten Naturhäfen Europas, der *Rade de Brest,* die von den Flüssen **Elorn** und **Aulne** gespeist wird. Für diese günstige Lage mußte Brest während des zweiten Weltkriegs einen hohen Preis zahlen. Denn während der deutschen Besatzung wurde die Stadt unablässig bombardiert, wobei das alte Zentrum und nahezu die Hälfte aller Gebäude in Trümmern lagen.

Die neue Stadt, die aus der Asche entstand, ist kompromißlos modern: eine geometrisch angelegte Ansammlung von hochgeschossigen Zweckbauten und Appartementhäusern, verkehrsreichem Straßensystem und industriellen Randbezirken. Abgesehen von einigen historischen Schauplätzen (z.B. Schloß und Marinemuseum) überlebte nur die Schiffsbautradition. Die Werften, die 1631 von Richelieu angelegt und später von Napoléon erweitert wurden, dienen heute der französischen Atlantik-Flotte als Heimathafen.

Ein Spaziergang entlang dem **Cours Dajot,** einer Promenade am Handelshafen, ermöglicht einen Einblick in das ausgedehnte Hafengebiet. Moderne öffentliche Bauten kann der Interessierte an der **Place de la Liberté** besichtigen; hier fristen ein Kriegerdenkmal und Gartenanlagen ihr Dasein, umringt von verkehrsreichen Straßen.

Unmittelbar hinter Brest findet die Küste wieder zu ihrem wilden und unversehrten Charakter zurück. Eine aufsehenerregende, 880 Meter lange Brükke, **Pont Albert-Louppe,** überspannt die Mündung der Elorn zur kurzen Presqu'Île de Plougastel, die sich trotz ihrer Nähe zu Brest ihre Unberührtheit bewahren konnte.

<u>Vorherige Seiten</u>: Die Pointe du Raz. <u>Links</u>: Plozévet. <u>Rechts</u>: Märchenstunde in Concarneau.

In **Plougastel-Daoulas** ist ein berühmter Calvaire (1602–1604) zu bewundern, der als Dank für das Ende der Pest erbaut wurde. Auf dem Kalvarienberg versammeln sich an die 180 Figuren um das Kreuz. Außerdem ist hier auch die grauenvolle Geschichte der Catell Gollet dargestellt, die einen einzigartigen Einblick in die dunkleren Seiten der dörflichen Gemeinden gestattet. Catell Gollet war ein Dienstmädchen, das angeblich für seinen Liebhaber, den Teufel höchstpersönlich, geweihte Hostien stahl. Zur Strafe wurde sie von anderen Dämonen in Stücke gerissen. In der Nähe von Daoulas konnte sich ein ehemaliges Augustinerkloster aus dem 12. Jahrhundert (das einzige romanische Kloster der Bretagne) erhalten. Blätter und geometrische Muster dienen der Verzierung.

Le Faou, ein hübscher kleiner Fischerhafen mit alten schieferverkleideten Häusern, bewacht die Zufahrt zur **Presqu'Île de Crozon,** einer der lieblichsten Halbinseln der Bretagne. Ein enger Landstrich öffnet sich wie ein Schirm zu einer wilden klippengesäumten Küstenlinie, die im Osten sandige kleine verträumte Buchten und ruhigere Gewässer kennzeichnen.

Diese schöne Halbinsel, Teil des Parc Naturel Regional d'Armorique, ist abgelegen genug, um von den Auswüchsen des Tourismus verschont geblieben zu sein. Ein einstimmender Überblick über die Halbinsel ist vom 330 m hohen Gipfel des **Ménez-Hom** gegeben, mit einem Panorama, das bis nach Brest, der Pointe de Penhir und zur Baie de Douarnenez reicht.

Die Straße von Le Faou aus nach Westen windet sich entlang einer atemberaubenden Küste und überquert beim Pont de Térénez die Mündung der Aulne. Es lohnt sich, kurz nach der Brücke einen Abstecher nach **Landévennec** zu machen, einem kleinen Dorf auf einer friedvollen Landzunge in der Aulne-Mündung, auf der die Ruinen eines Klosters aus dem 5. Jahrhundert erhalten geblieben sind.

Die spärlichen Überreste geben nur einen schwachen Eindruck davon, wel-

chen Einfluß dieser Ort in religiösen und politischen Kreisen der vormittelalterlichen Zeit ausübte. Der bretonische Sagenkönig Gradlon liegt angeblich hier begraben. Im 18. Jahrhundert wurde die Abtei verlassen.

Die größte Stadt der Halbinsel, **Crozon,** ist relativ uninteressant. Sie liegt jedoch auf dem Weg zu den kleinen Erholungsorten und Fischerdörfern im Westen. Ein attraktives Seebad und Segelsportzentrum ist **Morgat** mit seiner von Pinienwäldern geschützten bogenförmigen Sandbucht.

Die kleinen Höhlen in den Felsvorsprüngen zwischen den Stränden von Morgat und Le Portzic sind bei Ebbe zu Fuß erreichbar. Weit attraktiver aber sind die farbenprächtigen *grottes* ein Stück weiter südlich, die nur mit Boot zu besichtigen sind.

Wer auf der Suche nach Ursprünglichkeit der Küste ist, wird nicht umhinkönnen, sich in **Camaret** zu verlieben, dessen Quai Gustave Toudouze u. a. exzellente Fischrestaurants säumen. Camaret ist durch den *sillon,* einen seltsamen Naturdeich, vom Meer abgeschirmt. An dessen Ende ragen die gotische Kapelle Notre-Dame-de-Rocamadour und der Tour Vauban, beide aus dem 17. Jahrhundert.

Für Hobbyhistoriker sei erwähnt, daß 1801 der Amerikaner Robert Fulton in dieser Bucht das erste U-Boot – ein undichtes Holzfahrzeug – testete.

Von der Pointe des Espagnols nördlich von Camaret hat man den besagten Blick auf Brest. Noch besser ist die Aussicht von der **Pointe de Penhir,** der schönsten Landspitze der Halbinsel. Den gewaltigen, über 60 m hohen Klippenvorsprung krönt ein Gedenkstein, der an den bretonischen Widerstand erinnert. Darunter erstreckt sich der **Tas de Pois,** faszinierender blankgewaschener Granit. Bei klarer Sicht reicht der Blick über die Baie de Douarnenez bis zur Pointe du Raz, dem westlichsten Zipfel des Festlandes.

Unterwegs nach Douarnenez lohnt sich ein kleiner Umweg ins Landesinnere. Zunächst nach **Châteaulin** im schattigen grünen Aulne-Tal, das mit

Bootsfahrt auf der Aulne bei Châteaulin.

BAR
HÔTEL
LS.266719
329070

schönen Wandermöglichkeiten entlang dem Fluß und guten Lachs- und Forellengründen lockt. Auf dem Weg zurück zur Küste liegt im Südwesten **Locronan –** im Hochsommer ein begehrter Touristenort. In Roman Polanskis Film *Tess*, nach einer Novelle Thomas Hardys, spielte Locronan die Rolle eines typisch englischen Dorfes.

Das Mittelalterliche, allerdings mehr französisch als englisch, ist hier besonders gut erhalten. Benannt nach dem irischen Heiligen Ronan, der hier im 5. Jahrhundert sein Missionswerk begann, ist das unterhalb der 300 m hohen Montagne de Locronan gelegene Städtchen der malerischste Ort der Bretagne.

Der Rückgang der noch im 18. und 19. Jahrhundert florierenden Segeltuchherstellung hatte den einen Vorteil, daß das mittelalterliche Stadtzentrum von modernen Einflüssen verschont blieb. Heute blühen hier wieder die alten Handwerkskünste. Die bezaubernde Eglise Saint-Ronan aus dem 15. Jahrhundert prägt ein klobiger Glokkenturm, und die Kanzel ist mit Szenen aus dem Leben des Heiligen bemalt. Interessant sind die engen Gassen mit Wohn- und Geschäftshäusern aus dem 16./17. Jahrhundert. Und die Place Saint-Ronan säumen Granithäuser aus der Renaissance.

Nichts dergleichen in Douarnenez. Dies ist eine hart arbeitende Hafenstadt, ein wichtiges Zentrum der Fischkonserven-Industrie. Die besondere Atmosphäre einer Stadt, die ihren Lebensunterhalt dem Meer abringt, ist im Hafen zu verspüren, wo die Boote Sardinen, Langusten und Tiefseefische löschen.

Für Selbstversorger ist der örtliche Markt ein Paradies. Jene, die sich lieber bekochen lassen, finden in den Restaurants um den **Port du Rosmeur,** was ihr Herz begehrt. Sandstrände und Seebadleben sind in Douarnenez nicht zu finden, dafür muß man zu den **Sables Blanches** auf der gegenüberliegenden Seite des Port-Rhu-Flusses ins benachbarte **Tréboul** fahren.

Der nächste interessante Halt auf dem Weg nach Westen ist **Audierne** an der Mündung des Goyen. Im Gegensatz zu Douarnenez gelingt es Audierne, sich bei aller Geschäftigkeit entspannt zu geben. Entlang der anheimelnden alten Hafenanlage unterhalb des bewaldeten Hügels findet der Gourmet, oder Gourmand, auch hier ausreichend Gelegenheit, seine Bedürfnisse zu stillen.

Der Südwesten des Finistère kann mit schönen Sandstränden nicht aufwarten. Die Küste ist rauh und unwirtlich, Felsen oder Morast ist alles was der Reisende antrifft. Audierne kann von Glück sagen, in der Nähe von **Ste-Evette** einen Strand eineinhalb Kilometer außerhalb der Stadt zu haben.

Das lange Vorgebirge des **Cap Sizun** nördlich von Audierne und westlich von Douarnenez endet an der berühmten **Pointe du Raz.** Die Hauptstraße zu diesem vielbesuchten Ort streift Audierne. Allerdings führen auch ruhigere Nebenstraßen entlang der Nordküste der Halbinsel zum Ziel. Weniger bekannt, aber um nichts weniger sehenswert sind die **Pointe du Millier, Pointe de Beuzec** und **Pointe de Brézellec.** Ein interessantes Vogelreservat am Cap Sizun rundet das Bild ab.

Links: Douarnenez. **Rechts:** Wenn das Schifferklavier erklingt …

Welcher Weg auch immer, alle Straßen in Richtung Westen führen zur einzigartigen **Pointe du Raz.** Selbst die Tatsache, in den Sommermonaten Teil eines unaufhörlichen Stroms von Touristen zu sein, sollte vom Besuch nicht abhalten: Das atemberaubende Küstenschauspiel läßt alles andere vergessen. Kein Wunder, daß die wilde gezackte Pointe du Raz trotz relativer Unzugänglichkeit am Nordende einer weitgehend uninteressanten Bucht ein Magnet für Naturliebhaber ist.

Frühmorgens, spät nachmittags, vor allem aber außerhalb der Ferienzeit, ist die Pointe du Raz am besten zu genießen. Die Zufahrtswege sind vom Tourismus geprägt – lieblos gestaltete Parkplätze und Souvenirläden –, aber danach übernimmt die Natur die Regie. Ein teilweise steiler Pfad führt über blank gewaschene Steine zu den rasiermesserscharfen Felsspitzen der eigentlichen Pointe. (Die Franzosen gehen recht unbekümmert mit der Sicherheit der Besucher um, weshalb feste Schuhe kein schlechter Rat sind).

Direkt gegenüber der Pointe liegt die **Ile de Sein.** Ihr Anblick läßt die Legenden lebendig werden, nach denen die kleine Insel letzte Zuflucht der keltischen Druiden war. Die ungewöhnlich starke Strömung vor der Küste wird erkennbar, wenn ein kleines Fischerboot auf dem Weg nach Norden durch den Kanal zwischen der Pointe du Raz und der Insel sich Meter um Meter erkämpfen muß.

Die Gewässer hier sind trügerisch. Zwischen der Pointe du Raz und der Pointe du Van weiter im Norden liegt die **Baie des Trépassés,** die Bucht der Toten, ein weiterer Küstenarm von düsterer Schönheit. Hier trieben die Leichen der Schiffbrüchigen an, deren Segelschiffe auf den Klippen der Pointe du Raz zerschellt waren. Die Bucht gilt auch als einer der vielen möglichen Standorte der sagenhaften Stadt **Ys**, legendäre Hauptstadt des Königreiches Cornouaille. Hier lebte der Sagenkönig Gradlon, dessen Tochter unter dem Einfluß des Teufels die Meereschleusen öffnete und damit die Stadt überflutete.

Abends an der Pointe du Raz.

Wem die Pointe du Raz nun doch zu überlaufen ist, kann es mit der **Pointe du Van** auf der gegenüberliegenden Seite der Bucht versuchen – allerdings macht diese Landspitze mit der Chapelle Saint-They aus dem 15. Jahrhundert einen weniger überwältigenden Eindruck als ihre Nachbarin.

Die **Baie d'Audierne** bildet im Gegensatz zur kleinen und geschlossenen Baie des Trépassés einen weit offenen Küstenabschnitt, der bis hinunter zur Pointe de Penmarc'h reicht. Ungeschützt den Westwinden ausgesetzt, prägen diese Küste die blanken Kiesstrände und ein paar verstreut liegende Bauernhöfe.

In **Plozévet** sind die Kirche mit einer Vorhalle aus dem 15. Jahrhundert und die Chapelle de la Trinité, ein T-förmiges Gebäude aus dem 14. und 16. Jahrhundert, bemerkenswert.

In **Plovan** ist es das wunderschön gestaltete Rosettenfenster der Ruine der Chapelle Languidou, das zum Halt veranlaßt. Einen noch besseren Grund liefert die Chapelle Languivoa bei **Plonéour-Lanvern** mit ihren Rosettenfenstern und den gotischen Arkaden. Die schönste religiöse Sehenswürdigkeit der Gegend jedoch versteckt sich am Ende der Bucht in **Tronoën:** Der Calvaire Notre-Dame-de-Tronoën ist mit seinen rund hundert Figuren, die sich um das Kreuz scharen, der älteste Kalvarienberg der Bretagne.

Der wichtigste Ort dieser Ecke des Finistère ist **Pont-l'Abbé.** Am Zugang zur Presqu'Île de Penmarc'h gelegen, ist er die Hauptstadt des **Pays de Bigouden.** So heißen auch die hier gelegentlich noch zu sehenden kunstvollen Spitzenhauben, die *coiffes.*

Die hohe zylindrische Säule des dekorativen traditionellen Kopfputzes ist nicht zu verkennen. Unerklärlicherweise hält sie sich, unsichtbar von einem Stück Karton gestützt, irgendwie aufrecht auf dem Kopf. Mehr über die Landestracht und das örtliche Leben kann man im **Musée Bigouden** von Pont-l'Abbé erfahren, das in der Burg mit Rundturm aus dem 14. Jahrhundert untergebracht ist.

Wie groß der Fisch wohl im Bistro wird?

Loctudy südlich der Küste ist ein hübscher kleiner Urlaubsort mit Hafen und schönem Strand, der trotz seiner reizvollen Lage noch nicht überfüllt ist. Die Kirche aus dem frühen 12. Jahrhundert ist eines der am besten erhaltenen romanischen Gebäude der Bretagne. Sehr zu empfehlen sind Bootsausflüge von Loctudy nach Quimper auf dem von Wäldern gesäumten Odet.

Westlich von Loctudy beherrscht der rauhe Atlantik wieder die Szenerie. Im geschützten Hafen von **Guilvinec** liegen Sardinen- und Thunfischfänger vor Anker; der kleine Hafen von Kérity Richtung Pointe de Penmarc'h ist jedoch auf dieser Strecke der letzte sichere Ankerplatz für die Fischersleute.

Der Leuchtturm von beeindruckenden Ausmaßen, **Phare d'Eckmühl,** an der Pointe de Penmarc'h bezeugt die wilde, grimmige Macht der Gewässer. Dieses Wahrzeichen ragt mit einer Höhe von 65 m und einem Leuchtradius von mehr als 50 Kilometern weit aus der Ebene des südwestlichen Finistère heraus. Ein interessanter Kontrast zum Leuchtturm auf den Felsen ist die kleine Kapelle aus dem 15. Jahrhundert.

Das **Musée préhistorique** in **Saint-Guénolé,** ein kleines Stück weiter nördlich, lädt zu einem Ausflug in die Vergangenheit, auf dem Exponate von der Steinzeit bis zur römischen Epoche zu bewundern sind, so die Rekonstruktion eines Friedhofs aus der Eisenzeit, Äxte, Pfeilspitzen aus Feuerstein und Bronzewaffen. Die überwiegend recht unwirtliche Landspitze verfügt über nur einen Sandstrand: die **Plage de Pors-Carn** entlang der Baie de la Torche östlich von Saint-Guénolé.

Die Küstenlinie der Bretagne zieht zweifellos den Löwenanteil des allgemeinen Interesses auf sich. Dadurch werden die historischen Städte der Provinz meist vernachlässigt. **Quimper** zum Beispiel ist mit historischen Gebäuden geradezu überfrachtet – was von der ältesten Stadt der Bretagne auch nicht anders zu erwarten ist. Einst war Quimper die Hauptstadt des mittelalterlichen Herzogtums von Cornouaille, das im Norden bis Morlaix und im Osten bis Quimperlé reichte.

Der Legende nach kam der erste Bischof von Quimper, St-Corentin, irgendwann zwischen dem 4. und 7. Jahrhundert aus Cornwall herüber, um hier ein „Kleines Britannien" zu gründen. Nachdem König Gradlons legendäre Stadt Ys vom Meer überflutet worden war, zog er ins Landesinnere und machte Quimper zur neuen Hauptstadt – und St-Corentin zum ersten Bischof.

Gradlon ist noch heute neben der **Cathédrale Saint-Corentin** gegenwärtig, die zwischen 1239 und 1515 in überwiegend gotischem Stil entstand. Sein Reiterstandbild steht zwischen den beiden graziösen Türmen. (Die modernen Turmspitzen sind das Ergebnis einer Restaurierung im 19. Jahrhundert, fügen sich aber glücklicherweise harmonisch in die alte Kathedrale ein.)

Den beeindruckenden Bau aus hiesigem hartem Granit ziert ein Dekor, das Bände über die Fähigkeiten der mittelalterlichen Steinmetze spricht. Die Kathedrale weist eine Bsonderheit auf: Der Chor aus dem 13. Jahrhundert weicht eigentümlich, wohl wegen des

Links und rechts: Quimper.

ANTIGON
1424SQ29

Geländes, von der Längsachse des Kirchenschiffs ab und gibt dem Inneren ein leicht gekrümmtes Aussehen.

An die Kathedrale schließt sich der **Bischofspalast** an, ein zum überwiegenden Teil aus dem 16. Jahrhundert stammendes Gebäude mit einer bemerkenswerten Wendeltreppe unter einem prächtig geschnitzten Eichenbaldachin. Der Palast beherbergt heute das **Musée d'Art Breton** mit Exponaten aus Geschichte, Archäologie und Volkskunst. Das **Musée des Beaux-Arts,** die Gemäldegalerie der Stadt, ist ebenfalls einen Besuch wert. Ausgestellt sind Werke von französischen und anderen Malern vom 16. bis Anfang des 20. Jahrhunderts sowie Werke der hiesigen Pont-Aven-Schule mit ihrem einzigartigen Stil – unter anderem Emile Bernards *Bretonische Frau,* die angeblich Paul Gauguin beeinflußt hat.

Quimper ist nach seiner Lage am Zusammenfluß von **Odet** und **Steir** benannt, *Kemper* ist das bretonische Wort für Zusammenfluß. Der alte Teil der Stadt gruppiert sich vor allem um die Rue Kéréon zwischen den beiden Flüssen und der Kathedrale.

Ein Bummel durch Straßen der Altstadt mit den gut erhaltenen Fachwerkhäusern und einer verführerischen Auswahl von Geschäften, den Markthallen und Töpferläden wird nicht enttäuschen. Die **Faïenceries de Quimper** sind Teil einer Töpfertradition, die bis ins späte 17. Jahrhundert zurückgeht.

Mit dem Boot gelangt man flußabwärts nach **Bénodet,** einem der malerischsten Seebäder der Bretagne, mit einem kleinen Hafen, einem schönen geschützten Strand und umfassenden Einrichtungen für den Urlaub mit der Fa-milie. Bénodet ist klein und, obgleich bekannt, nicht allzusehr vermarktet. An der Odet-Mündung gelegen, hat es zudem ein sehr schönes bewaldetes Umland zu bieten.

Auf der gegenüberliegenden Seite des Flusses liegt **Sainte-Marine,** ein gleichermaßen hübscher Ferienort mit schönem Sandstrand (eine Passagierfähre verbindet die beiden Orte). Ebenso von Bénodet mit dem Boot zu errei-

Markt in Bénodet.

chen sind die vor der Küste liegenden **Iles de Glénan.** Einige der neun Inseln sind Vogelreservate.

Diese südliche Küste hat im Gegensatz zu den nackten, rauhen Klippen und dramatischen Gewässern im Norden einen friedlicheren und sanfteren Charakter. **Beg-Meil** ist ein weiterer kleiner Ferienort an dieser Landspitze östlich von Bénedot. Über die **Pointe de Mousterlin** hat man herrliche Ausblikke auf die Bucht von La Forêt. Pinien, schöne Sandstrände, kleine Felsbuchten und Dünen – was will man mehr.

An der Spitze der Bucht auf dem Weg nach Concarneau liegt das friedliche Städtchen **La Forêt-Fouesnant** mit einer Kirche und einem Kalvarienberg aus dem 16. Jahrhundert. Wer es nicht eilig hat, kann von hier aus auf Nebenstraßen Richtung Küste, vorbei am Strand von Kerleven bis ins wohlbekannte Seebad **Concarneau** fahren. Die Strände hier sind bei Ebbe nicht besonders ansprechend, da der Weg zum Meer dann über einen rutschigen, schleimigen Tang-Teppich führt. Die Aufrüstung von Concarneau zum Seebad hat sich in Grenzen gehalten: Neubauten sind vor allem in der geschäftigen Stadt und am riesigen Fischmarkt zu sehen. Concarneau ist in der Tat in erster Linie ein kommerzieller Fischereihafen (der drittgrößte Frankreichs) und erst in zweiter Linie Urlaubsort. Die Touristen halten sich vorwiegend in der alten befestigten Stadt – der *Ville Close* – auf. Ursprünglich eine Insel in der Mitte des Hafens, ist sie heute jedoch über eine schmale Brücke mit dem Festland verbunden.

Diese unregelmäßig geformte Insel, der Kern, um den sich Concarneau später entwickelte, wurde über 1000 Jahre immer wieder aufs neue befestigt. Im 14. Jahrhundert wurde sie als faktisch uneinnehmbar betrachtet, ein Ruf, den der große Festungsbaumeister Vauban mit weiteren Mauern im 17. Jahrhundert nochmals „festigte“. Innerhalb dieser robusten Schutzwälle aus Granit entfaltet sich eine bezaubernde Szenerie enger Straßen – mit den unvermeidlichen Souvenirläden. Dennoch: Die

Versuchung für das Auge des Gesetzes.

Atmosphäre ist freundlich und bunt, dies nicht zuletzt wegen der vielen Blumen, die überall innerhalb der Mauern üppig gedeihen.

Der Fischfang aber bleibt das Lebenselixier Concarneaus. Der große Hafen bietet im Winter, wenn heftige Stürme übers Meer fegen, einer Unzahl von Trawlern Schutz. Haben die Boote ihren Fang gelöscht, landet dieser sofort im lebhaften Fischauktionsmarkt, und die Stände entlang dem Kai verkaufen bald die frischesten Fische.

Das **Musée de la Pêche** in der Altstadt beschäftigt sich ausgiebig mit der Abhängigkeit Concarneaus vom Meer. Vom Walfang, der Thunfisch- und Heringsfischerei über die Konservierung von Sardinen bis hin zur Entwicklung des Hafens wird hier alles abgehandelt. Kuriositäten aus aller Welt sind ebenso zu bestaunen: zum Beispiel ein Walfangboot von den Azoren, Schwerter von Schwertfischen und ein japanischer Riesenkrebs.

Die *Fête des Filets Bleus,* ein Volksereignis mit viel Gedränge am vorletzten Sonntag im August und an den Abenden der vorhergehenden Woche, ist der Sardinenfischerei gewidmet.

Pont-Aven hingegen zieht vor allen Dingen die Verehrer Paul Gauguins an. Der Maler kam 1880 hierher, bevor er sich nach Tahiti absetzte. Vieles von Pont-Aven taucht in seinen Bildern auf, so die geschnitzte Christusfigur aus dem 16. Jahrhundert in der Chapelle Trémalo, die seinem *Gelben Christus* Modell stand. Der romanische Kalvarienberg bei der kleinen Kirche unweit von Nizun, so nimmt man an, hat ihn zu seinem *Grünen Christus* inspiriert.

Es blieb nicht aus, daß Gauguin bald zum Vater der „Pont-Aven-Schule" wurde, die, wie es heißt, den Impressionismus „voranbrachte", indem sie dem Gefühl des Künstlers keine Beschränkungen mehr auferlegte. Interessant, daß im städtischen Museum Gauguins Werke für gewöhnlich völlig untergehen – oder sie glänzen gänzlich durch Abwesenheit. Wechselnde Ausstellungen haben meist die Werke der vielen Vertreter dieser Schule zum Thema.

Amerikanische Maler vor der Pension Gloanec in Pont-Aven, 1880.

Die Inspiration, die die Stadt den Malern gab, ist leicht zu erkennen. Allein ihre Lage zwischen dem felsigen Oberlauf des Aven und der gezeitenabhängigen Mündung ist dazu angetan, künstlerische Ambitionen anzuregen. Wenn auch Kunstgalerien die so oft gemalten Wassermühlen ersetzt haben mögen, hat sich Pont-Aven seit den Zeiten Gauguins doch nur wenig verändert. Auf dem schönen Waldspaziergang zur **Chapelle Trémalo** durch den **Bois d'Amour** weisen Schilder auf die Objekte hin, die den Malern Modell gestanden haben.

Doch Pont-Aven beschränkte seine inspirierende Wirkung nicht nur auf die Maler, auch Dichter wie Théodore Botrel, der die *Fête des Fleurs d'Ajonc* am ersten Sonntag im August ins Leben rief, fühlten sich angesprochen.

Die Küste östlich von Pont-Aven bis weit hinunter nach Le Pouldu prägen die Zuläufe von Flüssen. Die berühmten Austernbänke in der Mündung des **Bélon** zählen zu den größten der Atlantikküste und sind bei Ebbe deutlich zu sehen. Eine weitere Spezialität der Bretagne, der Cidre, kommt aus der Gegend des kleinen, weiter östlich gelegenen Fischerhafens **Doëlan.**

Auch **Le Pouldu** ist ein kleiner Hafen an der Mündung des Flusses Laïta. Flußaufwärts am Rande des Eichen- und Buchenwaldes von **Carnoët** liegt **Quimperlé** auf der Grenze der Départements Finistère und Morbihan. Die Flüsse **Ellé** und **Isole** fließen hier zum Fluß **Laïta** zusammen (daher *kemper* wie schon in Quimper).

Das Alter von Quimperlé ist besonders in den mittlelalterlichen Straßen rund um die Eglise Sainte-Croix zu erkennen. Die Kirche in der Unterstadt stammt aus dem 12. Jahrhundert und wurde nach dem Vorbild der Grabkirche in Jerusalem erbaut, möglicherweise aufgrund von Zeichnungen, die Kreuzfahrer mitbrachten. Im 19. Jahrhundert wurde sie originalgetreu restauriert. Die Oberstadt beherrscht ein fast ebenso alter Ort der Andacht: die Eglise Notre-Dame mit rechteckigem Turm aus dem 13. Jahrhundert.

***Les Quatre Bretonnes* (1880) von Paul Gauguin.**

pneumo coque

Brittany Ferries
Brittany Ferries
GB

MORBIHAN

In keiner anderen Region der Bretagne, die doch ohnehin als Land der Kontraste gilt, findet sich eine solche Vielfalt unterschiedlichster Eindrücke auf engstem Raum wie in Morbihan: ein Industriehafen, ein einzigartiger Binnensee, getupft mit Inseln, Marschlandschaften und Salzsümpfen, und die elegantesten Strände der Bretagne; dazu bezaubernde mittelalterliche Städtchen, Fischerdörfer, Halbinseln, Seehäfen und tief gefurchte Flüsse.

Dank der südlichen Lage ist das Klima Morbihans ungewöhnlich mild und die Vegetation mehr mediterran als atlantisch geprägt. Damit ist es ein beliebtes Ziel unzähliger Touristen, allerdings beschränkt sich die Saison noch auf wenige Monate im Jahr.

Interessante Einblicke: Ursprung und Namen der Stadt **Lorient** gehen zurück auf die Entscheidung der Ostindischen Kompanie in Frankreich, hier für ihre Handelsschiffe einen neuen Hafen zu errichten. Die weite und geschützte Flußmündung des Scorff und Blavet bot hierzu ideale Voraussetzungen. Da die Gesellschaft ausschließlich mit dem Osten Handel trieb, erhielt dieser neue Hafen den Namen L'Orient. Erst Napoléon machte aus dem Hafen einen Flottenstützpunkt, der er heute noch ist.

Die Stadt, die ab 1940 von deutschen Truppen besetzt war, zahlte 1944 einen hohen Preis in den Kämpfen, die den Vormarsch des VIII. US-Korps unter General Patton begleiteten: 85 Prozent aller Gebäude wurden zerstört. Doch aus den Trümmern entstand eine moderne Stadt, deren Bewohner vorwiegend von Schiffsbau, Handel und Fischfang leben. Lorient ist heute Frankreichs drittgrößter Fischereihafen (nach Boulogne und Concarneau), Anlaß genug, einmal früh aufzustehen und den Kuttern im Hafen beim Abladen des Fangs zuzuschauen.

Viele der erfolgreicheren Geschäftsleute von Lorient ziehen es vor, in dem kleinen Fischerort **Port-Louis** zu wohnen, der seinen Namen von Louis XIII bezog, der die Entwicklung des Ortes im 17. Jahrhundert förderte. Port-Louis hat mehr Profil und ist beschaulicher als das geschäftige Lorient.

Port-Louis wacht an der Mündung des Flusses **Blavet,** dessen Namen es einst trug. Im Mittelalter wurde die Stadt zur Festung ausgebaut. Kardinal Richelieu ließ die Anlage später verstärken. Die von der See gepeitschte Zitadelle aus Granit begrüßt Segler und Fischer, die aber meist Lorient ansteuern, da Port-Louis an Bedeutung verloren hat. Zwar ist die einst so wichtige Sardinenflotte im Niedergang begriffen, doch immer noch entladen Boote Mengen von Thunfisch im Hafen.

Der Strand von Port-Louis ist eine angenehme Überraschung. Schlüpft man durch eine Öffnung im Schutzwall aus dem 16. Jahrhundert, kann man weite Sandflächen und den Blick über den Meeresarm nach **Larmor-Plage** und der **Ile de Groix** genießen. Strandhäuser und Cafés schließen pünktlich zum Ende der Schulferien, und an einem schönen Septembertag hat man

Vorherige Seiten: Lorient. **Links:** Adal Avor, Quiberon. **Rechts:** Im Spiegel des Meeres.

den Strand, die Sonne und das Meer ganz für sich allein.

Altes und Neues: Flaubert sagte einmal, über **Carnac** seien mehr Seiten Unsinn geschrieben worden, als es dort Megalithen gibt – und das sind hier über 3000! Wem Dolmen nichts sagen, mag von diesem Ort enttäuscht sein. Wenn in der Dämmerung die Menschenmassen verschwunden sind und nur die Reihen der Megalithen die Szenerie bevölkern, enthüllt sich etwas von dem Zauber, den diese Steine ausüben. Die Tatsache, daß ihre Ursprünge unbekannt sind, rückt sie ins Außerirdisch-Mysteriöse. Einige sagen, sie seien religiöse Symbole, andere wieder schreiben ihnen astronomische Funktionen zu.

Die berühmtesten Steinformationen sind die **Alignements du Ménec,** über 1000 Steine, die sich auf einer Länge von mehr als einem Kilometer hinziehen. Die Ortschaft Ménec, zwei Kilometer nordöstlich von Carnac, ist von fast 70 dieser Wunderwerke umgeben.

Einen umfassenden Überblick der Gegend und ihrer Megalithen bekommt man, wenn man den Gipfel des **Tumulus Saint-Michel** erklimmt, auf dem mehrere Grabstätten liegen. Eine Tafel erklärt die umliegende Landschaft. Die meisten der archäologischen Funde – dekorierte Vasen, Schmuck und Waffen – aus den Dolmen und Grabhügeln sind nun im Besitz des **Musée préhistorique** in Carnac.

Nur drei Kilometer von diesem Ort entfernt bietet sich ein vollkommen anderer Anblick: sich bräunende menschliche Körper, aneinandergereiht am herrlichen Sandstrand von **Carnac-Plage,** der die gesamte Bucht säumt.

Carnac-Plage befindet sich noch in der Entwicklungsphase: Immer mehr Pinien haben Villen und modernen Hotels zu weichen, die an dem offensichtlichen Potential des Strands, der den Vergleich mit La Baule nicht zu scheuen braucht, verdienen wollen. Da alles neu ist, besitzt der Ort noch keine rechte Identität, vor allem keine bretonische. Dies hält den Touristenstrom jedoch nicht ab: Er ist der beliebteste Badeplatz der Bretagne. Während der Hochsaison

ist ohne Reservierung kaum eine Unterkunft zu finden.

La Trinité-sur-Mer, etwas weiter östlich an der D186, ist Seglern als Ziel einer harten Ozean-Regatta bekannt, aber auch als beliebter Anlegeplatz für Schiffseigner aller Bootsklassen. Man kann auf den wackeligen Stegen des Yachthafens herumzuschlendern und den Crews zuzuschauen. Den ganzen Sommer über sind an den Kais und in den Cafés Sprachen und Dialekte aus aller Welt zu hören.

Der Hafen hat leider keine Fischrestaurants, die dem Ort Atmosphäre verleihen könnten. Die Saison ist kurz, und die Stadt stirbt aus, sobald die Yachten ausgelaufen sind.

Vielleicht ist in La Trinité-sur-Mer alles ein bißchen gekünstelt und teuer und nicht sehr französisch, aber seine Lage am Crach ist herrlich, und entlang dem Fluß warten viele schöne geschützte Buchten nur darauf, entdeckt zu werden. Die Landstraßen, die von der D28 nach Osten abzweigen, bieten herrliche Plätze zum Picknicken. Auf der neuen **Kérisper-Brücke,** die den Meeresarm überspannt, können Fotografen ihr Talent erproben.

Auray, 16 Kilometer nordöstlich, ist eine zauberhaft altertümliche Stadt, die der Fluß Auray (auch Loc genannt) in zwei Hälften teilt. Und wie aus einem Bilderbuch erscheint das kleine **Saint-Goustan,** dessen Hafen einst zu den geschäftigsten der Bretagne zählte. Am gepflasterten Marktplatz verleihen die bunten Blumen den alten grauen Steinhäusern unerwartete Fröhlichkeit. Sonnenschirme schützen die weißen Tische, an denen die Touristen sitzen und Postkarten schreiben oder den einheimischen Kindern zuschauen, die von der Brücke in den eilig dahinfließenden Fluß hüpfen. Im Sommer legen von hier auch Vergnügungsboote zum Golfe du Morbihan ab. Nicht unerwähnt soll bleiben, daß Benjamin Franklin hier 1776 an Land ging, um französische Unterstützung im amerikanischen Unabhängigkeitskrieg zu suchen.

Ein schöner Blick auf den Hafen ist von der Promenade du Lac möglich, zu

Die Alignements von Carnac.

der man über die alte Brücke und den steilen Pfad unter alten Bäumen gelangt. Hier oben thront das nüchterne **Auray** mit Läden, einem Marktplatz und der Eglise Saint-Gilda aus dem 17. Jahrhundert, deren kostbare Altarbilder wirklich sehenswert sind.

Nördlich von Auray liegt das berühmte Schlachtfeld, auf dem im Jahre 1364 Jean de Montfort, Olivier de Clisson und die englische Armee den entscheidenden Sieg im bretonischen Erbfolgekrieg errangen. Obwohl dem unterlegenen Charles de Blois der legendäre Bertrand du Guesclin zur Seite stand, fiel er in dieser Schlacht und wurde alsbald in die Reihen der bretonischen Heiligen aufgenommen.

Weniger als sechs Kilometer weiter im Landesinneren liegt das wohl wichtigste Wallfahrtzentrum der Bretagne: **Sainte-Anne-D'Auray.** Nach bretonischer Geschichtsschreibung wurde die hl. Anna in Armorica (wie die Bretagne in römischer Zeit hieß) geboren. Nach Heirat und baldigem Tod des Ehemanns siedelte sie nach Palästina über, wo sie wieder heiratete und eine Tochter gebar: die hl. Maria. Nach ihrer Rückkehr in die Bretagne erhielt sie dort Besuch: von ihrem Enkel Jesus.

Der Pardon zu Ehren der hl. Anna findet am 25. und 26. Juli statt. Pilger aus ganz Frankreich und dem Ausland strömen herbei, um zur Mutter der Jungfrau Maria zu beten. Ganze Pfarreien treffen ein, um an der Prozession zu der riesigen Basilika teilzunehmen. Sie wurde im 19. Jahrhundert an dem Platz errichtet, wo 1623 ein Bauer, angeblich geleitet von der hl. Anna, eine jahrhundertealte Statue ausgrub.

Fotogene Landschaften: Das französische Wort für Halbinsel *Presqu'île* („fast eine Insel") paßt besonders gut auf die **Presqu'Île de Quiberon:** Ein 14 Kilometer langer Landstreifen ragt hier von Carnac aus ins Meer und ist nur durch einen schmalen Damm mit dem Festland verbunden. Dieser Verbindungsweg, so schmal er auch sein mag, ist ein vielbefahrener Zugang zu mehreren Ferienorten; allerdings ist **Saint-Pierre-Quiberon** mit der geschützten

Boutiquen finden überall Platz.

Bucht, an welcher sich die Familienpensionen reihen, der einzig nennenswerte von ihnen.

Port Haliguen hingegen ist ein moderner Yachthafen. Und da die Luft hier sehr gesund und jodhaltig sein soll, wurde an der **Pointe de Conguel** an der südlichen Spitze der Halbinsel eines der ersten Institute für Thalassotherapie in Frankreich gegründet. Wem das brausende Meer auf der Halbinsel nicht genug ist, kann es mit einer richtigen Insel, etwa der **Belle-Ile** oder den kleineren Inseln vor der Küste – **Ile de Houat** und **Ile de Hoëdic** – versuchen.

Spaziergänge entlang der wilden und zerklüfteten Westküste, wo die Gischt in den Buchten tobt, sind nicht nur erfrischend. Zu Recht wird diese Küste *La Côte Sauvage* („die wilde Küste") genannt: Der Wind, der die Ginsterbüsche niederpeitscht, nimmt zuweilen den Atem und läßt geruhsam geplante Wanderungen zum Kampf um das Gleichgewicht ausarten.

Quiberon selbst war einst ein bescheidenes Fischerdorf, dessen Vergangenheit in **Port-Maria** noch lebendig ist, wo wie seit jeher Sardinen entladen und in nahe gelegenen Konservenfabriken weiterverarbeitet werden. Von hier aus legen die Boote zur Belle-Ile ab, der größten Insel der Bretagne, die ihrem Namen wahrhaft gerecht wird. Unweit des Hafens bieten kleine typische Fischrestaurants Atmosphäre und gutes Essen, wohingegen sich landeinwärts die geschäftige Stadt mehr an Touristen orientiert.

Der große Anziehungspunkt dieses Teils der Bretagne ist das 15 Kilometer östlich von Auray gelegene **Vannes.** Buchten, Wasserläufe und Inseln charakterisieren die Umgebung Vannes', Kanäle durchziehen die Altstadt, wo Bootsmasten und Takelagen das Bild bestimmen. Kein Wunder, daß sich hier schon die keltischen Veneter niedergelassen hatten.

Der Kanal endet abrupt an einem hübschen sonnigen Platz, der Place du Maréchal-Joffre, an der Tische zu Kaffee und einem Ausblick in die Landschaft laden: Im Vordergrund säumen

Die Altstadt von Vannes.

würdevolle alte Häuser das Kanalufer, im Rücken öffnet die mittelalterliche Porte Saint-Vincent den Weg fort vom lauten Treiben des Hafens in die ruhige Abgeschlossenheit der Altstadt.

Autos läßt man besser außerhalb der steilen, engen Pflasterstraßen stehen. Die vielen Gäste der Stadt können so zur Reinhaltung der Luft beitragen: Damit das Vergnügen, durch die stillen, kühlen Gassen unter den Giebeln hoher Häuser zu spazieren, auch in Zukunft erhalten bleibt.

Der schöne Strand und der städtische Charme von Vannes gehen eine reizvolle Verbindung ein, vor allem an den Markttagen, mittwochs und samstags, wenn sich die Place des Lices mit buntem Leben füllt.

Viele Kameras haben die geschnitzten rotbäckigen Figuren des Hauses Vannes et sa femme festgehalten, und die Place Henri IV mit den Fachwerkhäusern aus dem 16. Jahrhundert ist kein minder beliebtes Fotomotiv.

Die **Cathédrale Saint-Pierre** in der Nähe vereint die Baustile aus sechs Jahrhunderten in sich, denn es dauerte vom 13. bis ins 19. Jahrhundert, bis sie endlich fertiggestellt war. Den Turm aus dem 13. Jahrhundert krönt eine moderne Spitze, den Rundbau der Kapelle aus dem Jahre 1537 prägte die Renaissance (sehr selten in der Bretagne), das Portal des Querschiffes zeigt den Übergang vom spätgotischen Flamboyantstil zur Renaissance, und die Gruften und Statuen sind aus dem 17. und 18. Jahrhundert.

Ein Spaziergang entlang der Befestigungsanlagen ist besonders an Sommerabenden sehr reizvoll, wenn Flutlicht die mittelalterlichen Türme dramatisch in Szene setzt.

Ein oft auf Film gebanntes Motiv ist auch die Ansicht, die sich von der schmalen Brücke über den blumenübersäten Burggraben hinüber zu den Waschhäusern mit ihren unregelmäßigen Dächern aus dem 16. Jahrhundert bietet. Auch heute hängt hier die Wäsche auf den Leinen: Die unverkennbar aus dem 20. Jahrhundert stammenden Kleidungsstücke verleihen dem Bild einen anachronistischen Touch.

Die Altstadt innerhalb der Befestigungsmauern macht nur einen kleinen Teil von Vannes aus, der Rest bietet dem Besucher recht wenig. Allerdings laden die *Vedettes Vertes* zu verschiedenen Rundfahrten um die Bucht ein, die sich je nach Saison und Geldbeutel sehr unterscheiden. Die „Tour Gastronomique“ inklusive Abendessen ist ausgezeichnet, aber es wäre eigentlich schade um jede Minute, in der man die Aufmerksamkeit von der einzigartigen Wasserlandschaft ablenkte. Die Fahrten starten an der Promenade de la Rabine.

Der **Golfe du Morbihan** selbst ist fast zu schön, um wahr zu sein. An sonnigen Tagen ist das Wasser mit kleinen Booten gesprenkelt, einige schippern geschäftig umher, andere dümpeln zwischen den einladenden grünen Inseln vor sich hin.

Morbihan ist das bretonische Wort für „kleines Meer“, und genau das ist die Bucht – ein Binnensee, eingeschlossen von den zwei Halbinseln Locqmariaquer und Rhuys. Das Mikroklima

Vannes.

dieser Welt für sich ist ausgeprägt mediterran, so daß die Vegetation mit Palmen und blühendem Oleander an Südfrankreich erinnert.

Unendlich viele Möglichkeiten bieten sich hier: In welche Nebenstraßen der D101 westlich von Vannes man auch einbiegt, immer gelangt man zu einem kleinen Hafen, einem einfachen Hotel an der Küste und zu jedesmal neuen Aussichten auf den Golf.

Schon bald hinter Vannes, bei **Conleau,** beginnt der Zauber der Gegend Gestalt anzunehmen. Der Strand hier ist mit einem sehr guten Hotel ausgestattet. Zeltplatz und Windsurf-Gelegenheit erfreuen den sportlichen Besucher, sind jedoch oft überfüllt.

Weiter westlich wird ein Abstecher nach **Arradon** sofort belohnt, denn die **Pointe d'Arradon** besteht nur aus einer kleinen Ansammlung von Häusern, einem Bootshafen und einem guten Hotel. Leider ist hier nur außerhalb der Saison und unter der Woche ein Platz zu finden. Zu jeder Zeit jedoch ist ein Bummel am Wasser entlang eine wahre Wonne. Ein Fischer, der gerade sein Boot an Land zieht, oder ein Hund beim täglichen Auslauf unterstreichen die Idylle.

Larmor-Baden, am Ende einer weiteren Landzunge gelegen, ist ein kleiner Hafen mit ein paar Fischerbooten und Austernkulturen. Von hier aus setzen Boote zum **Gavrinis tumulus** über, der seinem Ruf als „interessantester Megalith der Bretagne und vielleicht der ganzen Welt" gerecht wird. Unter dem grasbewachsenen Grabhügel verbirgt sich ein überraschend geräumiger Gang, der, gestützt von gemeißelten Säulen, in die nachdenklich stimmende, Ehrfurcht einflößende Grabkammer eines örtlichen Fürsten führt. Sein Name, früher sicher in aller Munde, ist nun lange vergessen.

Am Ende der südlichsten Halbinsel der Bucht, der **Presqu'île de Rhuys,** liegt ein kleiner Fischerhafen, **Port Navalo,** dessen Leuchtturm nach Westen ausgerichtet ist. Von hier aus soll Cäsar zugesehen haben, wie seine Flotte die der Veneter besiegte, und immer noch

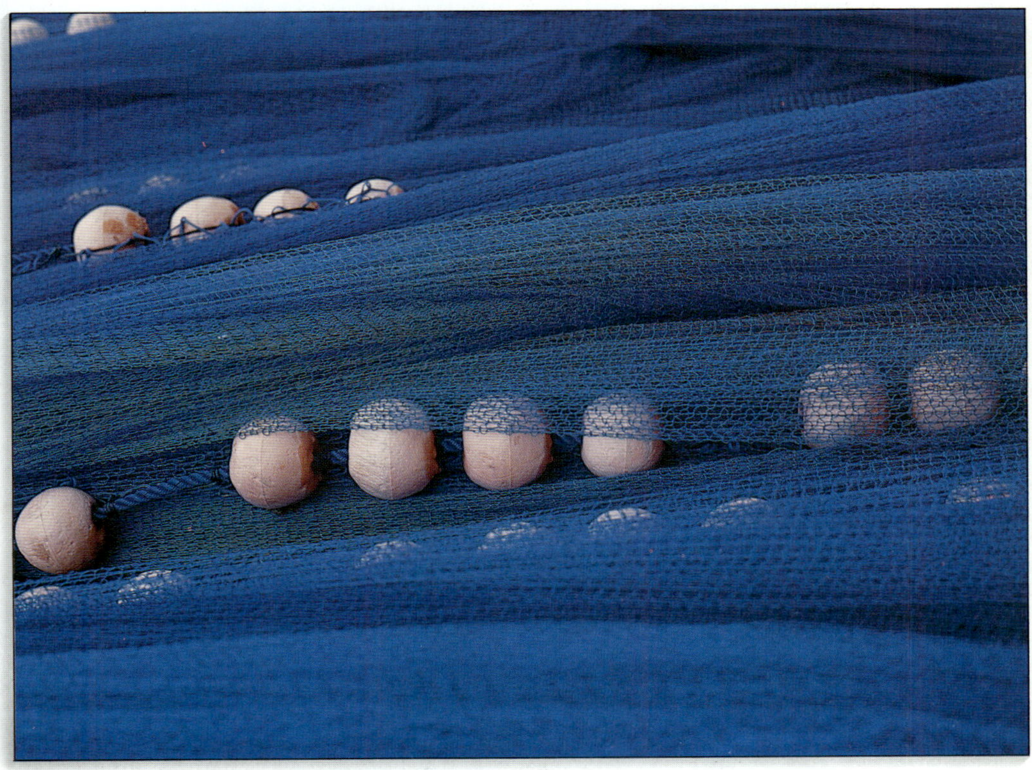

Blaue Netze in Port Navolo.

halten die Namen vieler Hotels und Restaurants entlang dem Golf diesen tapferen keltischen Stamm in Ehren. Auch an Cäsar erinnert man sich: Der Tumiac Tumulus wird „Cäsar-Hügel“ genannt.

Das im 6. Jahrhundert gegründete Kloster **St-Gildas-de-Rhuys** kauert an der südlichen Küste der Halbinsel. 600 Jahre nach dem heiligen Gildas versuchte Pierre Abélard hier als Abt, getrennt von seiner geliebten Héloïse, Frieden und Einsamkeit zu finden. Aber er haßte die „unzugängliche Küste eines wilden Meeres“ und wurde wegen seiner skandalösen Liebschaft von den Mönchen gehaßt – und fast vergiftet.

Die ehemalige Klosterkirche aus dem 11. Jahrhundert mit einer bemerkenswerten romanischen Kanzel wurde im 16. und 17. Jahrhundert zum großen Teil wiederaufgebaut. Der hl. Gildas ruht hinter dem Altar.

Weiter östlich an der gleichen Küste thront die ehedem herzogliche Sommerresidenz, das **Château de Suscino** aus dem 13. Jahrhundert. Abseits der Hauptstraße weiter östlich taucht die klassizistische Fassade des **Château Kerlevenan** hinter den Bäumen auf.

An Bord durch die Bucht: Es heißt, der Golfe du Morbihan habe so viele Inseln wie das Jahr Tage. Vierzig von ihnen sind bewohnt, einige bestehen nur aus Riffen, andere sind bewaldet, wieder andere, wie die beiden größten – die Ile d'Arz und die Ile aux Moines – können mit Booten erreicht werden und eignen sich vorzüglich zum Picknick.

Die Fahrt bietet eine preiswerte und wunderbare Möglichkeit, das Panorama des Golfs in vollem Umfang zu genießen. Eine Alternative wäre die Ausflugstour mit den luxuriösen Vergnügungsdampfern der *Vedettes Vertes*, auch wenn die überdimensionierten, spiegelglasverkleideten Schiffe, wie sie sich über die ruhigen Wasser schieben, fehl am Platz wirken.

Vannes ist der Ausgangspunkt, man kann jedoch in Locmariaquer, Port Navalo oder Auray zusteigen, eine Strecke mit dem Bus fahren und ein Mittag- oder Abendessen an Bord einnehmen. Außerhalb der Sommersaison ist der Fahrplan arg beschnittten. Am besten erkundigt man sich am Dépôt in Vannes, im Hafen von Auray, bei den Landungsbrücken in Port Navalo oder einfach am Tabac in Locmariaquer.

Eine Rundfahrt dauert mehrere Stunden und ist ziemlich teuer. Daher empfiehlt es sich, nach Port Blanc zu fahren, dort die Fähre zur Ile aux Moines zu nehmen, ein Picknick unter Pinien einzulegen, an den Sandstränden zu schwimmen und anschließend die *Vedettes Vertes* für die letzten anderthalb Stunden der Rundfahrt zurück nach Vannes zu nehmen. Wofür man sich auch entscheidet, auf keinen Fall sollte das Erlebnis einer Bootsfahrt auf dem Golf versäumt werden.

Auf der **Ile d'Arz** ist das ausgezeichnete Panoramarestaurant *L'Escale* direkt am Landungssteg von Mitte April bis Mitte November geöffnet. Das Essen ist hier vorzüglich, und die Preise halten sich in einem Rahmen, den man an einem Touristenort mit kurzer Saison kaum erwarten würde.

Die schönste der Inseln ist die **Ile aux Moines:** fünf Kilometer lang, mit Mi-

***Ramasseuse de Goëmon* von Alfred Guillou.**

mosen, Palmen, Eukalyptus- und Feigenbäumen bewachsen, Stränden, Klippen und romantisch benannten Wäldern wie die *Forêt d'Amour.* Heideland und Pinien sind allgegenwärtig. Ein steiler Pfad führt zur Altstadt, auf deren Terrassen Lokale und Crêperien auch größten Hunger und Durst stillen.

Die Guérande-Halbinsel: Am Golfe du Morbihan ist das zu finden, was als typisch für die Bretagne gilt: die bergige Westküste mit malerischen Fischerdörfern; die Sandstrände von La Baule und hoch über dem Fluß Vilaine der Fischerort La Roche-Bernard. Anderes aber ist einmalig, so die Marschlandschaft von Grande Brière und die Salzbecken nördlich von La Baule.

Diese Gegend erscheint wie eine Geisterlandschaft: Männer rechen das graue Salz in den Trockenbecken, und Frauen durchkämmen die weiße Oberfläche, bevor das „weiße Gold" zu großen Haufen am Rande des Sumpfes aufgetürmt wird. Im Dorf **Saillé** ist das typische Haus eines Salzarbeiters, La Maison des Paludiers, zu besichtigen.

Um so überraschender wirkt dann **Guérande,** dessen Verteidigungsmauern – die mit am besten erhaltenen Frankreichs – aus dem flachen Terrain aufragen. Sie sind begehbar und bieten einen reizvollen Blick auf die unwirkliche Mondlandschaft ringsherum.

Acht Türme und vier Tore unterbrechen die Wehrmauern aus dem 15. Jahrhundert. Besonders beeindruckend ist die Porte Saint-Michel, deren Torhäuschen nun als Musée des Amis de Guérande dient.

Die massiven Portale führen in die Altstadt, wo in einem Labyrinth von alten Sträßchen, Plätzen und Kirchen die Place du Marché-aux-Bois und über die Rue Saint-Michel die Eglise collégiale Saint-Aubin auszumachen sind. Im 12. bis 16. Jahrhundert erbaut, ist an ihrer Außenmauer eine bizarre, von zwei Engelsköpfen flankierte Kanzel zu sehen. Bemerkenswert sind die faszinierenden grotesken romanischen Bildhauerarbeiten an den Kapitellen im Inneren und das Doppelportal im Flamboyant-Stil.

La Roche Bernard.

Ein Blick auf die Karte verrät, daß Guérande ein beliebter Ausflugsort für alle die Touristen sein muß, die einmal Abwechslung von Strand und Sonne suchen. Manchmal scheint es, als müßte der die gesamte Altstadt umgebende Stadtmauerring aus dem 14. und 15. Jahrhundert unter der Last der Besucher zusammenbrechen.

Von Guérande führt eine reizvolle Fahrt entlang der D 99 zur **Pointe du Castelli,** und, an der Signalstation vorbei, nach **Piriac-sur-Mer,** einem Fischerdorf mit hübschen Holzhäusern.

Moderner dagegen – und eigentlich nicht als bretonisch zu werten – ist das Seebad von **La Baule,** das sich als *La plus belle plage d'Europe* bezeichnet („schönster Strand Europas"), was vielleicht sogar zutrifft: Ein feiner Sandstrand verläuft entlang einer weiten Bucht, deren Wasser geradezu unwirklich blau erscheint, und weiße Segel oder schwere Motorjachten vervollständigen die Postkarten-Idylle.

Um die administrative Zugehörigkeit La Baules wird gestritten, da das Département Loire-Atlantique von der Pays-de-Loire-Region verwaltet wird, und die möchte La Baule gerne in ihren Reihen wissen.

Die Briten entdeckten das milde Klima, die Strände und Pinien schon vor 100 Jahren und richteten sich hier ein elegantes Seebad ein. Pariser Boutiquen folgten auf dem Fuße, „Grand"-Hotels und schicke Restaurants taten es ihnen gleich, und das Kasino bestand auf Abendkleidung. Auch heute noch ist La Baule das Ziel der besseren Gesellschaft, doch Jeans und Schnellimbiß, Coca-Cola-Automaten und Spielhallen sind eher präsent als Chanel, Haute Cuisine oder Champagner.

An den besten Strandplätzen mußten die Pinien Hotels und Appartement-Häusern weichen; einige der rückwärtigen Straßen schlängeln sich noch reizvoll um ein paar alte Exemplare. Doch selbst der östliche Stadtteil, **La Baule-les-Pins,** wird sich bald nach einem anderen Namen, etwa La-Baule-*sans*-Pins, umsehen müssen, derart schnell schreitet die urbane Entwicklung fort.

La Baule.

Einige der guten Hotels aus den vergangenen Tagen haben überlebt und bieten auch außerhalb der Saison (die in La Baule recht kurz ausfällt) Musikabende und andere kulturelle Veranstaltungen an.

Am westlichen Ende der Stadt, an der Mündung des Kanals nahe **Le Pouligen,** befindet sich der neue Yacht-Hafen, und dahinter schlägt die Pointe de Croisic einen Bogen um den geschützten Fischereihafen. Oberhalb der **Grotte des Korrigans** (Kobold-Höhle) verläuft die Straße bis zum alten Städtchen **Batz-sur-Mer,** dessen Kirche Saint-Guénolé schon von weitem sichtbar ist. Hier schrieb Balzac seinen Roman *Béatrix,* in dem man eine lebendige Beschreibung Guérandes findet.

Vom alten Zollpfad aus, hinter dem Strand von Saint-Michel, hat man einen eindrucksvollen Blick auf die Felsen von **La Grande Côte.**

Le Croisic ist vielleicht nicht mehr die wichtige Hafenstadt, die es einmal war, aber noch immer zählt es zu den malerischsten Fischerorten der Bretagne. Unweit der Fleischtöpfe von La Baule, ist Croisic in jeder Hinsicht eine erfreuliche Abwechslung, vor allem was den preiswerten und jederzeit frischen Fisch anbelangt, den Dutzende kleiner Lokale zubereiten. Zu Essenszeiten fügt sich jedermann in das Ritual, auf den Bürgersteigen das Angebot der Restaurants zu vergleichen, bevor die große Entscheidung fällt.

Jede(r) fängt mal klein an.

Zu jeder Zeit ist Le Croisic eine lebhafte kleine Stadt. Das bunte Treiben konzentriert sich im Lagunen-Hafen, der von drei Inseln in mehrere Becken geteilt wird. Sardinen und Schalentiere sind hier die Spezialität, aber Frühaufsteher können alle Arten von Meeresgetier auf den morgendlichen Auktionen des Fischmarktes bewundern.

Auf der gegenüberliegenden Seite des Küstenrückens liegt das hübsche Seebad **Port Lin** mit Stränden, Felsen und guten Hotels. Beide Orte ergänzen sich hervorragend.

Obwohl weit weniger abgelegen und ursprünglicher als noch vor einigen Jahren, ist **La Grande-Brière** eine andere Welt geblieben. Es gab eine Zeit, da lebten die Bewohner ausschließlich von den Einnahmen der Torfgewinnung und wohnten in weißgekalkten, strohgedeckten Häuschen wie schon Generationen vor ihnen. Das einzige Transportmittel waren flache schwarze Boote. Heutzutage ist in La Baule und St-Nazaire bessere Arbeit zu finden: Und die Einheimischen ziehen fort, dafür fallen die Touristen ein.

Entwässerungsmaßnahmen haben weite Flächen der Marschlandschaft in Weideland verwandelt, doch bleibt genug, um die Bootsfahrt durch das unheimliche Moor als anregende Abwechslung von den üblichen Ferienunterhaltungen zu empfinden.

In **Fédur** kann man sich zu solch einer Fahrt einschiffen. Typisch sind hier die kreisförmig angeordneten, eine Art Innenhof bildenden Häuschen. Eine Fahrt nach **St-Lyphard** und **St-André-des-Eaux,** wenn die Sonne untergeht und lange Schatten mit scharfen Kontrasten die Stille in der urzeitlichen Wasserlandschaft betonen, wird sicherlich unvergeßlich bleiben.

Das Herz der Bretagne

Da eine lange und schöne Küste die Bretagne umgibt, überrascht es nicht, daß die meisten Sehenswürdigkeiten am Meer zu finden sind. Die Bretonen waren seit frühesten Zeiten große Seefahrer, daher liegen bis heute die wichtigsten Städte an der Küste oder sind eng mit dem Meer verbunden. Doch das weite Hinterland zwischen der Atlantikküste und der Grenze zur Normandie hat durchaus ebenso seine Reize.

Hier im Herzen der Bretagne, abseits der Touristenpfade, findet der Besucher noch die alte, sich ungestört erhaltende bretonische Lebensart vor. Und während heute der Sommertourismus entlang der Küste die Haupteinnahmequelle bildet, ist die Landwirtschaft in dieser Gegend immer noch die Grundlage für Wohlstand und Arbeitsplätze.

Die Erforschung dieses inneren Teils des Landes beginnt am besten auf dem windumtosten Gipfel des Ménez-Hom, des zweithöchsten Bergs der Bretagne.

Dorthinauf führt der einfachste Weg über **Le Faou,** das am Kopf eines bei Ebbe völlig trockengelegten Meeresarms liegt. Die Flut überschwemmt die Schlammfelder wieder, und besonders der Sonnenuntergang ist dann bemerkenswert malerisch. In Le Faou säumen spitzgiebelige, mit Schieferplatten gedeckte Häuser die einzige Hauptstraße. Von der Plattform der Kirche aus dem 16. Jahrhundert hat man einen guten Ausblick.

Die Straße zum Ménez-Hom führt über **Châteaulin** an der Aulne. Das verträumte Flußtal reicht bis nach Château-neuf-du-Faou weit im Landesinneren, und die Aulne wird für ihre Forellen und Lachse gerühmt. Wie viele andere Kleinstädte in dieser Gegend war auch Châteaulin, obgleich knapp außerhalb der Reichweite der Flut gelegen, einst Hafenstadt. Die kleinen Schiffe, die noch entlang der bretonischen Küste verkehren, legen am Hafen **Launay** weiter flußabwärts an; Segelschiffe erreichen auch Châteaulin und ankern entlang dem Quai du Brest.

Die Lachsfischerei, die jährlich von Februar bis Juli Hunderte von Sportfischern nach Châteaulin führt, ist in den letzten Jahren zurückgegangen, obwohl die Fänge noch immer unvergleichlich gut sind. Die Fischereigründe von Châteaulin liegen unterhalb der Gezeitenschleuse der Aulne.

Einen guten Blick über das hübsche Châteaulin und den unteren Bereich des Aulne-Tales bietet die Plattform der **Chapelle Notre-Dame,** die genau an der Flußbiegung über der Stadt thront. Die kleine, üppig ausgestattete Kapelle zeigt neben den üblichen Darstellungen der Heiligen Familie die bretonischen Heiligen Herlog und Mandor.

Der **Ménez-Hom** ist genaugenommen kein richtiger Berg – dafür müßte er 610 m hoch sein –, mit seinen 330 m erreicht er gerade die Hälfte dieses Maßes. Er ist in der Tat nicht viel mehr als ein großer Buckel Heideland, der sich über das Land erhebt und die Zufahrt nach Brest überblickt. Bei klarem Wetter ist der Blick vom Aussichtsplateau des Gipfels phantastisch:

Vorherige Seiten: Pleyben. **Links**: Josselin. **Rechts**: Châteaulin.

Er reicht bis nach Brest, der Bucht von Douarnenez, weit bis in die Cornouaille, ins südliche Finistère und über die Äcker jenseits des Aulne-Tals tief unten ins Landesinnere.

Der Ménez-Hom ist zu Recht Teil des großen bretonischen Nationalparks, des **Parc Naturel Régional d'Armorique,** der viele unberührte Teile der Westbretagne, einige küstennahe Inseln sowie die Monts d'Arrée weiter im Landesinneren umfaßt. Der im Jahre 1969 begründete Park erlaubt zwar Forstwirtschaft, Fischerei und Ackerbau, gewährleistet aber andererseits den langfristigen Schutz wilder Tiere und Pflanzen sowie die Bewahrung uralter Stätten wie der Menhire.

Östlich, am Fuß des Ménez-Hom, befindet sich die **Chapelle Sainte-Marie-du-Ménez-Hom,** wo man eine Rast einlegen kann. Den Schlüssel zur Kapelle erhält man im nahe gelegenen Café. Seit frühester Zeit schon stand an dieser Stelle eine Kapelle. Der gegenwärtige Bau aus dem 18. Jahrhundert weist vor allem Elemente des 16. und 17. Jahrhunderts auf, als die Bretagne eine religiöse Renaissance erlebte. Bemerkenswerte Schätze sind neben dem Calvaire die Holzschnitzereien im Inneren sowie naive Heiligenfiguren aus Holz und Granit, darunter der blinde St-Hervé mit dem gezähmten Löwen zu seinen Füßen.

Weiter östlich im Landesinneren am Rand des Aulne-Tales liegt **Pleyben,** ein kleiner Ort mit einem kompletten Enclos paroissial, einer der größten und schönsten der Bretagne. Man benötigte mehr als ein Jahrhundert zur Fertigstellung des hohen und prächtigen Calvaire (1550–1660). Hier findet am ersten Sonntag im August ein großer Pardon statt. Die Balken im Inneren der ebenfalls im 16./17. Jahrhundert erbauten Kirche sind mit geschnitzten und gemalten Szenen aus dem Leben der Heiligen geschmückt. Überreste einer früheren Kirche finden sich in der kleinen Grabkapelle aus dem 15. Jahrhundert, die in früheren Zeiten als Beinhaus für den Friedhof diente. Die Triumphpforte entstand im Jahre 1725.

Im Norden Pleybens erheben sich drohend die **Monts d'Arrée,** mit 490 m die höchste „Gebirgs"-Kette der Bretagne. Ähnlich dem Ménez-Hom handelt es sich tatsächlich um wellenartig aufgeworfenes Heideland. Unweit der Chapelle Saint-Michel-de-Brasparts trägt ein glitzernder Stausee zum Reiz der Landschaft bei.

In **Brasparts,** einem kleinen Dorf außerhalb des Naturparks, ist ein kleinerer Enclos paroissial mit Calvaire, Beinhaus und Kirche aus dem 16. Jahrhundert zu besichtigen. Zwei weitere Enclos paroissial befinden sich in **Loqueffret** und **Lannédern** ganz in der Nähe.

Am südlichen Rand der Monts d'Arrée liegt einsam inmitten von Heidelandschaft die kleine **Chapelle Saint-Herbot.** Der heilige Herbot gilt unter anderem als Schutzpatron des Hornviehs und wird von den Bauern sehr verehrt. Alle typischen bretonischen Zutaten zu einem Enclos paroissial warten hier auf den Wanderer: ein Calvaire aus blauem Kersanton-Granit, ein Renaissance-Beinhaus und ein Gotteshaus im gotischen Stil mit Apostelvorhalle, sehenswerten Spitzbogenfenstern, Chorschranken und kunstvoll geschnitztem Chorgestühl.

Nach wenigen Kilometern ist **Huelgoat** erreicht, die an der Argent gelegene Hauptstadt des Arrée. Wanderer und Angler finden in der Umgebung Wälder, Flüsse und großartige Felsformationen. Wenn auch eher dörflichen als städtischen Charakters, hat Huelgoat einige schöne Hotels und Restaurants aufzuweisen. Besonders Besucher der Bretagne, die kein Interesse an der Küste haben, kommen hierher.

Huelgoats große Anziehungskraft beruht auf den Wanderungen durch die Wälder und Täler der Umgebung, auf denen immer wieder interessante Felsformationen nicht nur bewundert, sondern auch erklettert werden können. Viele davon haben einen Namen: **Chaos du Moulin, Grotte du Diable** (nur über eine steile Eisenleiter erreichbar) oder **Ménage de la Vierge,** Küche der Jungfrau, da die Felsen Töpfen und

Auf Kacheln steht geschrieben.

Pfannen ähneln. Am bekanntesten ist der **Roche Tremblante,** „zitternder Felsen", über 100 Tonnen schwer und doch beweglich, wenn man an einem bestimmten Punkt drückt.

Eine Stunde dauert der Spaziergang zum **Rocher Cintres,** von dessen Gipfel ein herrlicher Blick auf die kleine Stadt und die Umgebung möglich ist. Huelgoat bietet so viele Wandermöglichkeiten, daß die Waldwege einsam bleiben. Kürzere Spaziergänge lassen sich zu langen Tagesexkursionen kombinieren: Etwa entlang dem Kanal, auf dem einst Minenarbeiter zu den örtlichen Silberminen gebracht wurden – der Name *Rivière d'Argent* bedeutet „Fluß des Silbers". Mit seinem Wasser wurden die Pumpen und Schürfmaschinen in Betrieb gehalten, bis die Silbervorräte nach dem Ersten Weltkrieg allmählich zu Ende gingen.

Ein weiteres, sicherlich sehenswertes Wanderziel ist der etwa drei Kilometer entfernte **Camp d'Artus,** ein historischer Lagerplatz, den Archäologen der griechisch-römischen Zeit zurechnen.

Von Huelgoat aus führt eine Route rund um die Monts d'Arrée hinauf zum Gipfel des **Roche de Trévezel** (384 m). Sie liegt in der Nähe der Straße D785, kann jedoch von dort nur zu Fuß erreicht werden. Wieder ist die großartige Aussicht auf die wildromantische Umgebung die Mühe des Aufstiegs wert. An klaren Tagen soll sogar der viele Kilometer nördlich gelegene Turm der Chapelle du Kreisker in Saint-Pol-de-Léon zu erkennen sein. Im nahen **Commana** ist ein weiterer Calvaire zu besichtigen. Die Straße Richtung Süden nach Brasparts schließt den Kreis um die Monts d'Arrée. Auf einem kleinen Hügel oberhalb des Sees wäre noch die **Chapelle Saint-Michel-de-Brasparts** einen Abstecher wert.

Schwarze Berge: Über **Brasparts** und **Pleyben** gelangt die Straße nach **Châteauneuf-du-Faou,** einem weiteren Lachs- und Forellenparadies oberhalb der Aulne. Von hier folgt sie dem Fluß nach Osten bis Carhaix-Plouguer.

Am Nordrand einer anderen Bergkette, der **Montagnes Noires,** „der

Der Calvaire von Pleyben.

Schwarzen Berge", zieht sich die Straße bis Gourin – einst bekannt für den Schieferabbau –, wo der **Roc de Toullaëron** auf stolze 326 m Höhe ansteigt.

Die Montagnes Noires und die Monts d'Arrée bilden das Rückgrat der Zentralbretagne. Obgleich sie aus den gleichen Sandstein- und Quarzfelsen bestehen, haben diese beiden Bergketten – falls man die wellenförmigen Aufwerfungen überhaupt als solche bezeichnen kann – ganz unterschiedliche Profile. Die Arrée-Berge sind höher, offener und hauptsächlich von Hochmooren bedeckt, während die Schwarzen Berge weniger durch Heidelandschaft geprägt sind und anscheinend, wie der Name andeutet, einst bewaldet waren. Wie überall in der Bretagne sind auch hier die großen Tannenwälder verschwunden, und die in letzter Zeit begonnene intensive Wiederaufforstung großer Plantagen trägt nicht zur Schönheit der Landschaft bei.

Carhaix-Plouguer ist mit seinen 9000 Einwohnern nach den Maßstäben des bretonischen Binnenlandes bereits eine stattliche Stadt. Berühmtheit erlangte sie als Heimatort des im Jahr 1742 hier geborenen Théophile-Malo Corret, den die Geschichte besser als La Tour d'Auvergne kennt. Der große Soldat Napoléons diente zunächst in der Armee des Königreichs Frankreich. Unter Louis XV zeichnete er sich durch seine Tapferkeit aus, als er jedoch mit 46 Jahren in den Ruhestand trat, hatte er lediglich den Rang eines Hauptmannes erreicht. Acht Jahre später meldete sich La Tour erneut zum Dienst und nahm den Platz eines jungen Rekruten in der republikanischen Armee ein. Bald zeichnete er sich wieder durch seinen Mut im Felde aus. Als ihm Napoléon später einen sicheren Verwaltungsposten anbot, zog er es vor, bei seinen Truppen zu bleiben. Der Tod ereilte ihn im Jahre 1800 am Rhein, und die gesamte französische Armee trauerte um ihn. Carhaix ist stolz auf seinen Sohn, und ihm wird jedes Jahr am 27. und 28. Juni gedacht.

Nordöstlich von Carhaix wird die Landschaft rauher, dennoch sind hier

Zuschauer bei bretonischer Hochzeit.

einige Sehenswürdigkeiten zu finden, die der Besucher nicht versäumen sollte. So der kleine Calvaire in **Lanrivain** und das Dorf **Saint-Nicolas-de-Pélem.** In Saint-Nicolas steht eine Kirche aus dem 15. Jahrhundert mit prächtigen Buntglasfenstern, bemerkenswert jedoch ist das faszinierende Glockenspiel in der Chapelle Ruellou, mit dem die Gläubigen vor dem Gebet die Aufmerksamkeit der Heiligen auf sich zu lenken suchen.

Eine schöne Fahrt über Land führt nach **Rostrenen,** das mit der berühmten bretonischen Heiligen Notre-Dame-du-Roncier verbunden ist. Rostrenen ist eine gute Basis, um eine der großen Wasserstraßen Frankreichs zu erkunden, den **Nantes-à-Brest-Canal.** Auf einer Strecke von 17 Kilometern überwindet er zwischen Rostrenen und Carhaix mit Hilfe von 44 Schleusenstufen 120 Höhenmeter. **Gourin,** das Zentrum der bretonischen Schiefergewinnung, liegt, wie auch der malerische Marktort Le Faouët, bereits im südlichen Département Morbihan.

Die Landschaft um **Le Faouët** ist flacher und wird von den Flüssen **Inam** und **Ellé** geprägt. Eine Kirche aus dem 16. Jahrhundert und eine schöne Markthalle aus der gleichen Zeit bilden das Zentrum des Dorfes. Auf dem Marktplatz steht das Denkmal von Corentin Carne, der sich im Alter von 15 Jahren freiwillig zum Kriegsdienst meldete, und, zum Flieger ausgebildet, drei Jahre später über der Westfront abgeschossen wurde.

Das verschlafene Städtchen ist ein idealer Standort für Ausflüge zu den verschiedenen Kapellen und Kirchen der Umgebung. Fairerweise muß gesagt werden, daß diejenigen, deren Interesse für Religion sich in Grenzen hält, besonders in diesem Teil der Bretagne magere Zeiten erleben werden, da viele der historischen Sehenswürdigkeiten religiösen Ursprungs sind.

Die wichtigsten touristischen Ziele der Gegend können auf einer Rundtour besichtigt werden. In nordöstlicher Richtung, erreicht man zunächst auf einem Hügel über der Elle die eindrucksvolle gotische **Chapelle Sainte-Barbe.** Glasfenster und Holzschnitzereien schmückten die Kapelle, die am letzten Sonntag im Juni und am 4. Dezember auch Ziel eines Pardons ist. Bevor man Ste-Barbe verläßt, sollte man nicht versäumen, hinauf zur Chapelle Saint-Michel zu steigen, um dort mit dem kleinen Glöckchen den Segen des Himmels herbeizurufen. Ein Stück des Weges, rechts unten in einer Seitenstraße, liegt die Chapelle Saint-Nicolas, dessen Leben auf einer Reihe geschnitzter Tafeln illustriert ist.

Weiter geht es Richtung Norden zur restaurierten Abtei von **Langonnet.** Nur das Domkapitel aus dem 13. Jahrhundert ist hier von den ursprünglichen Gebäuden erhalten geblieben.

Die D790 verläuft nun Richtung Süden entlang der Ellé über Le Faouët zur **Chapelle Saint-Fiacre.** Ein Lettner aus dem Jahre 1480 zeigt Darstellungen der sieben Todsünden.

Ostwärts Richtung Pontivy, erreicht der Reisende das Dorf und die Kirche (1450) von **Kernascléden.** Nach örtlicher Zeitrechnung wurde sie zur glei-

Cave canem.

chen Zeit wie Saint-Fiacre gebaut, und tatsächlich könnten einige der dortigen Steinmetze auch hier am Werk gewesen sein. Die Kirche ist ein schönes, mit größter Sorgfalt und Einfühlungsvermögen ausgeführtes Beispiel bretonischer Kirchenkunst. Neben vielen anderen Schätzen enthält sie ein prachtvolles Wandgemälde der Kreuzigung und eines mittelalterlichen Weltuntergangs, in dem der Tod um die gepeinigten Seelen in der Hölle tanzt.

Auf verlassenen Straßen gelangt der Besucher nun zu einem der letzten noch mittelalterlichen Wälder der Bretagne, dem **Forêt de Quénécan.** Und hier böte sich wieder an, sich in einem kleinen Hotel ein Zimmer zu nehmen, um in Ruhe die Umgebung zu erkunden.

Ein guter Ort wäre das kleine **Mur-de-Bretagne,** von dem aus Ausflüge in die Wälder des Blavet-Tales und um den großen **Lac de Guerlédan** führen. Mur mit den grünen Weiden, prächtigen Eichen und Flüssen inspirierte auch den Maler Corot, der es zu seinem Lieblingsort erkor, zu neuen Bildern.

Von Mur aus ist es nicht weit zum großen Stausee von Guerlédan in der Schlucht des Blavet. Hier beginnt der in Richtung Pontivy fließende Nantes-à-Brest-Canal, der die Zentral-Bretagne durchquert und vor allem von Wassersportlern sehr geschätzt wird.

Ideal zum Wandern geeignet ist der Forêt de Quénécan. Aber auch Heidelandschaft oder kleine Dörfer wie **Les-Forges- des-Salles** mit der malerischen Ruine eines mittelalterlichen Château warten auf den Spaziergänger, ebenso kleinere Seen wie der **Lac Founeau** oder der **Lac des Salles.**

Nördlich des Blavet stürzt der **Daoulas** durch eine steile Schlucht in den Hauptfluß. In diesem wunderschönen Teil der Bretagne dürfen natürlich Kapellen und Kirchen auch nicht fehlen: so die Ruinen der **Abbaye de Bon-Repos** nahe der Daoulas-Schlucht und die **Eglise Saint-Aignan,** die sich durch ein schönes Fresko der Abstammung Christi auszeichnet.

Ein oder zwei Tage Pause in Guerlédan ist genau das Richtige, bevor man

Lac de Guerlédan.

Richtung Süden entlang dem Nantes-à-Brest-Kanal und dem Blavet nach **Pontivy** weiterfährt. Im nördlichen Morbihan gelegen, zerfällt Pontivy in zwei Teile, Ausdruck einer der großen Veränderungen der französischen Geschichte. Die mittelalterliche Stadt Alt-Pontivy entstand um ein Schloß der mächtigen Herzöge von Rohan, die von ihrem Hauptsitz in Josselin einst über einen Großteil der Bretagne herrschten. Das Schloß wurde restauriert und ist nun zur Besichtigung freigegeben. Der Rest des alten Pontivy mit Häusern aus dem 15. und 16. Jahrhundert verteilt sich rund um die Place du Martray.

Neu-Pontivy hingegen ist eine Stadt, die zu Beginn der Revolution entstand. Pontivy hatte sich eindeutig auf die Seite der Republik gestellt und dadurch das Wohlwollen des Ersten Konsuls Napoléon Bonaparte erweckt. Er ließ eine neue Stadt bauen, die er zum Handelsschwerpunkt des Nantes-à-Brest-Kanals machte und Napoléonville nannte. Nach dem Sturz Napoléons wurde im Jahre 1815 aus Napoléonville wieder Pontivy. Die geraden Alleen und städtischen Gebäude bezeugen jedoch unverkennbar diese frühe, noch republikanische Periode.

Auch von Pontivy aus sind schöne Wanderungen und Ausflüge möglich. Abgesehen vom Lac de Guerlédan im Norden ist auch die Landschaft im Süden entlang dem Blavet-Tal sehr reizvoll. Ein kleines Schmuckstück kann oberhalb des Blavet entdeckt werden; **Saint-Nicolas-des-Eaux,** wo aus irgendeinem Grund die typischen schiefergedeckten Häuser der Bretagne von strohgedeckten abgelöst werden.

Weitere Sehenswürdigkeiten entlang dem Fluß sind die **Chapelle Saint-Nicodème,** die Renaissance-Kirche in **Bieuzy** und das Städtchen **Melrand.** Wirklich sehenswert ist die Kirche in **Quelven** zwischen Melrand und Pontivy aus dem 15. Jahrhundert. Eine Statue der Heiligen Jungfrau von Quelven im Inneren kann geöffnet werden, um Szenen aus dem Leben Christi zu enthüllen. Östlich von Pontivy, in **Ste-Noyale** und **Noyal-Pontivy,** lohnen zwei

Stilleben bei Ebbe.

weitere Kirchen aus dem 15. Jahrhundert einen Besuch.

Südlich von Pontivy, am westlichen Ende des ausgedehnten Moores, das sich Richtung Osten bis nach Rochefort-en-Terre erstreckt – dem vielbesungenen und malerischen **Landes de Landvaux** –, liegt im Tal des Flusses Eval das Örtchen **Baud.** Hier erregt eine seltsame griechische oder römische Statue, die sogenannte **Vénus de Quinipily,** die Neugier des Besuchers. Man findet sie unweit eines Brunnens auf dem Gelände eines Bauernhofs an der N24 nach Hennebont.

Mit Sicherheit läßt sich nur feststellen, daß diese Statue sehr alt ist und vermutlich aus vorchristlicher Zeit stammt. Während des Mittelalters ließ sie der ansässige Bischof mehrmals im Fluß versenken, die örtlichen Bauern, die diese Figur sehr verehrten, fischten sie jedoch immer wieder heraus. Die Statue wurde repariert und im 18. Jahrhundert – mehr schlecht als recht – zugeschnitzt. Falls sie jemals einer Venus glich, ist diese Ähnlichkeit längst nicht mehr zu erkennen; geblieben ist aber eine merkwürdig anmutende Statue.

Die Grenze der Zentral-Bretagne südlich von Pontivy bezeichnen vier bemerkenswerte Stätten: das Château de Rohan in Josselin, die Stadt Ploërmel, die Forêt de Paimpont und der nahe Josselin gelegene Schauplatz des *Combat des Trente* des „Kampfes der Dreißig“, eines der blutigsten Gefechte des Hundertjährigen Krieges.

Das **Château de Rohan** in Josselin, eines der mächtigsten und zauberhaftesten Schlösser Frankreichs, sollte kein Besucher der Bretagne versäumen. Es war der Stammsitz der Rohan, die sich das stolze Familienmotto gegeben hatten: *Roi je ne puis, prince je ne daigne, Rohan suis* (etwa: „König kann ich nicht, Prinz mag ich nicht, nur Rohan will ich sein“).

Erster Bauherr des großen Schlosses, das sich bei Windstille in den Wassern des Oust spiegelt, war im 10. Jahrhundert der Vicomte de Porhoet, der es nach seinem zweiten Sohn Josselin

In den Straßen von Josselin.

nannte. In den darauffolgenden 500 Jahren wurde es kontinuierlich erweitert und ausgeschmückt, vor allem nach der Zerstörung im Jahr 1168 durch den englischen König Henry II. Während des Hundertjährigen Krieges war es für eine lange Zeit im Besitz des Constable de France, Olivier de Clisson. Dieser kam 1370 durch die Ehe mit Marguerite de Rohan, die ihren ersten Mann 1351 im *Combat des Trente* verloren hatte, in den Besitz des Schlosses.

Im Jahre 1407 fiel das Schloß wieder an die Rohan-Familie zurück, die heute noch darin lebt. 1629 entging das Gebäude knapp der Zerstörung durch Kardinal Richelieu, der, um den aufsässigen bretonischen Adeligen ein Exempel zu statuieren, fünf der neun Türme niederreißen ließ.

Der Eindruck dieses Château läßt fast die Stadt Josselin vergessen, die jedoch einen Besuch wert ist. Neben dem Schloß ist vor allem die im 11. Jahrhundert begonnene **Basilique Notre-Dame-du-Roncier,** die zuletzt 1949 umgebaut wurde, zu erwähnen. Der Hauptteil der Kirche ist im spätgotischen Flamboyantstil erbaut, der dem Bretagne-Reisenden inzwischen wohlbekannt ist. Die Orginalstatue der Notre-Dame-du-Roncier, die ein Bauer im Jahre 800 entdeckte, fiel 1793 dem Mob zum Opfer. Die Überreste werden jedes Jahr am 2. September anläßlich eines Pardon verehrt, zu dem Tausende von bretonischen Pilgern anreisen.

In der Basilika ruhen Olivier de Clisson und seine Gemahlin. Weiterhin sehenswert ist der Brunnen der Notre-Dame-du-Roncier und die **Chapelle Sainte-Croix,** nahe dem Ufer des Oust. Von hier aus hat man einen schönen Blick auf die Mauern und Türme von Josselin auf der anderen Flußseite.

Östlich von Josselin in Richtung Ploërmel passiert die Straße den Ort, an dem 1351 der berühmte *Combat des Trente* („Kampf der Dreißig") stattfand. Hier fanden sich im Morgengrauen des 27. März 1351 je 30 Ritter aus Josselin und Ploërmel ein, um einen Kampf auf Leben und Tod zu beginnen. Es war die Zeit des Hundertjährigen

Kaffeestunde in Josselin.

Krieges zwischen Frankreich und England, und Josselin wurde von Anhängern des Charles de Blois (der, von Frankreich unterstützt, Ansprüche auf das Herzogtum geltend machte) gehalten. Ploërmel hingegen war in der Hand englischer Truppen (die auf seiten des anderen Prätendenten auf das Herzogtum Bretagne, Jean de Montfort, standen) unter dem Kommando des Ritters Sir Richard Bemborough.

Um eine Entscheidung herbeizuführen, ließ der französische Kommandant, Beaumanoir, Bemborough den Vorschlag zukommen, mit 30 seiner Getreuen zur **Mi-Voie-Eiche** zwischen den beiden Burgen zu kommen, um dort auf Leben und Tod zu kämpfen. Bemborough nahm die Herausforderung an, obgleich er die Anzahl seiner Leute mit deutschen Rittern aufstocken mußte, und der Kampf fand ordnungsgemäß am 27. März 1351 statt. Einen ganzen Tag lang wurde Mann gegen Mann in erbittertem Nahkampf gerungen. Obwohl Beaumanoir und einige seiner Ritter getötet wurden und beide Seiten viele Verwundete zählten, endete der Kampf mit einem Sieg der Franzosen. Neun englische Ritter, darunter auch Bemborough, waren tot, der Rest wurde gefangengenommen.

Der *Combat des Trente* wurde bald zum Tagesgespräch in den Burgen des Mittelalters, so erwähnt Froissant in seinen *Cronicles,* daß alle, die daran teilgenommen hätten, größten Ruhm erworben hätten. Die **Pyramide de Mi-Voie,** im 19. Jahrhundert unter der Regierung von Louis XVIII errichtet, bezeichnet heute den Ort des Geschehens und nennt die Namen der Ritter.

Ploërmel war einst der Stammsitz der Montfort-Familie, der mittelalterlichen Herzöge der Bretagne. Heute erinnert jedoch wenig an diese feudale Zeit: einige Überreste der alten Stadtmauer, die Statuen zweier Herzöge, Jean II und Jean III, in der Eglise Saint-Armel im Stadtzentrum und einige schöne mittelalterliche Häuser in der Rue Beaumanoir. Ploërmel verblaßt gegenüber Josselin, und man kann sich getrost dem **Fôret de Paimpont** zuwenden.

Château de Rohan, Josselin.

Die Bretagne hat viele Artus-Legenden mit England, genauer mit Cornwall, gemeinsam. Die Geschichten von König Artus und seiner Tafelrunde sind in vielen Teilen der Bretagne bekannt, nirgendwo jedoch sind sie lebendiger als in der Forêt de Paimpont. Dieser uralte Wald *Brocéliande* war einst, so erzählt man sich, die Heimat des Zauberers Merlin und seiner Todfeindin, der Fee Viviane, besser unter dem Namen Morgan-la-Fée bekannt.

Die Forêt de Paimpont ist alles, was von dem einst riesigen Waldgebiet übriggeblieben ist, das fast den gesamten Osten der Bretagne bedeckte. Noch heute herrscht in diesem dichten Hochwald eine fast unheimliche Stille.

Im Mittelpunkt der Artus-Legende steht die **Quelle von Barenton** in der **Vallée Sans Retour** nahe dem Château de Trécesson, wo – so wird berichtet – Viviane den Zauberer in einen Stein verbannte, in dem er heute noch gefangen sein soll. Wenn Wasser über ihn läuft, soll Merlin Regen und Donner heraufbeschwören können. Dies funktioniert vielleicht nicht immer, einige Bauern glauben jedoch fest daran. Zuletzt noch im Dürresommer 1935 sollen Bauern hierhergepilgert sein, um den Stein mit Wasser zu begießen und Merlins Hilfe zu erflehen. In früheren Zeiten ließ selbst der Vikar von Concoret Wasser über Merlins Stein fließen, woraufhin – so ist berichtet – „es mit solcher Macht anfing zu regnen, daß wir eilends Schutz suchen mußten."

Wer an Zauberei glaubt und den Perron de Merlin findet, kann es selbst ausprobieren. Von der Stadt **Paimpont** im Herzen des Waldes läßt sich die Umgebung am besten erforschen. Hier ist die Eglise Sainte-Anne aus dem 11. Jahrhundert von Interesse. Ausflugsziele wären das **Chateau de Trécesson** aus dem 15. Jahrhundert (dessen Inneres allerdings Besuchern nicht offensteht) und das hübsche Dorf **Les Forges-de-Paimpont.**

Die Forêt de Paimpont nimmt so gefangen, daß man versucht ist, die Reise durch die Zentral-Bretagne hier abzuschließen. Doch wartet noch ein kleiner Ort auf einen Besuch: die **Türme der Elfen** jenseits der Landes de Landvaux. Hier ist das Mittelalter noch richtig lebendig geblieben. Der Burgfried des Château hinter den zwei Festungstoren ist zwar nur noch eine Ruine, doch ist der Platz ein prächtiges Beispiel für die mittelalterliche Festungsbauweise. König Charles VIII ließ das Château 1478 niederbrennen und schleifen, nachdem er die Bretagne für die französische Krone gewonnen hatte.

Das Herz der Bretagne eignet sich vor allem vorzüglich für diejenigen, die gerne spazierengehen und wandern. Abwechslungsreiche Ausflüge sind hier möglich, bei denen die Liebhaber alter Kapellen und Kirchen auf ihre Kosten kommen. Und je weiter der Interessierte über das Land voranschreitet, wird er sich um so mehr in die Geschichte zurückversetzt fühlen.

Zusammenfassung: Unbedingt sehenswert in diesem Teil der Bretagne sind Josselin, Paimpont, Huelgoët. Landschaftlich reizvoll ist das Aulne-Tal und der Blick in windiger Höhe vom Gipfel des Ménez-Hom.

Trautes Heim in Paimpont.

Rennes

Rennes, mit mehr als 200 000 Einwohnern Hauptstadt der Provinz und wohl auch der französischen Rockmusik, liegt tief in der Bretagne, weit vom Meer entfernt, in ländlicher Umgebung. Prägen die Bretagne sonst Fischerdörfer, felsige Halbinseln und uralte Wälder, so bietet Rennes dem Besucher ein ganz anderes Gesicht.

Als Hauptstadt hat sie es in dieser von Lokalpatriotismus geprägten Provinz recht schwer, da sich die bretonische Kultur in den verschiedenen Teilen der Bretagne sehr unterschiedlich entwikkelte. Verwaltungstechnisch jedoch ist die Rolle von Rennes klar definiert. Nach dem Zusammenschluß mit Frankreich im Jahre 1532 wurde hier das Parlement de Bretagne gegründet. Heute ist Rennes eine bedeutende Universitätsstadt und ein Forschungszentrum der Hochtechnologie.

Dynamischer Handel: Als Handelsplatz lockt Rennes die Kauflustigen aus der Umgebung an. Der offene Markt am Samstag auf der **Place des Lices** mit seinem Mosaik aus bunten Markisen ist allein Grund genug, Rennes zu besuchen. Trotz ihrer Entfernung zum Meer erfüllt die Stadt der Geruch von Meeresgetier: Pyramiden von Krabben, Berge von Coquilles St-Jacques und Austern türmen sich vor den Verkaufsständen. Hinweisschilder verkünden den *pêche de nuit* und weisen damit auf den frischen Fang der Nacht hin, der bereits den Markt erreicht hat.

Den großen rechteckigen Platz säumen einige schöne spätmittelalterliche Häuser, deren krumme Balken und Erkerfenster sich hoch über den Marktbuden erheben. Einige moderne Häuserblocks erzeugen bedauerlicherweise eine gewisse Disharmonie.

Seit einer Pestepidemie 1622 findet der Markt auf diesem Platz statt. Die Bauern der Umgebung verkaufen hier Artischocken, Schalotten, Porree und Kohl. Das breite Angebot an Äpfeln erinnert daran, daß in Rennes vorzüglicher Cidre hergestellt wird. Weitere Stände verkaufen Käse, Honig, *brioches* und eine überraschende Vielfalt chinesischer Gewürze und Zutaten.

Die Place des Lices war im Mittelalter ein Turnierplatz. Der Legende nach erkämpfte sich Bertrand du Guesclin, der große Heerführer des Hundertjährigen Krieges, hier erste Lorbeeren. Der junge du Guesclin – angeblich ein mißratener Junge, der von seiner adeligen Familie verstoßen worden war – soll 1337 in bäuerlicher Aufmachung auf einem alten Gaul hier eingetroffen sein. Mit geborgtem Streitroß und Rüstung überraschte er das Publikum durch seine kämpferischen Fähigkeiten, und als sein Visier gelüftet und seine Identität enthüllt wurde, gewann er erstmals den Beifall seines Vaters.

Der architektonische Reiz des Platzes wird unterstrichen durch zwei *halles* (Markthallen) in der Mitte, Handelstempel des 19. Jahrhunderts aus Stahl, Stein und Glas. Die niedrigere der beiden ist der Fleischmarkt, in dem das Fleisch in allen Farben schillert – der perfekte Alptraum eines jeden Vegeta-

Vorherige Seiten, links und rechts: Ansichten von Rennes.

riers. Die höhere *halle* wurde liebevoll restauriert, ihre Stahlverzierungen sind von leuchtendem Türkis und die bunten Ziegelsteine frisch geschrubbt.

Neben der Place des Lices sind in Rennes drei weitere große Plätze zu besuchen. Zwei davon gehen auf das Mittelalter zurück; der dritte wurden während des Ancien régime in der Zeit zwischen Mittelalter und der Revolution von 1789 angelegt.

Ein großes Feuer 1720 zerstörte einen Großteil des mittelalterlichen Zentrums. Nur wenige Fachwerkhäuser blieben erhalten, und schon oft wurde der Zimmermann verflucht, der in betrunkener Nachlässigkeit Holzspäne entfachte und das zerstörerische Feuer verursachte. Der Neubau erfolgte klugerweise aus Granit, der sich heute reizvoll von der überschwenglichen Dekorationsvielfalt der großen mittelalterlichen Fassaden abhebt.

Die Baukunst reflektiert den Stolz ihrer Bürger. Eine verblüffende Anzahl Straßen sind nach früheren Bürgermeistern benannt, deren Daten auf blauen Platten an den Straßenecken festgehalten sind. Erfreulicherweise wird das Studium der Baukunst nicht von heranbrausenden Fahrzeugen unterbrochen: Ein Großteil des Zentrums ist zur Fußgängerzone erklärt worden. Da sich der historische Teil der Stadt auf das Gebiet nördlich der Vilaine konzentriert, ist alles gut zu Fuß zu erreichen.

Der zweite mittelalterliche Platz, die **Place Sainte-Anne,** liegt am Rand des historischen Zentrums nordöstlich der Place des Lices. Er verkörpert die typischen französischen Plätze, deren baumbestandene Begrenzungen meist als Parkplatz dienen und an dessen Rand Cafés zum Verweilen laden.

Die Tradition der mittelalterlichen Kaufleute, ihre Läden in hellen Farben anzustreichen, wird noch heute gepflegt. Die Gedenktafel an Haus Nummer 19 erinnert an Leperdit, einen der gefeierten Bürgermeister von Rennes, ein Mann des Volkes und von Beruf Schneider. Man erinnert sich an ihn wegen seiner gefühlsbetonten Ansprachen, so einer beschwichtigenden Re-

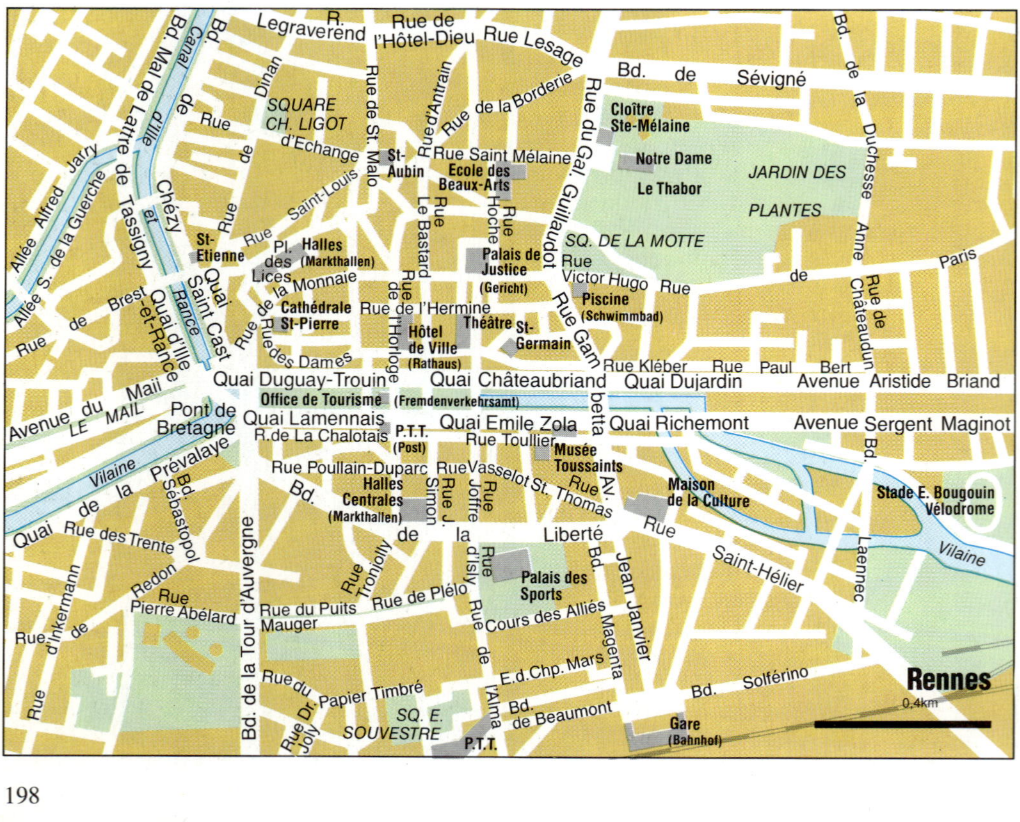

de, mit der er 1794 eine wütende, steinewerfende Menge besänftigte, die nach Brot verlangte: „Ich kann nicht wie Christus Stein in Brot verwandeln", rief er den Bürgern zu, „aber ich würde meinen letzten Blutstropfen geben, wenn es helfen würde, euch zu laben." Er überstand die Krise, wie die türkisen Balken mit den gelben gewundenen Figuren der Zeit getrotzt haben.

Die schönsten mittelalterlichen Straßen, die dem Feuer von 1720 entgingen, zweigen von der Place Sainte-Anne ab. Hinter den vollgestopften Durchgängen und niedrigen Toren entfalten sich kohlschwarze Treppen, hölzerne Balustraden und wohlgeformte verwinkelte Schieferdächer.

Speisen und Statuen: In der Rue Saint-Malo im Norden und der Rue Saint-Melaine im Osten reihen sich die Restaurants aneinander. Die heute etwas heruntergekommene **Rue Saint-Malo** scheint sich, ihrem spanischen Charakter gemäß, auf Fisch spezialisiert zu haben. Eines der Fischrestaurants hebt sich deutlich von seinen Nachbarn ab: In einer Nische im ersten Stock, in der man ein Fenster vermuten würde, steht eine hübsche steinerne Statue der Jungfrau Maria mit Kind.

Die **Rue Saint-Melaine** hingegen hat sich auf Crêperien festgelegt, wenn davon in Rennes auch in jeder Straße welche zu finden sind. Vom **Jardin du Thabor,** einem schönen Garten am Ende der Straße, früher Teil des Klosters Saint-Mélaine, kann ein Großteil der Stadt eingesehen werden, insbesondere die baumlosen, traurig wirkenden Nachkriegs-Randbezirke. In der Eglise Saint-Mélaine ist ein Wandgemälde aus dem 15. Jahrhundert erhalten.

Zu der Place Sainte-Anne im Süden führt sowohl die **Rue Saint-Michel** als auch die kurze **Rue de Penhoët.** Im dortigen *Breiz*-(„Bretagne"-)Buchladen stöbern Studenten der bretonischen Kultur in einer großen Auswahl heimischer Literatur.

Die Straße mündet nun in die **Rue Rallier du Baty** (tatsächlich ein malerischer Platz). Wer rechts in die **Rue de Toulouse** abbiegt, sieht sich schönen

Offene Flächen, Raum zum Atmen.

Steintoren gegenüber, den Eingängen zu den *hôtels particuliers,* den früheren Stadthäusern der bretonischen Parlamentarier und der Bourgeoisie. Ihrem einstigen Status angemessen beherbergen sie heute Bankfilialen und Rechtsanwaltskanzleien. Im Gebäude des früheren Parlement de Bretagne ist heute der **Palais de Justice** (Justizpalast) untergebracht.

Links ab von der Rue de Toulouse in der Rue Saint-Guillaume steht die sehenswerte **Maison Du Guesclin** mit mittelalterlichen Balken und Statuen über dem Eingang. Heute bekocht das Restaurant *Ti Koz* hier die Gäste.

Von der Rue Saint-Guillaume führt ein Weg durch die Rue de la Monnaie zur **Cathédrale Saint-Pierre,** deren Säulenapsis nach dem Vorbild einer romanischen Basilika gestaltet ist. An einem weihrauchdurchtränkten Sonntagmorgen herrscht hier eine ganz besondere Atmosphäre. Eine der rechten Seitenkapellen enthält einen flämischen Schnitzaltar. Gegenüber der Kathedrale ist die **Porte Mordelaise,** ein Überbleibsel der ehemals gewaltigen Stadtmauern aus dem 15. Jahrhundert.

Rechts der Kathedrale führen die Rue de Griffon und die Rue du Chapitre zur Place du Calvaire. Gleich dahinter liegt die **Rue Le Bastard,** wo die verzweigten mittelalterlichen Straßen sorgfältig geplanten Alleen und breiten Hauptverkehrsstraßen jüngeren Datums Platz machen. Im Gebäude des Palais du Commerce hat wohl eines der monumentalsten und schönsten Postämter eine Heimat gefunden.

Die meisten mittelalterlichen Gebäude der Stadt sind in diesen Straßen zu finden. Die **Rue Saint-Georges** zählt zu den schönsten mittelalterlichen Straßen in Rennes. Man beachte die biblischen Holzfiguren und Schnitzereien am Hôtel de Moussaye auf Nummer 3. Dekorative Geschäftsbezeichnungen sind an den Häusern angebracht, und in den Seitengassen verstecken sich wunderschöne Innenhöfe. Der besondere Reiz mittelalterlicher Baukunst liegt eben in ihren überraschenden Winkeln und unvermuteten Wendungen.

Trachtenfeste beflügeln.

Im Gegensatz dazu sind die **Place du Parlement de Bretagne** und **Place de la Mairie** das Ergebnis genauer Planung. Der Name Parlement de Bretagne führt in die Irre, denn zur Zeit des Baus im 17. Jahrhundert war die Bretagne nicht mehr unabhängig, und die Stände vertraten lediglich eine Provinz des Königreichs – eine Realität, die sich in der Ausstattung der Räume spiegelt.

Salomon de Brosse, der Pariser Architekt des Palais du Luxembourg, entwarf die Fassade. Die Innenausstattung, wenig jünger als das Gebäude selbst, entspricht ganz und gar dem Stil Louis XIV. Die Decken sind vergoldet und mit bemaltem Stuck verziert. Das Symbol des Sonnenkönigs strahlt mit der wirklichen Sonne um die Wette. Im Wappen verbindet sich die Bourbonenlilie mit dem stilisierten Hermelin der Anne de Bretagne.

La Grand-Chambre du Parlement ist über und über mit Zierat bedeckt. Zur Herstellung der Wandteppiche – aus dem 20. Jahrhundert – benötigten die Gobelinweber angeblich 24 Jahre. Auf den beiden Hauptgobelins sind zwei wichtige Szenen der Geschichte zu sehen: der Tod von du Guesclin und die Hochzeit der Anne de Bretagne mit Charles VIII von Frankreich, die die endgültige Vereinigung der Bretagne mit Frankreich besiegelte.

Zwei erhöhte Loggias in den Räumen erlaubten den Damen, ungestört die Ereignisse zu verfolgen. Madame de Sévigné, deren Korrespondenz mit ihrer Tochter Madame de Grignan zu den Klassikern der französischen Literatur zählt, kam hierher, um den Debatten zuzuhören, wenn sie auf Château des Rochers außerhalb von Rennes weilte.

La Tournelle, der Strafgerichtshof, ist in hellblauen Farben gehalten, mit seltsam fröhlichen Wölkchen an der Decke und wird noch heute genutzt.

Der elegante Hof ist jüngeren Datums und wurde vom Pariser Architekten Gabriel entworfen. Die Steinbalustrade um die vertieft angelegten Rasenflächen geben dem Eingang eine vornehme Note. An den Platz grenzt ein weiteres Beispiel großartiger Stadt-

Die Angebote der Natur.

architektur: Der konkave Glockenturm des Rathauses ergänzt das konvexe **Théâtre** gegenüber, in dem Schauspiele und Opern gegeben werden.

Diese Plätze erwachen alljährlich in den ersten zehn Tagen des Juli zu Leben, während des Straßenfestivals *Tombeés de la Nuit* („Anbrüche der Nacht"). Dank einiger erstklassiger Festivals, die seit dem Zweiten Weltkrieg regelmäßig stattfinden, hat in Rennes die bretonische Kultur mit Musik und Theater zu neuem Profil gefunden.

Die *Tombeés de la Nuit* verwandeln die Stadt in ein riesiges Theater, dessen Kulisse das historische Zentrum bildet. Straßentheater, Pantomime, Poesie, Gesang und Tanz, Clowns und Akrobaten sind vertreten. Die Organisatoren ermutigen die örtlichen Künstler, doch Teilnehmer aus anderen keltischen Ländern verliehen in den vergangenen Jahren dem Fest zunehmend internationalen Charakter.

Ein weiteres Festival ist das *Transmusicales* im Grand Huit (der Name „große Acht" bezieht sich auf die eigentümliche Form des Gebäudes). Seit 1978 treten bei diesem Rockfestival Anfang Dezember neben bretonischen Gruppen auch internationale Berühmtheiten auf. Bekannte Künstler Frankreichs wie Etienne Daho, Niagra und Marc Seberg hatten hier ihre ersten Auftritte. Beatrice Macé, eine der Organisatorinnen des Festivals, meint dazu: „Der Slogan der hiesigen Citroën-Werke heißt *Mieux que Nippon, Breton* (‚Besser als Japanisch: Bretonisch'), wir dagegen können sagen *Mieux que Saxon, Breton* (‚Besser als Angelsächsisch: Bretonisch')."

Das alle zwei Jahre stattfindende *Festival des Arts Electroniques* ist von ganz anderer Art. Zu dessen größten Attraktionen gehört eine computergesteuerte Laser-Show auf der Vilaine. Es ist der Indikator dafür, daß Rennes ebenso auf den Feldern von Forschung und Technik aktiv ist: Eine Vielzahl von Forschungseinrichtungen befassen sich mit Computern, modernen Kommunikationsmitteln, Biologie, Gesundheits- und Umweltfragen.

Alteingesessene Geschäfte in Rennes.

High-Tech-Einfluß macht sich auch in den städtischen Museen bemerkbar. Das Musée de Bretagne und das Musée des Beaux-Arts befinden sich im selben Gebäude am Südufer der Vilaine. Ein kombiniertes Ticket verschafft Eintritt zu beiden.

Im **Musée de Bretagne** werden die Besucher aufgefordert, aktiv teilzunehmen: Per Knopfdruck können Erklärungen und Dia-Shows abgerufen werden. Das Museum deckt die gesamte Geschichte der Bretagne ab, angefangen bei frühgeschichtlichen Alignements. Es zeigt die römische Eroberung von Condate, das den Freunden von *Asterix* wohlbekannt sein dürfte; das Entstehen der bretonischen Kultur; die Verwandlung von Rennes in ein internationales Forschungszentrum und die Entstehung des neuen Atalante-Viertels.

Das Museum zeigt dem Besucher alle Aspekte der Bretagne, angefangen bei einem Film, der das Leben an Bord eines Thunfischfangbootes beschreibt, bis hin zur romantischen, aber dennoch lebensnahen Darstellung von Combourg, dem Schloß des berühmten literarischen Sohnes der Region, François-René Chateaubriand.

Fischrestaurant: In der ganzen Stadt riecht es nach Meeresfrüchten.

Das **Musée des Beaux-Arts** ist konventioneller, beherbergt dafür einige Meisterstücke, darunter das berühmte Gemälde *Le Nouveau-Né* von Georges de la Tour und ein Werk von Veronese *(Perseus)*. Impressionistische sowie postimpressionistische Werke runden die Sammlung ab.

Außerhalb von Rennes, unweit des Flughafens und des Citroën-Werks, hat das **Ecomusée** die Geschichte eines Bauernhofes über die Jahrhunderte aufgezeichnet. Auch hier kommt die Darstellung nicht ohne High-Tech-Spielereien aus, doch sind auch traditionelle Geräte und Anlagen zur Cidre-Herstellung zu bestaunen. Das **Musée automobile** läßt die Herzen der Motorfreunde höher schlagen.

In Rennes selbst ist der Tourismus zunehmend spürbar: Die Hälfte aller geschäftlichen Unternehmungen scheinen Restaurants zu sein, die neben traditioneller bretonischer Kost exotische Gerichte aus aller Welt zubereiten.

Die überall spürbare Internationalität weist auf die Position von Rennes innerhalb der Bretagne hin: Die Stadt lag schon immer an der Grenze der Provinz und außerhalb der *Bretagne bretonnante* (der bretonischsprachigen Bretagne). So wird man in den Straßen von Rennes wohl kaum Frauen mit *coiffe*-Hauben beim Einkauf sehen.

Trotzdem ist die Stadt intellektuell und politisch stark bretonisch gefärbt. Die alte Kultur wird von der Universität und vom *Centre Rennais d'Informations Bretonnes* an der Place des Lices gefördert. Und im Breiz-Buchladen würde kaum einer der Kunden etwas dagegen haben, wenn Rennes in „Roazon" umbenannt würde. In der Diwan-Schule werden die Schüler zweisprachig unterrichtet, und die in Rennes erscheinende führende Regionalzeitung *Ouest-France* enthält eine regelmäßige bretonische Kolumne.

Rennes ist sowohl repräsentativ als auch untypisch und ein guter Gradmesser für die in der Bretagne wirksamen sozialen und wirtschaftlichen Kräfte.

Die Ostbretagne

Eine Tatsache überrascht Besucher, die zum ersten Mal die Bretagne bereisen, immer wieder: Gut drei Viertel ihrer bekannten Geschichte – von der römischen Invasion bis zum Ende des 15. Jahrhunderts – ist die Halbinsel ein eigenständiger Staat und keine Provinz Frankreichs gewesen. Der Grad der Unabhängigkeit schwankte zwar mit der Stärke des jeweils herrschenden Herzogs; doch stets wußten sich die Bretonen der französischen Eindringlinge zu erwehren. Von der bretonischen Wehrhaftigkeit zeugen noch heute im Osten eine Kette von Festungsanlagen und Städte mit mittelalterlichen Stadtmauern; diese ehemalige Verteidigungslinie zieht sich von Mont-St-Michel im Norden bis hinunter zur Loire-Mündung.

In früheren Tagen gehörte die Inselfestung **Mont-St-Michel** zu dieser Verteidigungslinie: halb Kloster, halb Burg, von Zeit zu Zeit auch Gefängnis, war sie immer aber auch ein Hindernis für einfallende Normannen oder Franzosen aus dem Nordosten. Als jedoch der Fluß Couesnon (sprich „Kwehnong") seinen Lauf änderte, um an der Westseite der Insel vorbeizufließen, wechselte Mont-St-Michel die Seiten und fiel an die Normandie.

Während der Hochzeit der Normannen war das weiter westlich gelegene **Dol** ebenfalls ein bretonisches Bollwerk. Und der berühmte Teppich von Bayeux zeigt in der Tat einen Angriff auf Dol, der von Herzog Wilhelm und seinem zögernden Gefangenen, dem Angelsachsen Harold, angeführt wird.

Die Grenzen der Bretagne sind heute etwas geschrumpft, doch ein paar mittelalterliche Städte sind nahezu intakt erhalten geblieben: Fougères, Vitré und weiter im Süden zur Loire hin gelegen: Châteaubriant.

Fougères ist heute ein Handelszentrum, das zweimal täglich während der Hauptverkehrszeiten im Verkehrschaos versinkt. Das schöne **Château** aber bleibt davon unberührt und blickt auf eine militärische Geschichte zurück, die nahezu die gesamte Zeit der bretonischen Unabhängigkeit umfaßt. Die mittelalterliche Burg ist sehr gut erhalten, mit Burggraben und Zugbrücke, bezinnten Mauern und nicht weniger als dreizehn erhaltenen Türmen.

Ihren ersten geschichtlichen Auftritt hatte die Burg im 12. Jahrhundert, als sich der englische König Henry II entschloß, das Herzogtum für seinen zweiten Sohn Geoffrey zu erobern. Herzog der Bretagne war damals Conan IV, und die Burg gehörte einem seiner wichtigsten Vasallen, dem Grafen Raoul. Im Jahre 1166, dem Jahr des englischen Einfalls, wurde sie insgesamt drei Monate lang belagert und nach der Kapitulation geschleift.

Sobald aber Henry II mit seinem Heer weitergezogen war, machte sich Graf Raoul an den Wiederaufbau, und sein Werk steht heute noch innerhalb der Mauern aus dem 13. Jahrhundert. Diese wurden von der Lusignan-Familie hinzugefügt, die Fougères 1220 erwarb, nachdem der englische König Johann I. ohne Land aus Frankreich vertrieben worden war.

Das Mittelalter war eine Epoche der Kriege, und es dauerte nicht lange, bis Belagerungen von Fougères während des Hundertjährigen Krieges zu einer Dauereinrichtung wurden. Der berühmte Ritter aus Dinan, Bertrand du Guesclin, war eine Zeitlang Hausherr, bis 1449 die Engländer sich an seine Stelle setzten, was Charles VII einen Grund lieferte, den Krieg zwischen Frankreich und England wiederaufleben zu lassen. Der französische Sieg bei Formigny 1450 führte schließlich zur endgültigen Vertreibung der Engländer aus der Normandie und Aquitanien.

Nach dem Hundertjährigen Krieg diente Fougères zunächst als Kaserne und später – wie viele alte Befestigungsanlagen – als Gefängnis. Im Jahr 1892 kaufte die Stadt das Schloß für 80 000 Francs, was heute einem Wert von ungefähr DM 25 000 entspricht. Fougères ist ein wirklich sehenswertes Beispiel mittelalterlicher Festungsbauweise, umgeben von städtischen Gärten, die zum Bummeln und zu interes-

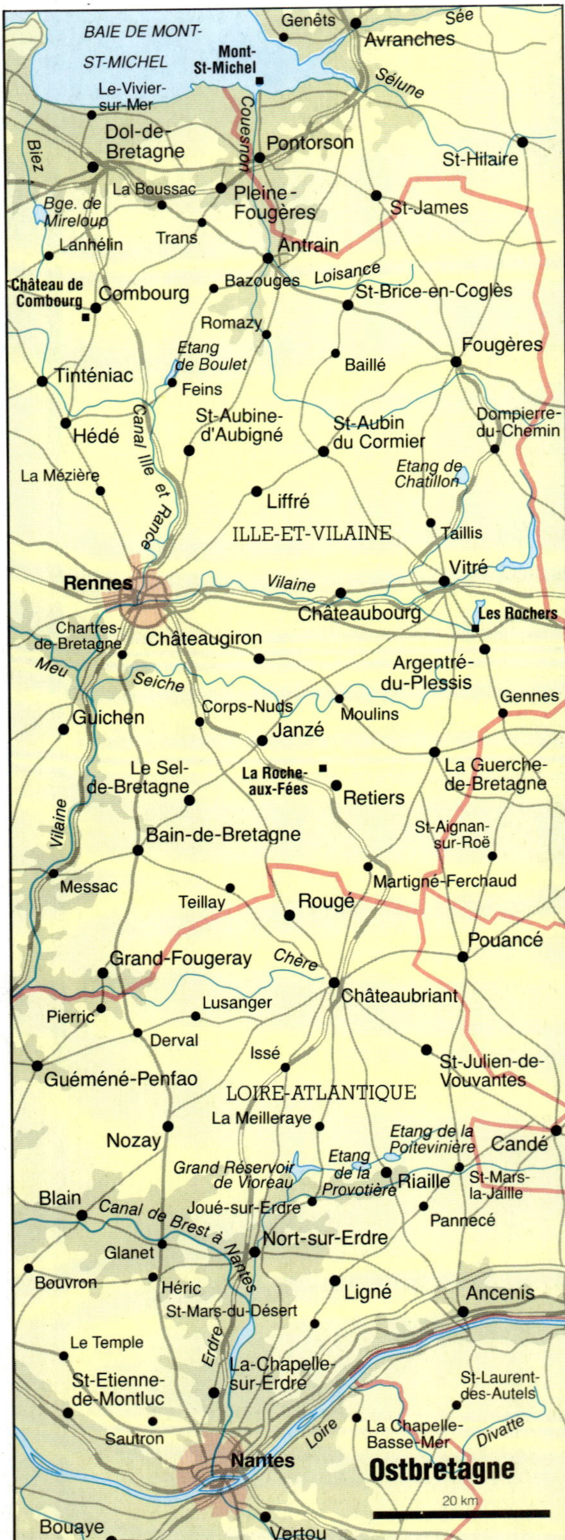

santen und ausgedehnten Spaziergängen einladen.

Die Anlage steht, für eine Burg untypisch, im Tal des **Nançon,** der den Burggraben mit Wasser speist. Bis zur Erfindung der Artillerie galt sie als uneinnehmbar. Die Wehrmauer ist noch gut erhalten mit ihren Türmen aus dem 13. Jahrhundert; einige von ihnen sind nach berühmten Kommandanten benannt. Einer trägt den Namen Mélusine, nach der Tochter des Teufels, die nach französischer Ansicht allein Ahnherrin der Plantagenets (des englischen Königshauses) gewesen sein konnte.

Einen wunderschönen Blick auf das Château hat man vom terrassenförmig angelegten Jardin Public an der **Place aux Arbres.**

Hinter dem Eingang, der Tour de la Haye-Saint-Hilaire, liegt der Burghof, der heute größer als ursprünglich ist, da viele Gebäude, darunter auch das ehemalige Verlies, im 19. Jahrhundert zerstört wurden. Die Anlage wird durch nicht weniger als drei Befestigungsringe geschützt; Teil des äußeren sind drei Fluchttürme, die als Bollwerk fungierten und den Verteidigern die Möglichkeit gaben, bis zur Hauptmauer vorgedrungenen Angreifern in den Rücken zu fallen. Eine Treppe führt hinauf zum Wehrgang, in dem man die gesamte Festung umwandern kann.

Einen noch besseren Eindruck von Fougères erhält, wer das Château außen umwandert; nicht umsonst ist die Tour Surienne jenseits des Burggrabens das klassische Fotomotiv.

Die Tour Raoul und die Tour Surienne wurden im ausgehenden Mittelalter für die Kanonen erbaut, die der Artillerie eines belagernden Feindes Paroli bieten sollten. Ihre Mauern sind sieben Meter stark. Das Notre-Dame-Tor säumen zwei Türme, von denen einer die Zugbrücke hält. Hinter dem Tor liegen weite Parkanlagen, die einen umfassenden Blick auf die Burgmauer samt Türmen ermöglichen.

Das eindrucksvolle Château ist das Herzstück der gemütlichen kleinen Stadt Fougères. Ebenso sehenswert ist die **Eglise St-Léonard** aus dem 12. und

Vorherige Seiten: Windmühle am Erdre. Die Burg von Fougères. Unten: Blick vom Jardin Public auf Altstadt und Château.

A SES HEROS

16. Jahrhundert. Sie berherbergt einige wertvolle Gemälde.

Neben dem Château und St-Léonard bietet Fougères noch das reizvolle Altstadtviertel Saint-Sulpice um die **Place du Marchix** mit Fachwerkhäusern und schmalen Gassen sowie der **Eglise Saint-Sulpice** aus dem 15. bis 18. Jahrhundert, in der ein sehr seltenes Stück aufbewahrt wird: eine Bulle des skrupellosen Borgia-Papstes Alexander VI.

Der Flamboyantstil von St-Sulpice, der in der Bretagne so beliebt ist, wurde zwischen dem 15. und 18. Jahrhundert mehrmals mit anderen Stilelementen angereichert. Einer Statue der Jungfrau Maria mit Jesuskind aus dem 12. Jahrhundert wird nachgesagt, daß sie Wunder vollbringen kann – doch wie die Hilfe der Jungfrau herbeigerufen werden kann, scheint schon seit langem in Vergessenheit geraten zu sein.

Einige gute Restaurants und Hotels runden das Bild von Fougères ab. Die kleine geschäftige und wohlhabende Stadt ist somit nicht nur um der alten Burg willen einen Besuch wert.

Reines Mittelalter: Das gleiche gilt für die gut 32 Kilometer südlich von Fougères gelegene Festungsstadt **Vitré.** Wer von Norden anreist, hat einen äußerst romantischen Blick auf die Stadtsilhouette. Es heißt, Vitré habe die am besten erhaltene Altstadt der Bretagne – zumindest hat sie die Kanonenangriffe des ausgehenden Mittelalters und auch die Kriege der Neuzeit nahezu unzerstört überstanden.

Die Stadt liegt auf einem Berggrat oberhalb des Tals der Vilaine mit einem Château am Abgrund, das den Blick des Anreisenden sofort gefangen nimmt. Auf dem Weg sollte man sich die Muße gönnen, vom Aussichtspunkt **Les Tertres Noirs,** einem Hügel am rechten Flußufer, das Château näher in Augenschein zu nehmen.

Die Festung wurde auf dem Höhepunkt des Hundertjährigen Krieges fertiggestellt, und kaum hatten die Bretonen hier Quartier bezogen, da stand auch schon ein englisches Heer vor den Toren, um die Stadt zu besetzen. Mit einigen Unterbrechungen dauerte die Belagerung sieben Jahre; schließlich zahlten die entnervten Bretonen, die am Streit der Häuser Valois und Plantagenet im Grunde kein Interesse hatten, den englischen Söldnern ein hohes Lösegeld, damit diese abzogen.

Der Platz, auf dem das Söldnerheer damals lagerte, liegt am Fuße der Festung und heißt immer noch **Les Rechapt** (*re-achat*; „Wieder-Kauf"). Die dreieckige Form der Burg mit dem Eingangstor jenseits des tiefen Burggrabens, bewacht von zwei schlanken Türmen, bildet die perfekte Kulisse für den Hauptplatz der Stadt. Vom Wehrgang hinter den Zinnenmauern, der Verbindung zwischen den Türmen, ist ein schöner Blick hinab auf die Stadt möglich. Teile der Räumlichkeiten nützt heute die städtische Verwaltung, und ein Heimatmuseum zeigt örtliches Kunsthandwerk und Brauchtum.

Die einstige Stadtmauer von Vitré ist nur noch noch entlang der Hauptstraße und an der Uferpromenade zu sehen. Zu Fuß gelangt man am besten durch die enge **Rue Beaudrairie** in die Stadt, in der sich kleine Geschäfte und Boutiquen aneinanderreihen, die aber dennoch mittelalterliche Atmosphäre ausstrahlt.

Das Mittelalter ist auch in der **Eglise Notre-Dame** aus dem 15. Jahrhundert zu spüren. Ein Kuriosum der Kirche datiert allerdings gut 100 Jahre später: Während der Reformation gehörte Vitré der hugenottischen Coligny-Familie und war tief in den Glaubensstreit verstrickt. Um sich Gehör zu verschaffen, ließ daher der katholische Pfarrer von Notre-Dame ein Loch in die Kirchenmauer brechen und an der Außenseite eine Kanzel errichten, von der aus er auf das vorbeigehende Volk einredete.

Eine andere Geschichte Vitrés betrifft Pierre Landais, der es vom Schneider zum Schatzmeister von Herzog François II brachte. Seine niedere Herkunft und sein Erfolg ließen die Adligen nicht ruhen, bis sie ihn des Diebstahls von Geld und Kunstgegenständen aus der Schatzkammer beschuldigten. Auf die Folter gespannt, legte er schließlich ein Geständnis ab und wurde im Jahre 1485 in Nantes gehängt.

Vorherige Seiten: Das Château Vitré. **Unten:** Ferien auf dem Bauernhof.

Zwölf Kilometer weiter südlich erreicht der Reisende die kleine Ortschaft **La-Guerche-de-Bretagne,** ein ehemaliges Rittergut Bertrand du Guesclins, des bedeutendsten Heerführers des Hundertjährigen Krieges. Wer hier haltmacht, kann sich die mittelalterliche Kirche anschauen und kurz auf der Place de la Mairie mit den schönen Renaissance-Häusern verweilen.

La-Guerche-de-Bretagne ist ein guter Ausgangspunkt für Ausflüge zu den fünf Kilometer westlich gelegenen **Lacs Les Mottes** und nach **Roche-aux-Fées.** Diese 42 Megalithen, oder „Feenfelsen", sind etwas Besonderes für Frischverlobte, denn hier können sie erfahren, was aus ihrer künftigen Ehe wird. Dazu muß der männliche Part im Uhrzeigersinn, die Verlobte in entgegengesetzter Richtung, die Steine abzählen. Treffen beide wieder aufeinander und stimmt die Zahl überein, wird es eine glückliche Ehe, kommen die Verlobten aber zu verschiedenen Ergebnissen, sollten sie die gemeinsame Zukunft zur Sicherheit noch einmal überdenken.

Surfen auf dem Erdre.

Rasende Eifersucht: Noch weiter im Süden steht **Châteaubriant** am Ufer der Chère und bewacht wie seit jeher die Grenze zum Anjou.

Einst verfügte die Stadt über einen geschlossenen Verteidigungsring; von dem stolzen Château sind heute aber nur noch zwei Teile erhalten geblieben. Der ältere mit einer Kapelle und dem Verlies stammt aus dem 11. und 15. Jahrhundert, der jüngere Teil wurde im 16. Jahrhundert vom Grafen Jean de Châteaubriant für seine Frau Françoise in ein Renaissance-Schlößchen umgewandelt. Der Graf war zeit seines Lebens von rasender Eifersucht geplagt. Und als Françoise sich bei Hofe in König François I verliebte, dieser ihr aber bald überdrüssig wurde, ließ er sie nach Châteaubriant zurückschaffen und mit dem gemeinsamen Kind in einen abgedunkelten Raum sperren, wo sie beide elendiglich zugrunde gingen.

Einzelne Abschnitte des Château stehen der Öffentlichkeit offen, und ein weitläufiger Park lädt die Besucher zu ausgedehnten Spaziergängen ein. Das Burgverlies und die Kapelle, der am besten erhaltene Teil der Burg, sind durch eine Mauer verbunden, die einst den Burghof vollständig umschloß. Die ehemaligen Gemächer der unglückseligen Françoise nimmt heute das Heimatmuseum mit Kunsthandwerk und Folklore ein.

Die unglückliche Geschichte Châteaubriants endet nicht bei Graf Jean und Françoise. Der Zweite Weltkrieg hinterließ ebenfalls grauenhaft-mörderische Spuren. In der Umgebung der Stadt befand sich ein Gefangenenlager für Kämpfer der Résistance. Als im Oktober 1941 der deutsche Kommandeur von Nantes in der Nähe von Châteaubriant bei einem Anschlag getötet wurden, erschoß man wenig später zur Vergeltung 25 Lagerhäftlinge in einem Steinbruch westlich der Stadt. Eine Gedenkstätte mit den Erschießungspfählen steht heute an diesem Ort.

Die weitere Ostgrenze der Bretagne bilden das Tal des **Flusses Erdre** und die flachen Waldgebiete von **Ancenis,** die sich beschaulich zur gemächlich dahinfließenden Loire hinüberziehen.

OTAGES
OCTOBRE 1941

NANTES

Nantes ist heute nicht mehr die Hauptstadt der Bretagne – dieser Titel gebührt seit 1964 Rennes. Ökonomisch und auch vom Zugehörigkeitsgefühl her ist die Stadt Teil des ehemaligen Herzogtums, auch wenn sie verwaltungstechnisch der Region Pays de la Loire zugeordet wurde.

Nantes ist mit einer Einwohnerzahl von etwa 300 000 die siebtgrößte Stadt Frankreichs und eine der schönsten Städte der französischen Provinz. Das tagsüber quirlige Geschäftszentrum und die Werften entlang der Loire prägen das Bild der Stadt. Das kulturelle Angebot kann sich ebenfalls sehen lassen: Theater, Kinos, Konzerthallen, Museen und Galerien harren der Besucher. Und reizvolle Restaurants locken an jeder Ecke.

Nantes war bereits eine wichtige keltische Stadt, lange bevor die römischen Legionen das alte Armorica zu einer Provinz des römischen Weltreiches machten. Nach dessen Untergang setzten die eingeborenen Kelten den von jenseits des Rheins heranstürmenden – „französischen" – Franken heftigen Widerstand entgegen. Einen Widerstand, der bis heute – zumindest, was die Sprache betrifft – andauert.

Die Normannen überfielen das Land im 10. Jahrhundert und hätten es sicherlich unterjocht, wäre da nicht Herzog Barbe-Torte gewesen, der sie aus Nantes und schließlich aus der Bretagne wieder vertreiben konnte. Nantes wurde daraufhin Hauptstadt des Herzogtums und behielt diese Funktion bis 1532, als die Bretagne durch politische Heiraten dem französischen Königreich einverleibt wurde. Diese „Union" behielt auch über die Jahrhunderte einen bitteren Beigeschmack und konnte die Gegensätze nicht aus der Welt schaffen.

Das Schloß der Grafen und Herzöge der Bretagne beherrscht wie ehedem das Stadtzentrum. In seinen Mauern unterschrieb König Henri IV am 13. August 1598 das berühmte Edikt von Nantes, das den Religionskriegen ein Ende bereiten sollte und den protestantischen Hugenotten die Bürgerrechte in Frankreich verlieh.

Einst war Nantes auch Heimathafen von Piraten, die vornehmlich englische Schiffe, die den Atlantik befuhren, kaperten. Eine tatsächlich gravierende Umwälzung der Dinge erlebte die streng royalistisch eingestellte Stadt während der Französischen Revolution, als sie von Truppen Carriers, des Bezirkskommissars von Cantal, besetzt wurde. Dieser ließ Abertausende von Königstreuen festnehmen und auf Boote bringen, die in der Loire versenkt wurden. Diese und andere Grausamkeiten kosteten ihn später selbst den Kopf unter der Guillotine.

Während des Zweiten Weltkrieges war die deutsche U-Boot-Basis im Hafen von St-Nazaire 1942 das Ziel jenes berühmten Überfalls britischer Kommandotruppen, die mit Motorbooten und dem alten Zerstörer *HMS Campbeltown* die Loire hinauffuhren und das große Trockendock „Forme Ecluse"

Vorherige Seiten: Der Himmel über Nantes. Links: Résistance-Denkmal. Rechts: Den Bürgern von Nantes wird der Marsch geblasen.

rammten. Die Beschädigungen waren so schwerwiegend, daß es erst 1956 repariert und wieder in Betrieb genommen werden konnte.

Nantes wurde als das größte französische Schiffsbauzentrum inzwischen von St-Nazaire auf den zweiten Platz verwiesen, beide sind auch wichtige Seehäfen für Frankreich. Immer größere Bedeutung kommt dafür im Ballungsraum Nantes der metallverarbeitenden und elektronischen Industrie, Ölraffinerien sowie anderen Leichtindustrien zu.

Der Hafen war von jeher wichtiges Element der Stadt, wenn auch nicht immer ein ruhmvolles. Vom 16. bis 18. Jahrhundert wurde der berüchtigte Dreieckshandel zwischen Europa und Afrika hier abgewickelt, in dem für nach Afrika gelieferte Manufakturgüter schwarze Sklaven eingetauscht, in die Karibik verfrachtet und dort gegen Rum, Zucker und Zuckersirup verkauft wurden. Diese Erzeugnisse brachte man anschließend nach Europa zurück, wo sie enorme Gewinne erzielten. Nantes war einer der Umschlaghäfen. Letztendlich setzten erst die Französische Revolution und der ausgedehnte Zuckerrübenanbau diesem unmenschlichen Geschäft ein Ende.

Eine Besichtigung von Nantes ist auch ein Gang durch die Geschichte und beginnt am besten mit dem **Château ducal,** der ehemaligen Residenz der Herzöge der Bretagne.

Der Bau des Schlosses wurde 1466 vom letzten unabhängigen Herzog, François II, begonnen und erst zur Jahrhundertwende fertiggestellt. Während der Religionskriege erfuhr die äußere Verteidigungsanlage eine starke Veränderung. Im Jahre 1700 wurden in dem Schloß Truppen einquartiert, und es blieb Garnisonsstandort, bis 100 Jahre später das Munitionslager explodierte. Der anschließende Brand zerstörte die Tour des Espagnols und den größten Teil der Nordmauer. Die Stadt übernahm das Schloß im Jahre 1915, und nach langen Restaurierungsarbeiten beherbergt der Bau heute mehrere Museen (alle sind dienstags geschlossen).

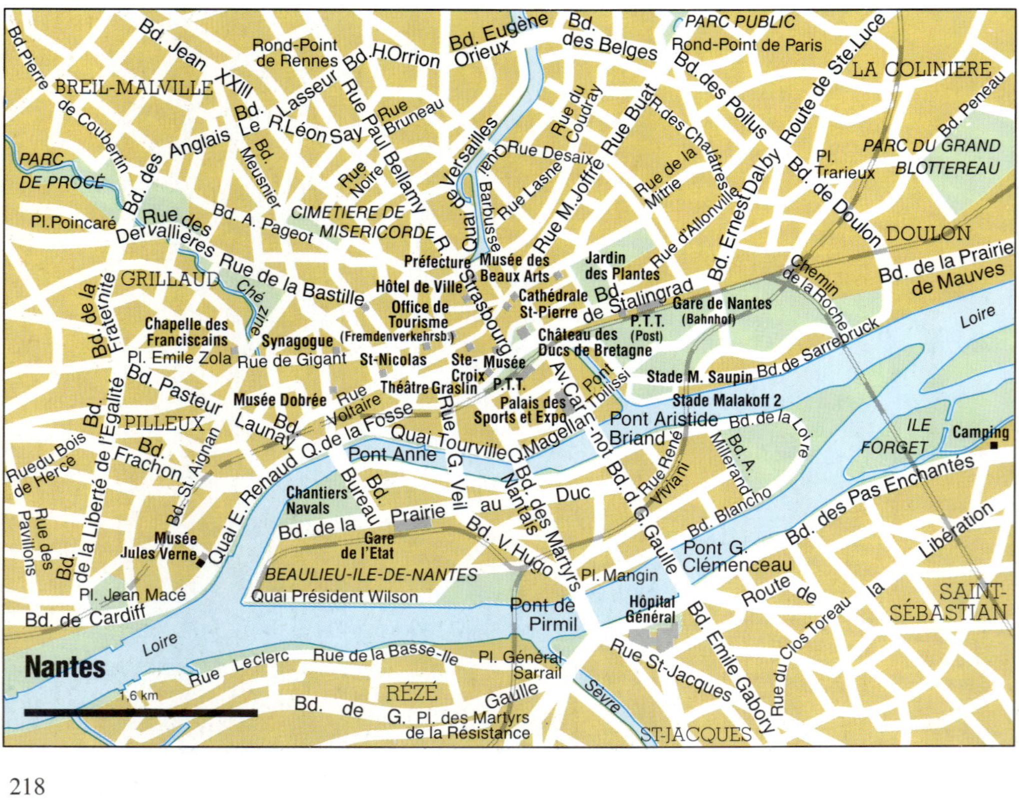

Der Besucher betritt das geschichtsträchtige Schloß über den heute eingeebneten und aufgefüllten Wassergraben: Hier hat Louis XII Herzogin Anne de Bretagne geheiratet, Henri IV de Navarre das Edikt von Nantes unterzeichnet, und hier wurde „Blaubart" Gilles de Rais seiner furchtbaren Verbrechen angeklagt, die ihm den Tod auf dem Scheiterhaufen am Flußufer einbrachten. Gast des Schlosses war auch Kanzler Fouquet, den der Sonnenkönig Louis XIV ins Gefängnis werfen ließ, nachdem sich herausgestellt hatte, daß dessen prunkvolles Schloß Vaux-le-Vicomte mit Geldern aus der königlichen Geldschatulle finanziert worden war.

Im Inneren Hof, der einst Schauplatz von Ritterturnieren und militärischen Paraden war, steht die eindrucksvolle **Tour de la Couronne d'Or** („Turm der goldenen Krone"); sehenswert sind das **Musée de la Marine** im sogenannten „Harnachement" mit interessanten Exponaten aus den goldenen und düsteren Tagen des Hafens und das **Musée des Arts décoratifs** im Grand Logis.

Unweit des feudalen Schlosses, dessen Besichtigung in der Regel einen ganzen Vormittag in Anspruch nimmt, liegt die berühmte **Cathédrale Saint-Pierre.** Im Jahre 1434 begonnen, wurde sie erst 1893 vollendet, weist aber dennoch einheitlich den für die Bretagne so typischen gotischen Flamboyantstil auf. Allerdings nicht der übliche Granit, sondern Kalkstein ist das überwiegend verwendete Baumaterial.

Anders als viele französische Kirchen ist Saint-Pierre von lichter Leichtigkeit, obwohl in 36 Metern Höhe das gewaltige Gewölbe des Mittelschiffes schwebt. Im Innern ist das schöne Grabmal von Herzog François II und seiner Gemahlin Marguerite zu sehen. Herzogin Anne gab es 1502 zum Gedenken an ihren Vater in Auftrag. Erst nach der Revolution fand es seinen Weg hierher; es zeigt den Herzog und die Herzogin, umgeben von Engeln und den Allegorien der Tugenden Stärke, Weisheit und Treue. Ein anderes Grabmal der Kirche ist das von Lamoricière, der 1847 die französischen Truppen in Algerien

Die herzogliche Burg.

zum viel bejubelten Sieg über den aufsässigen Emir Abdul-el-Krim führte.

Das Château und Saint-Pierre sind Zeugen des Mittelalters, wohingegen die Altstadt überwiegend im 18. und 19. Jahrhundert entstand. Dies wird besonders deutlich in den Straßen westlich des Schlosses und der Kathedrale, aber auch entlang dem **Cours Franklin-Roosevelt;** die **Place du Maréchal-Foch** ziert, auch wenn der Platz den Namen des berühmten Marschalls trägt, ein Denkmal des während der Französischen Revolution guillotinierten Königs Louis XVI.

Steile Gassen hinunter zum Loire-Ufer und hübsche Plätze, namentlich die **Place Graslin** und die **Place Royal** mit den schönen Bürgerhäusern, sind typisch für diesen Teil von Nantes.

In einer Seitenstraße der Place Graslin, im **Cours Cambronne,** steht die Statue des Generals Cambronne, der die französische Alte Garde in der entscheidenden Schlacht von Waterloo kommandierte. Ihm verdanken die Franzosen das *Mot de Cambronne* („das Wort Cambronnes"). Als er nämlich von englischen Grenadieren aufgefordert wurde, sich zu ergeben, antwortete er einfach: „Merde!" („Sch...!" auf gut deutsch). In späteren Jahren hat er sich allerdings korrigiert, und er will den Engländern in Wirklichkeit zugerufen haben: „Die Garde hat gelernt zu sterben und nicht, sich zu ergeben."

Das Flußufer der Loire säumen einige schöne alte Patrizierhäuser aus dem 18. Jahrhundert, die noch nicht den neuen Hafenanlagen weichen mußten; am besten erhalten ist das Ensemble am Quai de la Fosse.

Kulturbummel: Die breiten Boulevards und die ausgezeichneten Einkaufsmöglichkeiten verleihen Nantes fast pariserisches Flair, aber auch die Kultur kommt nicht zu kurz. Das **Musée des Beaux Arts** bei der Cathédrale Saint-Pierre kann sich einer der wertvollsten Kunstsammlungen in der französischen Provinz rühmen, unter anderem sind dort ausgezeichnete Arbeiten von Ingres, George de la Tour, Courbet und Perugino zu sehen.

Die Stadt und ihre Bewohner leben mit dem Wasser.

Das **Musée Dobrée** in der Nähe des Cours Cambronne geht auf Monsieur Dobreé zurück, der die berühmte Sammlung französischer und flämischer Maler nach seinem Tode samt Haus der Stadt vermachte. Neben dem Museumsbau ist das mittelalterliche Nachbargebäude, einst im Besitz des Bischofs von Nantes, zu bewundern. Ebenso interessant ist die umfassende naturgeschichtliche Sammlung mit bretonischen Bezügen des **Musée d'Histoire naturelle.** Diese Museen, wie auch die des Schlosses, haben das ganze Jahr über geöffnet, der Dienstag allerdings ist Ruhetag.

Nantes wartet mit zwei weiteren Sehenswürdigkeiten auf. Der **Jardin des Plantes** (Botanische Garten) ist nicht zuletzt wegen des Denkmals, das Nantes seinem phantasiebegabten Sohn Jules Verne gesetzt hat, einen Besuch wert; und auf der **Ile Feydeau** ist noch die Atmosphäre der guten alten Zeit zu verspüren. Nachdem der nördliche Loire-Arm aufgefüllt wurde, ist die Insel heute mit dem Festland verbunden, die prächtigen Bürgerhäuser sind davon jedoch unberührt geblieben.

Auch die Umgebung von Nantes hat einiges zu bieten: **La Baule** zählt zu den elegantesten Seebädern am Atlantik, und **Le Croisic** ist ein malerischer Fischerhafen. Nicht nur hier kann man die Abende in ausgezeichneten Restaurants verbringen. Cineasten werden sicher den Ausflug nach St-Marc nicht missen wollen, wo *Monsieur Hulot* „seine Ferien" verbrachte. Die Keller des Muscadet im Osten und Süden von Nantes laden zu einer Weinprobe ein, der **Erdre,** ein Nebenfluß der Loire, oder der **Sèvre-Nantaise-Canal** zu einer landschaftlich reizvollen Bootsfahrt. Im Marschland von **Brière**, das ein Netz schiffbarer Kanäle durchzieht, haben sich die **Ile de Fédrun** und die alte Festungsstadt **Guérande** eine charakteristische Atmosphäre bewahrt.

Mag Nantes auch politisch von der heutigen Bretagne abgetrennt worden sein, geographisch und gefühlsmäßig bleibt es auch heute noch die Hauptstadt des einstigen Herzogtums.

Heute bleibt die Küche kalt: im Museum von Nantes.

ELECTRICITE GENERALE
Louis J. MALGORN

Hotel Restaurant de locéan
Mme TICOS Bernard

INSELN DER BRETAGNE

Ganz wie es sich für ein Land gehört, dessen Wesen so sehr vom Meer geprägt wird, ist die bretonische Küste von kleinen Inseln gesäumt. Tatsächlich sind hier mehr Inseln zu finden als vor jeder anderen Küste Frankreichs.

Manche Inseln, wie jene, die man bei der Anfahrt zum Hafen von St-Malo umschiffen muß, sind kaum mehr als Felsbrocken mit ein bißchen Erde darauf. Andere, wie die Ile d'Ouessant und die Belle-Ile, sind groß genug, um nahezu autarke Gemeinden mit mehreren Siedlungen und ausgeprägtem Lebensstil zu unterhalten.

Allein die Größe jedoch unterscheidet die bretonischen Inseln nicht; vielmehr haben geographische, klimatische und historische Gegebenheiten jedem dieser atlantischen Wachtposten einen höchst individuellen Charakter verliehen. Wer meint, daß der Besuch von einer oder zwei Inseln genügt, um sie alle zu kennen, der irrt.

Felsen über Felsen: Man behauptet, daß die Bretagne so viele Inseln hat wie das Jahr Tage; wenn man nicht jeden Stein mit einem Grashalm darauf als Insel bezeichnen möchte, ist das leicht übertrieben. Doch es bleiben genug übrig, um eine umfassende Tour zu den Inseln zu einer größeren Unternehmung werden zu lassen. Einige der Inseln sollte man dabei keinesfalls auslassen.

Wählt man als Ausgangspunkt den Nordosten der Region, St-Malo, ist als erste erwähnenswert die **Ile de Cézembre.** Weder ist sie besonders groß noch eindrucksvoll, doch verbindet man sie mit einer „Episode" am Ende des Zweiten Weltkrieges. Einer kleinen deutschen Einheit gelang es, dort nach der Landung der Alliierten 1944 auszuharren, noch lange nachdem die Truppen auf dem Festland bereits zurückgewichen waren. Es erscheint heute verwunderlich, wie sich die Soldaten in dem offenen Gelände unter beständigem Beschuß halten konnten.

Ein angenehmerer Aufenthaltsort ist die **Ile de Bréhat** auf Höhe der Pointe de l'Arcouest bei Paimpol. Bréhat ist mit dem Motorboot von der Küste aus in nur zehn Minuten zu erreichen und besteht aus zwei kleinen Inseln, die durch die Landenge „Pont ar Prat" verbunden sind. Im Sommer ist die nur fünf Quadratkilometer große Insel das Reiseziel von vielen Touristen.

Grund dafür ist nicht nur, daß sie einfach zu erreichen ist, sondern auch die landschaftliche Schönheit mit den noch ursprünglichen Blumenwiesen und dem zartrosa Granitgestein. Die Blumen wachsen in geschützten Nischen auf fruchtbarem Boden und werden hier vom Golfstrom begünstigt. Das zartrosa Granitgestein prägt nicht nur den Küstenstreifen, sondern ist auch für das Labyrinth von Riffen und Felsen charakteristisch, das sich weit hinaus in das unruhige Meer zieht.

Für Seeleute birgt diese ausgedehnte Felslandschaft viele Gefahren, doch für den Urlauber ist sie ein willkommener und wärmender Kontrast zum kühlen Blau und Grün der See.

Bréhat ist vor allem für seine Flora bekannt, **Les Sept Iles** haben dagegen eine besondere Fauna, die Seevögel, zu bieten. Seit 1912 sind Les Sept Iles Naturschutzgebiet, was zeigt, daß die Franzosen, die allgemein als weniger tierlieb gelten, schon Naturschützer waren, bevor dieses Wort in Mode kam. Von den Inseln der Gruppe ist nur die **Ile aux Moines** (Insel der Mönche) ohne vorherige Genehmigung zu besuchen, und sie ist auch die einzige, auf der Spuren von Menschen zu finden sind. Neben einem Leuchtturm stehen hier noch die Überreste eines ehemaligen Franziskanerklosters. Als die Insel noch bewohnt war, muß sie wohl ein recht abgeschiedener Ort gewesen sein, um Gott zu dienen. Vom hübschen Hafen von Ploumanac'h aus ist sie problemlos zu erreichen.

Winterböen: Einige Inseln der Bretagne scheinen manchmal fester Bestandteil der Ortschaften auf dem Festland zu sein. Ein Beispiel ist die **Ile de Batz,** die sich derart an Roscoff anschmiegt, daß sie den Hafen gegen die schlimmsten Winterstürme des Atlantischen Ozeans wie ein Schutzschild abschirmt.

Vorherige Seiten: Lebhaftes Gespräch. Die Post auf den Inseln. **Links:** Ouessant.

Vom Ufer aus macht die Ile de Batz einen durchaus kahlen Eindruck, doch der Wind behindert zwar den Baumbewuchs, fördert aber wegen des wärmenden Golfstromeffekts beste Erntebedingungen. Auf den kleinen Anbauflächen wächst hier Frühgemüse, das auf dem Festland einträgliche Preise erzielt.

Der Besucher Roscoffs entdeckt auch noch eine weitere „Inselindustrie“: die Seetang-Gewinnung. Kleine Boote sammeln ihn in den Ufergewässern vor Batz ein und bringen die triefende braune Fracht in den Hafen, wo sie lastwagenweise abtransportiert wird. Ein Teil wird zu Algenprodukten weiterverarbeitet, der andere im Landesinneren als Dünger verwendet.

Wie die Spitze der Halbinsel von Brest die nördliche Küste der Bretagne von der südlichen trennt, so steht die **Ile d'Ouessant** Wache an der Grenze zwischen Atlantik und Ärmelkanal. Die gefährliche Felsküste mit 60 m hohen Klippen, dichten Nebeln und hohem Seegang hat sie berühmt-berüchtigt gemacht. 20 Kilometer vom Festland entfernt, ist die Ile d'Ouessant der letzte Außenposten vor der endlosen Weite des Atlantiks.

Im Bretonischen heißt die Insel *Enez Eussa*. Von alters her gilt sie als die Insel, auf der die Frauen das Sagen haben; denn während die Männer für die französische Handelsflotte zur See fuhren, waren es die Frauen, die das Land bestellten und die Schafherden hüteten, waren sie es, die geschäftliche Entscheidungen trafen und das Gemeindeleben der Insel bestimmten. Durch die modernen Nachrichtenverbindungen und den Einfluß des Festlandes ist das Matriarchat auf der Insel heute nicht mehr so stark ausgeprägt. Ein besonderes Flair hat sie sich jedoch nach wie vor erhalten können.

Die Vergangenheit der Insel wird lebendig in der „Maison des Techniques et Traditions Ouessantines“ von **Niou-Uhella,** unweit des Städtchens Lampaul. Dort sind zwei möblierte Häuser aus dem 18. und 19. Jahrhundert zu besichtigen, die mit handgefertigten Möbeln aus Treibholz ausgestattet sind.

Das Meer vor den Inseln geht rauh um mit den Schiffen.

Für den regen Schiffsverkehr vor Ouessant ist die Insel ein wichtiger Orientierungspunkt, aber auch gefürchtet wegen der ungewöhnlich hohen Zahl von Schiffsunglücken, die sich hier ereigneten. Nicht zuletzt deshalb steht bei **Creac'h** einer der leistungsfähigsten Leuchttürme der Welt, dessen heller Lichtstrahl die Schiffe von der Küste und den Untiefen fernhalten soll.

Eine Kette von Inselchen scheint Ouessant mit der Festlandküste zu verbinden. Die größte heißt **Ile Molène** und wird von einer Gemeinde bewohnt, die hauptsächlich vom Fischfang und von der Gewinnung des Seetangs lebt.

Geradewegs südlich der Pointe de St-Mathieu, im Osten begrenzt durch Léon, liegt die Pointe du Raz. Auch hier in der Cornouaille scheint das Land dem Meer einen letzten hartnäckigen Widerstand entgegensetzen zu wollen, mit der **Ile de Sein** in vorderster Front. Wenn die großen Stürme vom Atlantik herbeijagen, ist die äußerst flache und tiefgelegene Insel jedesmal in Gefahr, von den Brechern überflutet zu werden.

Obwohl nur acht Kilometer vom Ufer entfernt, haftet der Insel etwas Archaisches an. Die weniger als tausend Einheimischen gelten als zäh und abgehärtet. Sie leben vom Fischfang und vom Ackerbau, den sie auf kleinen Landparzellen betreiben, die sie durch Steinmauern vor den salzhaltigen Winden schützen.

Auf bretonisch heißt die Ile de Sein *Enez Sun,* was „Insel der Toten" heißt und auf einen druidischen Begräbnisplatz hinweist. Die Römer nannten sie *Insula Sena,* jene geheimnisvolle Insel, auf der ein von neun Priesterinnen geschütztes Orakel den Seeleuten ihr Schicksal voraussagte.

Auf einer schmalen Landenge, die wie auf Bréhat die beiden Inselteile verbindet, steht ein Denkmal aus neuerer Zeit, das an den 18. Juni 1940 erinnert, als 150 einheimische Männer die Insel gen England verließen, um von dort aus den Widerstand gegen die deutschen Invasoren fortzusetzen.

Östlich der Pointe du Raz trotzt nur noch die Pointe de Penmarc'h dem

Belle-Ile, Le Phare von Jules Lefran.

Meer. Danach nimmt die Küste einen weitaus milderen Charakter an, wenngleich auch hier noch viele vorgelagerte Inseln zu finden sind.

Kommt man von Norden, liegt als erstes **Les Glénans,** ein Inselarchipel vor dem kleinen Badeort Beg Meil unweit der Hafenstadt Concarneau, am Weg. Eine der Inseln des Archipels nennt sich **Ile aux Moutons** („Schafsinsel"), auch wenn dort nur Hasen und Möwen zu Hause sind. Eine weitere, **Penfret,** ist der Standort einer berühmten Segelschule. Als dritte sei noch **St-Nicolas** genannt, die sich gut als Ankerplatz eignet und eine Taucherschule beherbergt. Nirgends sonst an der Küste Frankreichs ist das Wasser so klar geblieben und weist die Unterwasserfauna und -flora eine derartige Vielfalt und Farbenpracht auf wie hier.

Die **Ile de Groix** im Küstengewässer vor Lorient ist immerhin 16 Quadratkilometer groß und weist mehrere Siedlungen, Groix, den hübschen Hafen von Saint Nicolas und Locmaria, auf. Die Klippen sind hier fast so hoch wie auf der Ile d' Ouessant, allerdings weit weniger bedrohlich, und ein Spruch der Seeleute, die nach wochenlanger Seereise in ihren Heimathafen Lorient zurückkehrten, lautete: *Qui voit Groix voit sa joie* (etwa „Wenn Groix in Sicht kommt, kommt Freude auf"). Heute ist Groix das Ausflugsziel vieler Besucher und von Lorient aus leicht erreichbar. Früher lebten die Bewohner insbesondere vom Thunfischfang.

Ein Idyll ist die winzige, durch eine Brücke mit dem Ort Belz verbundene **Ile Saint-Cado** in der Etelmündung nahe Lorient, auf der eine im Kern romanische Wallfahrtskapelle und ein Calvaire von 1832 stehen.

Schöne Insel: Die **Belle-Ile** ist nicht nur die größte aller Inseln der Bretagne, sie blickt auch auf eine ungestüme Geschichte zurück, die vor allem durch die Konflikte zwischen Frankreich und England geprägt war. Die Insel durchziehen geschützte Täler und Sandstrände, Dünen und die zerklüfteten Felsen der sogenannten Côte Sauvage säumen ihre Küste. Sie nimmt eine Fläche von 85 Quadratkilometern ein und ist das Zuhause von fast 5000 Einwohnern, die heute zum großen Teil vom Tourismus leben. Der Hauptort der Insel heißt Le Palais.

Die Belle-Ile ist mit der Fähre von der Spitze der Presqu'Île Quiberon in 40 Minuten zu erreichen und zieht mit ihren weißgetünchten Häuschen und ihren Festungen nicht erst in jüngster Zeit viele Besucher an. Die Romanautorin Colette liebte sie sehr, und sie war auch eine Quelle der Inspiration für andere bedeutende Schriftsteller wie Dumas, Proust, Flaubert und Gide.

Maler ließen sich ebenfalls von der Insel anregen. Monet, Derain und Matisse haben offen bekannt, wie tief sie in der Schuld der Belle-Ile stünden. Auf der langen Liste der Künstler, die eine Verbindung zur Belle-Ile haben, steht auch die berühmte Schauspielerin Sarah Bernhardt, die dort Eigentümerin eines Grundstücks war.

Weniger inspirierend war sicherlich die Vergangenheit der Belle-Ile als Gefängnis. Zu denen, die dort kurzzeitig inhaftiert waren, zählen auch Karl Marx und Toussaint-Louverture, der Sohn eines Revolutionärs aus Haiti.

Nahe der Belle-Ile liegen die **Ile de Houat** und **Ile de Hoëdic,** zwei Inseln aus Granitgestein, deren Namen im Bretonischen „Ente" und „Küken" bedeuten. Sie sind ebenfalls von Quiberon aus erreichbar. Auf Hoëdic wird noch ein Krämerladen von den Klosterschwestern der dortigen Abtei geführt, eine Tradition, die auf die Zeit zurückgeht, als die kleinen Gemeinden der Insel auch im ökonomischen Bereich völlig unter der Kontrolle der Kirche standen.

Im Golfe du Morbihan, dem geschützten „kleinen Meer", das bis nach Vannes landeinwärts reicht, liegen noch mehrere Inseln, von denen die **Ile aux Moines** (eine weitere „Mönchsinsel") und die **Ile d'Arz** besonders zu erwähnen sind. Beide sind im Sommer beliebte Ferienziele, und auf der erstgenannten rauschen Wälder mit romantisch anmutenden Namen wie „Seufzerwald", „Trauerwald" und „Liebeswald" – solchen Verlockungen kann kein Tourist widerstehen.

Rechts: Schafschur auf den Inseln.

Neueren Angaben zufolge sollen sich die Abenteuer von König Artus nicht in England, sondern in Schottland abgespielt haben. Den Bretonen interessieren solche Erkenntnisse wenig, denn er ist davon überzeugt, daß der Schauplatz der Artussage die Bretagne war. Die bretonische Variante der Geschichte beginnt mit Josef von Arimathea, der sich mit dem Heiligen Gral an der bretonischen Küste im heutigen Fôret de Paimpont niederließ, später aber spurlos verschwand. Hier war es auch, wo Artus und seine 50 Ritter die Suche nach dem Gral begannen. Später soll dann der Magier Merlin in den Wald gekommen sein, wo er auf die Fee Viviane traf. Diese schuf einen magischen Kreis, in dem die beiden glücklich bis ans Ende der Tage leben, wenn sie den Kreis nicht verlassen.

Tragische Liebe: Es nimmt nicht wunder, daß, als die Kelten im 5. Jahrhundert die Britischen Inseln verließen und über einen Zeitraum von 200 Jahren in die Bretagne einwanderten, die Legenden, die Namen der Helden und die Schauplätze durcheinandergebracht und den örtlichen Gegebenheiten angepaßt wurden. So auch die Geschichte der Liebe von Tristan und Isolde. Die eine Version erzählt, daß Tristan nach der Rückkehr aus Irland getötet wurde, die andere weiß zu berichten, daß Tristan heiratete und eines ganz natürlichen Todes in einer Burg in der Bretagne starb.

Die Geschichte von der wunderschönen Stadt Ys vor der Presqu'Île de Penmarc'h im südlichen Finistère hat ihre Wurzeln ausschließlich in der Bretagne. Man meint, Paris sei danach benannt (*Par-is*, „wie-Is").

Hier lebte König Gradlon. Die Stadt war durch einen Deich geschützt, und die Schlüssel zu seinen Toren trug der König ständig bei sich. Aber seine Tochter Dahut, manchmal auch Ahès genannt, wurde vom Teufel in Form eines schönen Jünglings umworben, und er brachte sie dazu, den Schlüssel zu stehlen und die Schleusen zu öffnen: Und das Meer überflutete die Stadt. Dem König und seiner Tochter gelang die Flucht zu Pferde. Doch eine Stimme aus dem Himmel sagte ihm, daß, wolle er gerettet werden, er seine vom bösen Geist besessene Tochter, die sich verzweifelt an ihn klammerte, von sich stoßen müsse. Der König tat, wie ihm geheißen, und das Meer zog sich zurück – die Stadt Ys aber war völlig zerstört.

Als Hauptstadt seines neuen Königreichs Cornouaille gründete er Quimper, wo seine Statue heute noch zwischen den beiden Türmen der Kathedrale steht. Den Rest seines Lebens widmete er dem Werk Gottes, wobei ihn der erste Bischof von Cornouaille, der heilige Corentin, tatkräftig unterstützte. Aus Dahut wurde die Meerjungfrau Marie-Morgane, die heute noch Seeleute in das nasse Grab lockt. Von ihrem Fluch wird sie erst dann erlöst sein, wenn an einem Karfreitag eine Messe in einer der Kirchen der untergegangenen Stadt gelesen wird.

Über den hl. Corentin erzählt man, daß er sich ausschließlich von einem Wunderfisch ernährt habe, den er, zur Hälfte gegessen, jeden Tag ins Meer zurückwarf. Anderentags

Vorherige Seiten: Leuchtturmwärter auf der Ile de'Ouessant. Château de Rohan in Josselin. Trachtenfest in Quimper. Links: *Ex-Voto* (1898) von Henry Royer. Oben: Drachentötung. König Gradlon ertränkt die Tochter.

habe er diesen Fisch in voller Länge wieder aus dem Wasser gefischt. Corentin war einer der ersten keltischen Missionare, die im 5. Jahrhundert in die Bretagne kamen und später meist zu Heiligen erklärt wurden.

Im Wald von Carnoët lebte der Graf von Commorre in Furcht vor der Weissagung, daß er durch seinen Sohn sterben werde. Seine ersten vier Frauen ließ er umbringen, sobald sie schwanger wurden, der fünften indes gelang es, ihren Sohn zu retten. Als der Graf seinem Sohn Trémeur zum ersten Mal begegnete und die Familienähnlichkeit erkannte, ließ er ihn sofort enthaupten.

Unbeeindruckt hob Trémeur seinen Kopf vom Boden auf und marschierte auf das Schloß zu, wo er etwas Erde gegen die Mauern warf, worauf es zusammenstürzte und den Grafen unter sich begrub. Trémeur wurde heiliggesprochen, Standbilder zeigen ihn mit dem Kopf unter dem Arm.

Die Bretonen scheuten sich nie, auch den Ursprung des Christentums mit der eigenen Geschichte zu verknüpfen: So soll die heilige Anna, die Mutter der Jungfrau Maria, eine Bretonin königlichen Geblüts gewesen sein, die auf Geheiß der Engel ihre Tochter nach Nazareth brachte, um sie vor ihrem Ehemann zu retten. Nach der Geburt des Jesuskindes kehrte sie in die Bretagne zurück, wo sie vom Heiland, der bei dieser Gelegenheit die heilige Quelle von Ste-Anne-la-Palud ins Leben rief, besucht wurde.

Im 17. Jahrhundert erschien die heilige Anna einem Bauersmann und befahl ihm, eine Kapelle an der Stelle zu errichten, wo schon einmal ein Gotteshaus zu ihren Ehren gestanden habe. Nach zwei Jahren unermüdlichen Suchens stieß der Bauer auf eine alte Statue der Heiligen und errichtete dort eine Kirche, die im 19. Jahrhundert zur heutigen Basilique Sainte-Anne-d'Aubrey erweitert wurde.

Auch die Jungfrau Maria selbst wirkte in der Bretagne. Als ein Bauer bei Josselin eine Statue fand und mit heimnahm, mußte er feststellen, daß sie anderentags wieder an den Fundplatz zurückgekehrt war. Nachdem das mehrmals passierte, fiel der Groschen, und er erbaute an der Stelle eine Kirche. Nach einem Brand im Jahre 1793 blieb nur ein kleiner Rest übrig, der heute noch das Ziel vieler Pilger ist.

Bei Le Folgöet lebte ein Kretin namens Salaün in einer hohlen Eiche. Das einzige, was er sagen konnte, war „Oh Jungfrau Maria". Nachdem er gestorben war, wuchs auf seinem Grab eine Lilie mit den goldenen Lettern „Ave Maria". Man öffnete das Grab

Héloïse et Abailard dans la grotte de Clisson.

Héloïse und Abailard im trauten Gespräch in der Grotte von Clisson.

und fand heraus, daß die Lilie aus dem Mund Salaüns kam; ein Grund, auch hier eine Kirche zu bauen. Während der Französischen Revolution wurde die Kirche geplündert; die völlige Zerstörung konnte von zwölf Bauern verhindert werden, die die Kirche kauften und wiederherstellten.

Die Bretonen kennen unzählige Schutzheilige, die sie im Bedarfsfalle um Hilfe anflehen. Da ist St-Cornély, zuständig für alles rund ums Pferd, und St-Herbert, der Schutzheilige der Ochsen; andere, die bei Rheuma oder Haarausfall helfen. Einer, St-Yves, unterhielt sogar einen kostenlosen Rechtsberatungsdienst bei Tréguier. Die übrigen Heiligen nehmen bestimmte Berufsgruppen unter ihre Fittiche oder zwei Aufgaben wahr: St-Jacques kümmert sich um die Seeleute, St-Fiacre um Gärtner; die heilige Barbara befaßt sich mit Explosivstoffen und dem Schutz vor stürmischem Wetter, St-Apolline mit Zahnschmerzen.

Statuen der Heiligen und Apostel kann man in vielen Kirchen und auf den Kalvarienbergen finden. Ein bedeutender Schutzheiliger der Bretonen ist der Erzengel Michael. Auf dem Dol-de-Bretagne soll er gegen den Teufel gekämpft haben. Der Teufel floh im Laufe des Kampfes zum Mont-St-Michel, der Erzengel setzte nach und hinterließ einen Fußabdruck.

Heidnische Bräuche: Es ist ein Trugschluß zu glauben, bretonische Mythen und Legenden wurzelten einzig im keltischen Christentum. Im Dörfchen Baud, auf halbem Weg zwischen Pontivy und Auray, steht die „Vénus de Quinipily“. Bis heute ist unklar, wo die Statue herstammt: Ist sie ein römisches Götzenbild oder eine ägyptische Göttin, Isis vielleicht? Wie dem auch sei, die Statue war der katholischen Kirche stets ein Dorn im Auge. Deshalb ließ sie die Vénus wieder und wieder in den Fluß werfen, aus dem sie von Einheimischen gerettet wurde. Im 18. Jahrhundert wurde die Figur noch einmal von Künstlerhand überarbeitet und verlor spätestens dabei jedwede Ähnlichkeit mit dem, was man sich unter einer Schönheitsgöttin gemeinhin vorstellt.

Bräuche rund um die Hochzeit variieren von Ort zu Ort. Auf der Ile d'Ouessant halten die Frauen um die Hand ihres Angebeteten an. In Ploumanac'h steckten die Frauen, die zu heiraten beabsichtigten, eine Nadel in die Nase einer Holzstatue des heiligen Guirec. In Landerneau wurden Witwen, die wieder heiraten wollten, Ständchen gebracht, in der Absicht, sich über sie lustig zu machen.

Mondsüchtige Pärchen: Bei La-Guerche-de-Bretagne steht eine der bedeutendsten Megalithengruppen in der Bretagne, die Roche-aux-Fées, die „Feenfelsen“. 42 Steine, jeder zwischen 40 und 45 Tonnen schwer, sind hier aufgereiht. Verlobte erhofften sich den Segen der Feen, indem sie in einer Neumondnacht um die Felsen liefen; dabei mußten der Verlobte im Uhrzeigersinn, seine Zukünftige in entgegengesetzter Richtung losziehen und beide die Steine abzählen. Kamen beide zum gleichen Ergebnis, war ihr Eheglück besiegelt. Betrug die Differenz nicht mehr als zwei, standen die Chancen nicht schlecht. Bei einer Abweichung von mehr als zwei aber war dem Paar angeraten, besser getrennte Wege zu gehen.

Es ist möglich, daß auch Sibylle de Châteaubriant und ihr Gemahl, die nur 30 Kilometer entfernt wohnten, die Steine zählten und zum gleichen Ergebnis kamen. Ihr Glück war aber nur kurz, denn als er nach 13 Jahren von einem Kreuzzug zurückkam, starb sie vor lauter Glück in seinen Armen.

Eine noch tragischere Geschichte betrifft Françoise de Foix, die bereits mit elf Jahren dem überaus eifersüchtigen Jean de Châteaubriant angetraut wurde. Dieser hielt sie wie eine Gefangene in seinem Schloß, während sie zu einer klugen und schönen Frau heranreifte, die eines Tages bei Hofe König François I ins Auge fiel. Über einen unterirdischen Gang flüchtete sie zu ihrem königlichen Geliebten, der sich aber bald nach neuen Gespielinnen umsah. Die unglückliche Françoise wurde von ihrem Gatten zurückgeholt, der sie weiter als Gefangene hielt und sie schließlich mit dem Schwert aus ihrem Elend befreite.

An den Legenden der Bretagne fällt auf, daß sie keinen Mittelweg kennen, entweder ist es ewige Liebe oder plötzlicher Tod. Der Philosoph Pierre Abélard (auch Abailard) schrieb einst seiner Héloïse: „Ich lebe in einem wilden Land, dessen Sprache seltsam und schrecklich klingt; meine Spaziergänge führen entlang einem rauhen Meer, das die Küste peitscht; ...die einzigen Verzierungen an meiner Tür sind die Kratzer von Wölfen und wilden Bären; jeder Tag bringt neue Gefahren ...“ Unter solchen Umständen sind Mittelwege wahrlich schwer zu gehen.

Seit heidnischer Zeit, als die irdische Welt noch mit der göttlichen in Einklang stand, glauben die Kelten an ihre einzigartige, vertrauliche Beziehung zum Göttlichen. Die Götter waren während der großen Feste unter der Aufsicht von Druiden – so Cäsar – tatsächlich präsent. Sogar bei den kleineren Feierlichkeiten blieben sie in der Nähe. Einem Reisenden mochten sie in der Gestalt eines schwarzen Riesen oder einer schönen, seltsam unheimlichen Frau erscheinen, die in der Ecke eines Wirtshauses saß.

Daraus ist jene tiefreligiöse Haltung hervorgegangen, die überall in der keltischen Welt zu finden ist, sei es in Schottland, Irland Cornwall oder Wales. Die Bretagne ist sicher keine Ausnahme, und die deutlichsten Beweise hierfür sind die Pardons, jene besonderen Prozessionen der Bretagne. Die Bretonen sind so überzeugt von ihrer Bedeutung im göttlichen System, daß sogar die Elemente selbst sich zu ihrer Unterstützung verschwören. Am Tag des Pardon zu Ehren des hl. Guirec in Ploumanac'h weicht selbst die Flut vor der Statue des Heiligen zurück.

Bedeutung des Namens: Die Bezeichnung Pardon geht auf die Tatsache zurück, daß die Gläubigen bei diesem Ereignis um Vergebung ihrer Sünden bitten, Gelübde ablegen, für ihre Erfüllung danken oder auf eine Wunderheilung hoffen. Jede heilige Reliquie, die durch die Straßen getragen wird, hat ihre eigene spezielle Wirkung. So hilft der Finger von Johannes dem Täufers, der seit dem 15. Jahrhundert in der Pilgerkirche Saint-Jean-du-Doigt aufbewahrt wird, bei Augenkrankheiten, und an seinem Pardon am letzten Sonntag im Juni nehmen Heilbedürftige aus der ganzen Bretagne teil.

Wenn aber die religiösen Pflichten erfüllt sind, wird mit großen Mengen Cidre, Tanz und Ringkämpfen gefeiert.

Die alten Bretonen bedauern, daß die Pardons nicht mehr das sind, was sie einst waren. An einigen Orten verkümmerte der nichtreligiöse Teil der Feste zu einem grellen Rummel. Pardon-Tänze wie die Bänder-Gavotte, Tabak- oder Halstuch-Gavotte und die *Dérobée,* bei denen die Männer einander die Mädchen zu stehlen versuchen, sind heute nur noch auf den großen Volksfesten zu sehen, etwa dem *Abadenn Veur* in Quimper alljährlich im Juli.

Die Sehnsucht nach der Vergangenheit verdeckt jedoch die Tatsache, daß die Pardons nicht immer friedlich verliefen. Der Pardon von Saint-Servais, dem mächtigen Beschützer der Ernten, endete auf dem Höhepunkt regelmäßig in Schlägereien, da die Abordnungen der vier bretonischen Diözesen mit Holzknüppeln aufeinander losgingen, um in den Besitz der kleinen Holzstatue des Heiligen zu gelangen und sich damit der besten Ernte zu versichern. Zum Schluß mußte die Obrigkeit einschreiten und den Pardon verbieten.

Obwohl immer weniger Pardons stattfinden, sollte man ein solches Ereignis nicht verpassen. Sie sind eine seltene Gelegenheit, die traditionellen Spitzenhauben und bunten Trachten zu bewundern, letztere häufig in einer etwas moderneren Ausführung mit kürzeren Röcken und modischen Schuhen.

Vorherige Seiten: Ein Pardon. Links: Historische Darstellung der Ankunft des Pardon zu Ehren der heiligen Anne Fouesnant in Concarneau. Oben: Spitzenhäubchen ohne Arsen.

Das Ziel der Pardon-Pilger ist meist eine Kapelle, die schon seit mehr als 1000 Jahren diesem Zweck dient. Einige, wie die Chapelle Notre-Dame-de-Tout-Remède, sind architektonische Kostbarkeiten inmitten von Wiesen und Pinien. Mit etwas Glück kann man noch Elemente authentischer Volkskunst erleben: Mit Sicherheit werden die nasalen Klagen des *biniou* (Dudelsack) und der *bombarde* (Oboe) ertönen, die einige zeitgenössische Musikgruppen in traditionellen Stücken verwenden.

Der wichtigste Teil des Pardon ist die Prozession, in der die Pilger Hymnen singen, Männer und Mädchen bunte Fahnen und religiöse Statuen tragen und der Klerus mit

den Reliquien und Monstranzen vorbeizieht. Dieses *défilé* findet normalerweise nachmittags statt, der Pardon Notre-Dame-de-Bonsecours in Guingamp wird jedoch in der Nacht abgehalten, und die Teilnehmer tragen Kerzen auf ihrem Weg zu den drei Freudenfeuern, die der Bischof entzündet.

Die Pardon-Saison dauert von März bis Ende Oktober, die meisten finden zwischen Ostern und dem Michaelstag am 29. September statt. Der größte ist der Grand Pardon von Le Folgoët. Er beginnt um 16 Uhr und endet erst am nächsten Tag.

Der Grand Pardon in Folgoët am ersten Sonntag im September findet jedes Jahr statt, während der Grand Pardon in Locronan nur alle sechs Jahre (1995, 2001 usw.) abgehalten wird. Er ist als *La Grande Troménie* bekannt, eine Verballhornung des bretonischen *Tro Minihy,* was soviel wie „Reise in die Abgeschiedenheit" bedeutet. Pilger aus der ganzen Cornouaille umwandern den Hügel mit dem Benediktinerkloster aus dem 11. Jahrhundert und unterbrechen die Wanderschaft an zwölf Stellen, wo die Pfarreien ihre Heiligen-Statuen oder Reliquien aufgestellt haben.

Segen und Fluch: In den anderen Jahren wird in Locronan eine *Petit Troménie* am zweiten Sonntag im Juli abgehalten. Dann folgen die Teilnehmer dem Fußweg, den der im Ort verehrte St-Ronan barfuß und fastend beschritten haben soll.

Ob *grand* oder *petit,* jeder Pardon ist einem bestimmten Thema gewidmet. In Fouesnant ist der Pardon am ersten Sonntag nach dem 26. Juli Teil des Apfelbaumfests – Fouesnant produziert den besten Cidre der Bretagne. Am Pardon des St-Yves in Tréguier am 19. Mai nehmen Juristen in ihren Amtsroben teil, da St-Yves ihr Schutzpatron ist. Ein weiterer Pardon in Folgoët, der des St-Christophe am vierten Sonntag im Juli, umfaßt sogar die Segnung von Autos. In Penhors zieht die Prozession am ersten Sonntag im September nach der Messe durch die Landschaft zum Strand, wo das Meer gesegnet wird. In Carantec (am Sonntag nach dem 15. August) und in Camaret (am ersten Sonntag im September) steht ebenfalls das Meer im Mittelpunkt des Pardon. Die Bedeutung des Meeres im bretonischen Alltag zeigt sich auch hier.

Jedem Pardon liegt eine Legende zugrunde. In Josselin wird am 8. September der *Notre-Dame-du-Roncier* gedacht. Einer Legende des 9. Jahrhunderts nach wurde inmitten eines immergrünen Dornbuschs die Holzstatue der Jungfrau gefunden. Von ihrem Platz entfernt, kehrte sie immer wieder zurück, bis zuletzt eine Kapelle für sie errichtet wurde. Während der Revolution wurde die Statue verbrannt. Die wenigen verkohlten Fragmente werden heute als Reliquie verehrt. Das Original ersetzte 1868 eine Nachbildung.

Der Pardon von Josselin wird auch „Pardon der bellenden Frauen" genannt, in Erinnerung an eine Bettlerin, die eine Hausfrau um Wasser bat. Als Antwort wurde sie von Hunden vertrieben. Diese Bettlerin war niemand anders als die Jungfrau Maria, die einen Fluch über die Frau verhängte, nach dem sie und ihre Nachkommen an jedem Pfingstsonntag wie die Hunde heulen sollen.

Links und oben: Herausgeputzt zum Pardon.

Trotz aller Christianisierung lebt unter der Oberfläche eine Schicht archaischen Heidentums fort. Sainte-Anne, der Legende nach ein bretonisches Mädchen, angebliche Mutter der Jungfrau Maria und Mittelpunkt von drei Grand Pardons, war ohne Zweifel einst jene mächtige Göttin, die in Irland als Dana und Anu verehrt wurde. Die Ahès, die im Pardon von Sainte-Anne-la-Palud verehrt wird, war eine keltische Meeresgöttin. Ein britischer Reisender beobachtete Anfang dieses Jahrhunderts den Brauch, beim Pardon in Plougastel Kinder über die Flammen des Sonnwendfeuers zu reichen. Wie das Feuerspringen der Hochebenen und Inseln Schottlands und die Freudenfeuer von Lewes in Sussex, geht dieses Ritual wohl ebenso auf frühere Menschenopfer zurück.

Gehörnte Spuren: Die Abstammung der Heiligen ist ebenfalls nicht ganz unanfechtbar. St-Cornély, Schutzpatron des Viehs, dessen Grand Pardon in Carnac gefeiert wird, erinnert an den keltischen gehörnten Gott Cernunnos, der mit Rindern assoziiert wurde. Die Wörter „Carnac" und „Cornély" enthalten eine Silbe, die Horn bedeutet, und diese Silbe findet sich ebenfalls im Namen Cernunnos. Beweise eines uralten Rinderkultes erbrachten im letzten Jahrhundert Ausgrabungen in Kermario, die einen kleinen Bronzeochsen zutage förderten.

Wie der Schriftsteller Keith Spence hervorhebt, fällt der Pardon St-Cornélys am zweiten Sonntag im September fast auf die Herbst-Tagundnachtgleiche, auf einen der vier wichtigsten Tage im heidnischen Jahr.

Die letzten Zweifel an Cornélys Ursprüngen beseitigt ein Fest, bei dem es sich mit Sicherheit um einen Rest von Anbetung des gehörnten Cernunnos handelt: das „Hirschmenschen"-Ritual, das zwei Wochen früher in Abbot's Bromley im britischen Staffordshire stattfindet. Hätten sich die Kalender in der Vergangenheit nicht geändert, würden beide Daten zusammentreffen.

Die Enthüllung der archaischen Schichten unter den Volksbräuchen ist ein Spiel, dem sich mehr und mehr Menschen widmen. Wir sollten die Pardons jedoch weder nur aus diesem Blickwinkel noch lediglich als bunten lokalen Brauch sehen, sondern vielmehr als oft sehr bewegende Glaubensäußerung dieser warmherzigen, offenen und gastfreundlichen Menschen, die nicht nur in Ritualen und Liturgie zum Ausdruck kommt.

25F LA DZ
22F LA
20F LA DZ
18F LA

16F LA DZ
14F LA DZ
12F LA
10F LA DZ
8F

Pain
à
l'ancienne
au
LEVAIN

Bretonische Küche

Der Name der Bretagne fällt nicht oft, wenn sich das Gespräch um die kulinarischen Vorzüge Frankreichs dreht. Leider teilt die Halbinsel nicht die köstliche Essenstradition des Périgord oder der Provence. Obgleich Kenner wissen, daß die bretonische Küche durchaus Anerkennung verdient, wird ihr Bild zu oft von den Spezialitäten und Köstlichkeiten der benachbarten Normandie überschattet.

Gerichte aus der Bretagne von Weltruhm sind dagegen an einer Hand abzuzählen. Für den Feinschmecker mögen sie nicht viel hergeben, wer sich allerdings nicht nur vom Ruf leiten läßt, wird in der Bretagne erlebenswerte Küche vorfinden. Ein Mangel an weltberühmten Gerichten heißt nicht, daß die fruchtbare Landschaft und die Küste Westfrankreichs keine guten Restaurants oder Delikatessen aufweisen.

Die Bretagne schöpft den größten Teil ihres kulinarischen Angebotes natürlich aus dem Meer. In der Vergangenheit gelangten Häfen wie St-Malo, Concarneau und Lorient durch den Fang von Dorsch, Thunfisch und Sardinen vor ihren Küsten zu großem Wohlstand. Heute beschränken sich die Fanggründe nicht mehr auf die Küstengewässer, und eine große Vielfalt von Fischen und Schalentieren gelangt auf die Tische nicht nur der Bretagne, sondern ganz Frankreichs. Das ist eine gute Nachricht für den Liebhaber von Fischgerichten, da er, ohne Wiederholung, einen Monat lang jeden Tag einen anderen Fisch probieren könnte, wenn er es wollte.

Die unumstrittenen Könige der Restaurants sind *l'homard* (Hummer) und *la langouste* (Languste). In Hummerkörben an der zerklüfteten Küste gefangen, erreichen sie entsprechend hohe Preise, die je nach Saison schwanken. Oft werden die Krustentiere in Seewasseraquarien verwahrt, und der Gast kann sich dasjenige auswählen, das er mit Mayonnaise oder *à la nage* serviert haben möchte. Aufgrund ihrer Kostspieligkeit wird mit ihnen jedoch öfter geliebäugelt, als daß sie herausgefischt und in die Küche gebracht werden.

Es waren Küchenchefs der Bretagne, die eine weltweit verbreitete Zubereitungsart für Hummer und Languste erfanden, auch wenn ihnen stets die Anerkennung dieser Leistung versagt wird. Auf den Speisekarten ist fast immer Hummer *à l'americaine* zu finden, mit einer Soße aus Tomaten, Öl, Zwiebeln, Wein und Cidre. Selbst die Restaurantbesitzer scheinen nicht zu wissen, daß es richtigerweise *à l'armoricaine* heißen müßte, nach Armorica, dem alten „Land am Meer“ der Kelten.

Wer sich nicht unbedingt zum Klub der Hummerliebhaber zählen möchte, findet eine Menge billigerer und dennoch delikater Alternativen. Allein Krebse sind in drei Varianten zu haben: *torteau* (Einsiedlerkrebs), *araignée de mer* (Meeresspinne) und die winzige, aber sehr schmackhafte *étrille* (Samtkrabbe). Alle schmecken am besten direkt aus der Schale mit hausgemachter Mayonnaise, die von den meisten Restaurants angeboten wird, und alle sind wesentlicher Bestandteil der Krönung aller Fischgerichte, der Meeresfrüchte-Platte.

Vorherige Seiten: Austern aller Preisklassen, schmecken tun sie alle. Links: Und frisches Brot dazu. Oben: Oder doch ins Restaurant?

Selbst zu einer bescheidenen *plateau de fruits de mer* gehören *langoustines* (blaßrosa Miniaturhummer, Garnelen oder Scampi genannt), *moules* (Muscheln), *bigorneaux* (Strandschnecken), *paloudres* (Venusmuscheln), *praires* (Venusmuscheln mit rauher, gerippter Schale) und natürlich Austern, die nicht nur Genuß bereiten, sondern auch Grund zu manch einem Streit liefern.

Der Streit geht um die Frage, welche die besseren sind: Die flache einheimische Auster oder die tropfenförmige portugiesische mit Schalen so dünn wie Blätterteig, die heute in großem Umfang an sorgfältig gehegten *parcs à huîtres* (Austernbänken) gezüchtet werden. Puristen behaupten, die einheimische Auster sei delikater, was sie jedoch nicht davon abhält, jedes Jahr Tonnen der portugiesischen Variante, *les creuses,* mit Genuß zu verspeisen.

Austern werden an vielen Orten der Bretagne gezüchtet, aber am besten probiert man sie in einem Restaurant des kleinen Fischerorts Cancale bei St-Malo, der oft als „Welthauptstadt der Austern" bezeichnet wird. Ebenso erlebnisreich ist ein Besuch von Erquy, einem Ort kulinarischer Bedeutung an der Côte d'Emeraude. Der Ruf von Erquy basiert auf den Muscheln, die als *coquilles St-Jacques* auf verschiedenste Weise zubereitet in den Restaurants verzehrt werden.

Mit Recht sind die vorzüglichen Schalentiere der Bretagne an erster Stelle zu nennen. Beachtung verdienen aber auch *bar* (Wolfsbarsch), *lotte* (Seeteufel) oder *raie* (Rochen), die man überall auf den Tischen der Fischhändler und den Speisekarten findet. Diese Fische schmecken als Einzelgericht ebenso gut wie als Bestandteil (zusammen mit Schellfisch, Lippfisch, Makrele, Brasse und Seeaal) in der *cotriade,* einem Fischeintopf, der den Vergleich mit der Bouillabaisse aus Südfrankreich nicht zu scheuen braucht.

Prägen die Küche der Küste die Fischspezialitäten, so hat auch das Binnenland charakteristische kulinarische Höhepunkte zu bieten. Entlang der Straßen besteht zum Beispiel kein Mangel an Hinweisschildern auf eine Crêperie. Diese kleinen Lokale, meist noch traditionell eingerichtet, bereiten die große bretonische Spezialität zu: Pfannkuchen. *Crêpes,* auch *galettes* genannt, werden frisch auf heißen Platten gebacken und mit einer Vielfalt von würzigen oder süßen Füllungen, die von Ei, Schinken und Käse bis zu frischen Früchten und Honig reichen, serviert.

Über die Unterschiede zwischen Crêpes und Galettes besteht einige Verwirrung; im Westen zumindest sind Galettes dicker und gehaltvoller als Crêpes. Weitere Unklarheiten bestehen hinsichtlich der Grundzutat: das früher ausnahmslos verwendete Buchweizenmehl wird heute zunehmend durch normales Weizenmehl ersetzt.

Doch weitaus größere Übereinstimmung herrscht, wenn es um das Getränk geht, das zu Crêpes getrunken werden soll. Wenn sich auch der trockene Muscadet oder Gros Plant aus Nantes vorzüglich zu Meeresfrüchten eignet, ist das Hauptgetränk in der Bretagne der *cidre*. Der häufig in rustikalen Fayence-Bechern statt in Gläsern servierte bretonische Apfelmost wird süß, trocken, ohne und mit Kohlensäure angeboten. Viele Cidres werden nach jahrhundertealten Methoden hergestellt und sind wirklich sehr gut, aber

einige der Massenprodukte entsprechen in keiner Weise dem Ideal.

Trotz der gewaltigen Trinkgelage der Comic-Helden Asterix und Obelix spielt das Bier keine wichtige Rolle mehr im bretonischen Alltag. Vom *cervoise,* dem Bier der Kelten, blieb lediglich der Name. Dasselbe Schicksal ereilte mehr oder weniger auch *chouchen,* den fermentierten Honigmet von durchschlagender Wirksamkeit. Glücklicherweise sind einige traditionelle Speisen

Links: An Austern besteht wahrlich kein Mangel. Oben: Die weltberühmte Köstlichkeit der Bretagne: Crêpes und Zutaten.

nicht von diesem Schicksal ereilt worden. So findet man immer noch häufig den *farz breton,* einen üppigen Auflauf aus Weizenmehl, Eiern, Zucker, Milch und öfters auch mit Rosinen oder Backpflaumen; ebenso *kig sal,* den salzigen Speck; und *andouille,* den weißen Auflauf mit Schweinsgekröse sowie die prächtigen Artischocken, die auf den Feldern rund um St-Pol-de-Léon gedeihen.

Ein Gericht besonders adeliger Abstammung aber wird kaum auf einer Speisekarte fehlen: das Chateaubriand. Das erlesene Steak aus dem dicksten Teil des Rinderfilets bezieht seinen Namen von dem gefeierten Schriftsteller François-René de Chateaubriand, der seine Kindheit im Schloß von Combourg verbrachte.

Das Meer, so scheint es, findet auch dort einen Weg in die bretonische Küche, wo man es am wenigsten erwartet. Ist von Lamm die Rede, denkt man unwillkürlich an hochgelegene Weiden, in der Bretagne sind damit eher salzige Marschen und die Überflutungsgebiete der Küste zu assoziieren. Solche Weidegründe in den Marais du Dol an der Bucht von Mont-St-Michel, rund um den Golfe du Morbihan und auf der Ile d'Ouessant sind die Heimat kleiner Herden einer robusten Schafsrasse, deren Fleisch außergewöhnliche Qualität aufweist. Als *pré-salé* bekannt, erzielt sie hohe Preise bei nie nachlassender Nachfrage.

Ebenfalls dem Meer – besonders dem Golfstrom – verdankt die Bretagne das milde Klima, das hier einen der Gärten Frankreichs gedeihen läßt, der 15 Prozent des gesamten französischen Gemüsebedarfs abdeckt. Die Artischocken von St-Pol-de-Léon wurden bereits erwähnt, von nicht geringerer Bedeutung jedoch sind Kohl, Blumenkohl und Frühkartoffeln. Ein maßgeblicher Teil der landwirtschaftlichen Nutzfläche der Bretagne wird mit Gemüse bebaut.

Selbst in kulinarischen Sonderbarkeiten spiegelt sich die See als letzte Rettung in entbehrungsreichen Zeiten wider. Auf der ungeschützten Ile du Sein mußten Seevögel den Mangel an Geflügel ausgleichen. Eine Kormoran-Pfanne ist offenbar durchaus genießbar, wenn der Fischgeschmack des Fleisches mit großen Mengen von Zwiebeln und Wein überdeckt wird. Dieser Vogel, dessen schlanke Silhouette überall auf den Felsen entlang der Küste zu sehen ist, soll auch die Grundzutat einer guten *pâté* sein.

TTR

P 1747
P 1747

Der Besuch in einem beliebigen Hafen der Bretagne, sei es ein so bedeutender wie der von Lorient oder ein gänzlich unscheinbarer, der nur wenig Schutz vor den anstürmenden Wellen des Atlantiks bietet, macht sofort die Stellung des Fischfangs für die Bretagne deutlich. Obwohl die Anzahl der großen Fangschiffe in den vergangenen zehn Jahren klar zurückgegangen ist, liegen in den bedeutenden Häfen noch immer Schiffe vor Anker, die bis zu zwei Wochen auf hoher See bleiben können. Und auch die gedrungenen, bunt gestrichenen Barkassen mit dem breiten Bug in den kleineren Häfen legen die Vermutung nahe, daß die Besatzungen alles andere als Schönwetterseeleute sind.

Die Verschiedenheit der Schiffstypen ist für den Laien auf den ersten Blick verwirrend; jeder Schiffstyp hat seine Aufgabe, seine ihm eigenen Methoden des Fischfangs und darum sein typisches Fanggut.

Mehr als 12 000 Bretonen verdienen ihren Lebensunterhalt direkt durch die Fischerei und die angeschlossene Industrie. Die bretonische Wirtschaft ist wie keine andere Frankreichs so unmittelbar vom Meer abhängig. Da die Bretonen selbst nur einen Teil des Fangguts verbrauchen können, wird die verbleibende Menge an Kabeljau, Makrelen, Krabben und Hummer auf Laster verladen und in die Städte und Ortschaften im Landesinneren transportiert. Die bretonische Fischerei deckt 70 Prozent des französischen Bedarfs.

Wenn auch die Gewässer rund um die Halbinsel das Herzstück der bretonischen Fischerei sind, wo hochwertige Fische gefangen werden, fahren viele Kutter weit auf den Atlantik hinaus: In St-Malo liegen einige Trawler, die noch hoch in den Norden auf Kabeljaufang ausfahren. Die Häfen der Süd-Bretagne sind die Heimat der Schiffe, die man, je nach Saison, entweder bei den Azoren oder in der Biskaya findet.

Ebenso saisonabhängig ist der Sardinenfang, der jährlich Ende April oder Anfang Mai beginnt. Die am traditionellen Fang beteiligten Schiffe ziehen mit den großen Fischschwärmen nordwärts, während sie tagtäglich ihr Netz auswerfen und den Fang einholen. Der Großteil der gefangenen Sardinen ist zwar für die Konserve bestimmt, aber auch frische und gegrillte Sardinen schmecken köstlich.

Die kleineren Boote beschränken sich auf den Ärmelkanal und auf die Gewässer vor der britischen Küste, wo sie das Meer und den Meeresboden nach allem abgrasen, was genießbar ist. Ihre große Hoffnung aber ist, daß kulinarische Delikatessen wie Seeteufel *(la lotte)* oder Steinbutt, Seehecht *(le colin)* und Seezunge ins Netz gehen.

Die Verarbeitung des gefangenen Fisches kann der Besucher der Bretagne nur dann mit eigenen Augen verfolgen, wenn die Fischkutter vertäut in den Häfen liegen; häufig indes findet die Verarbeitung des Fangguts schon auf hoher See statt. Trotzdem kann der Fischfang ein unterhaltsamer Teil des Urlaubs werden: Die Fischmärkte sind Plätze des Handels und der Kurzweil. Interessant ist es auch zu beobachten, wie der Fang gelöscht, für die Auktionen verteilt und für den Weitertransport vorbereitet wird.

Vorherige Seiten: Mit bunten Booten fischt sich's besser. Links: Jetzt fehlt nur noch die Flut. Oben: Auf dem Weg zu Stunden der Muße.

Auf den Fischmärkten findet man geradezu befremdliche und bizarre Tierkörper. Ein Reporter der BBC meinte in seinem Bericht von einem solchen Fischmarkt einmal, daß die Fische, die da sortiert in den Kisten lagen, ihn an die Phantasiegestalten eines Science-fiction-Films erinnerten. Es bedarf kei-ner großen Vorstellungskraft, um den Seehecht mit seinen pfenniggroßen Augen und den unzähligen häkchenförmigen Zähnen oder den Gemeinen Meerengel für ein Wesen aus einer anderen Welt zu halten.

Viele Häfen sind in einem Grade malerisch, daß es schwierig sein kann, hinter dem Postkartenanblick den Alltagsaspekt der Küstenstädte zu entdecken; so kann es interessant sein, herauszufinden, welcher Bootstyp auf welchen Fisch zugeschnitten ist. Ohne ein Experte zu sein, wird man erkennen, daß die Schiffe mit den zwiebelförmigen Verstärkungen am Bug und den Aufbauten, die das gesamte Arbeitsdeck einnehmen, dazu geeignet sind, Fangleinen mit Tausenden von geköderten Haken auszuwerfen; oder daß die Boote mit den schweren motorgetriebenen Winden und offenem Deck Krabbenfänger sind, die selbst bei rauhester See in der Lage sind, 50 und mehr Fangkörbe zu verlegen oder einzusammeln. Auch die Muschelsammler sind noch anzutreffen, die mit ihren bezahnten stählernen Schleppnetzen einst die leckeren *coquilles St. Jacques* vom Meeresgrund kratzten.

In der Bretagne ist der Fischfang zuallererst ein Wirtschaftszweig. Er erfreut sich allerdings auch bei den Bretonen größter Beliebtheit, die von Berufs wegen nicht mit ihm verbunden sind. Einige der Sportangler betreiben den Fischfang mit professioneller Leidenschaft, während die überwiegende Mehrheit den Angelhaken eher auf gut Glück auswirft. Kaimauern und Felsvorsprünge entlang der Küste dienen als Standplätze, und an Land gezogen wird alles, was anbeißt. Im Glücksfall ist es ein Barsch, ein Schellfisch oder eine Scholle, häufig genug aber ist der Fisch von so bescheidener Größe, daß man ihn gnädigerweise wieder in sein Element zurückwerfen sollte.

In Frankreich denkt man aber – zumindest was die Küche angeht – nicht nur an die großen Leckerbissen, sondern schätzt auch das leidlich Genießbare: und hat ein Winzling von Lippfisch angebissen (der ungefähr so schmeckt wie ein Wollknäuel mit Nadeln), dann wird der ganz selbstverständlich für *La soupe de poisson*, die Fischsuppe, aus dem Wasser gezogen.

Die recht pragmatische Einstellung der Franzosen gegenüber dem Meer – und das bis heute noch eher unterentwickelte Verständnis für Fragen des Umweltschutzes –

heißt für den Besucher der Bretagne, daß er beim Angeln kaum Beschränkungen ausgesetzt ist. Der Gebrauch des richtigen Hakens und Köders wird reiche Beute bringen.

Vor den Stränden im Süden und Westen und in den felsigen Wasserläufen und Buchten im Norden tummeln sich große Mengen von Barschen *(les bars)*. Im Hochsommer kommt ein kämpferischer Fisch in Küstennähe, der Goldkopfbrachsen *(la daurade)*. Das ganze Jahr hindurch kann man Seeaale von gewaltiger Größe fangen, ebenso den Leng, der bis zu zwei Meter mißt, und Rochen, darunter auch Stachelrochen.

In den vielen Flußmündungen und Bächen gedeihen Flundern und Meerbarben,

die sich oft zu Schwärmen zusammenfinden, aber so hakenscheu sind, daß man besonders kleine Köder und eine äußerst feine Angelleine benötigt. Wo Felsklippen dem Seetang Halt bieten und wo Kolonien von Miesmuscheln sich ausbreiten, da kann man nach Lippfischen angeln, die aber, entgegen den Ratschlägen der Einheimischen, dem Meer zurückgegeben werden sollten.

Würdigere Gegner für den erfahrenen Angler sind die Fische in der Kategorie über 1,5 Kilogramm. Der erfolgreiche Fang ist aber nur das halbe Vergnügen. Die leuchtenden Farben und bunten Muster lassen den Eindruck entstehen, an tropischen Korallenriffen geangelt zu haben anstatt in den blaugrünen Meeren des nordwestlichen Europas.

Vielleicht weil die Franzosen glauben, daß alles, was schwimmt, an Land besser aufgehoben ist als in seinem eigentlichen Element, ist das Süßwasserangeln in der Bretagne allenfalls von mittlerer Qualität. Die hohen Gezeitenwechsel bereiten jedoch ein anderes Vergnügen: Bei Ebbe schwärmen die Einheimischen mit Keschern auf Garnelen- und Krebsfang aus. Beobachtet man allerdings das Treiben eine Weile, kommt man zu der Überzeugung, daß die Beschäftigung als solche Sinn und Zweck des Ganzen sein muß, denn kaum einer der Beteiligten kommt mit einer nennenswerten Beute zurück. Dennoch geht man mit großem Ernst zur Sache und hat größtes Vergnügen am Fang.

Die enthusiastischen Fischersleut' durchstöbern auch die kleinen Felsenriffe, die mit der Ebbe erreichbar werden. Die Beute, die sich in den Winkeln und Ritzen versteckt, bilden in aller Regel eßbare Krebse *(les torteaux* oder *les étrilles)* und, falls der Schutzgott der Fischer gnädig gestimmt ist, *l'hommard,* der Hummer. Und wieder gilt: Alles – einschließlich Seeigel –, was ein wenig oder wenigstens entfernt genießbar ist, wird aufgesammelt. Der Spaß ist die Hauptsache.

Reine Vermarktung steht dort im Vordergrund, wo die Bretonen das Meer gezähmt haben und seine Erzeugnisse „aufziehen". In geschützten Buchten, vom Ärmelkanal bis zur Mündung der Loire, sieht man häufig Küstenabschnitte, an denen Austernbänke angelegt wurden oder die, kenntlich durch die aus dem Wasser ragenden Pfähle, allein der Miesmuschelzucht dienen.

Das klare Wasser des Meers vor der Bretagne ist ideal zum Tauchen oder Schnorcheln, vor allem, wenn der Seegang bei Hochdruck nachläßt. Die meisten Freunde der Unterwasserwelt begnügen sich mit der Beobachtung. An manchen Stellen sind die Lippfische so zutraulich, daß sie sich von Hand füttern lassen. Wer aber mit der Harpune Jagd auf Barsch und Meerbarben machen will, benötigt eine Erlaubnis und muß darüber hinaus an der Wasseroberfläche mittels einer Boje auf sich aufmerksam machen.

Links: Sorgsame Pflege der Netze ist Voraussetzung für einen guten Fang. Oben: Praktisch-schönes Fischerhäuschen bei Dinan.

11234
11234
F 6930

K
3849

feuillette

HINWEISE FÜR SEGLER

Der Segler steht dem Meer um die Bretagne mit gemischten Gefühlen gegenüber. Einerseits ist er begeistert von dem Labyrinth gefährlicher Riffe und Sandbänke, die das Umhersegeln vor der Küste so reizvoll machen, andererseits fürchtet er ebendiese bedrohlichen Untiefen, die schon für manches Schiff das Ende bedeuteten.

Ebenso zweischneidig sind die anderen navigatorischen Gefahren: der extreme Tidenhub, der im Norden über zehn Meter ausmacht, die unberechenbaren Strömungen (am stärksten zwischen St-Malo und den Sept Iles), der hohe atlantische Wellengang und die undurchdringlichen Nebelbänke. Oft bereut der Skipper seinen Wagemut und verflucht die Gefahren, auf die er sich eingelassen hat. Aber sie sind unabdingbarer Bestandteil der bretonischen Küste – und nicht zuletzt auch ihr besonderer Reiz. Ein Blick auf die Seekarte gleichwohl zeigt, daß sie nicht die einzigen Gefahren sind.

Die Gestade der Bretagne sind voller Gegensätze: hier felsige Abschnitte, wie bei St-Malo oder der Ile de Bréhat und im Süden bei Penmarc'h und Quiberon; dort tiefe, sumpfige Flußmündungen oder gut geschützte Buchten. Im Golfe du Morbihan stößt man auf einen Binnensee mit allem, was dazugehört: einem Archipel winziger Inseln un d einem Labyrinth gezeitenabhängiger Bäche.

Auch die Häfen, die ortsansässige und fremde Schiffe anlaufen können, sind von sehr unterschiedlicher Qualität. Einerseits verfügt die Bretagne, neben den modernen und geschäftigen Häfen von Brest oder Concarneau, über ausreichend zweckmäßig angelegte Yachthäfen, andererseits sind unscheinbare Anlegebrücken, die bei Ebbe trocken liegen, auch keine Seltenheit.

Wenn sich das Meer zurückzieht und eine feuchte Wüste von Schlick, Sand und Kies hinterläßt, wird klar, warum viele Boote mit „Trockenfüßen", *les béquilles,* ausgerüstet sind. Freilich sind diese nicht Voraussetzung, um in bretonischen Gewässern umherzusegeln, doch – wie Schwerter oder bewegliche Kiele – machen sie das Leben leichter und haben zudem den Vorteil, daß man Buchten und Seitenarme befahren kann, die andernfalls unzugänglich blieben.

Vorherige Seiten: Mit vollen Segeln voraus. Links: Schwimmer auf dem Trockenen. Oben: Auch am Ufer gibt es etwas zu sehen.

Die Bretonen haben nicht nur praktische Schritte unternommen, um den Unannehmlichkeiten der Gezeiten beizukommen, sie haben auch die Gefahren ihrer felsenübersäten Küste durch ein System von Bojen zu verringern gesucht. Manchmal scheint es, als hätte jede Gefahrenstelle eine andere

Markierung: Sei dies ein ausgewachsener Turm oder nur eine schlichte Stange. Für Skipper, die einfachere Gewässer gewöhnt sind, kann das allein schon verwirrend sein.

Glücklicherweise haben die Riffe und die Gegenstände, die ihre Position markieren, Namen, so daß es zumindest bei Tageslicht kein Problem darstellt, sie zu identifizieren. Doch mit Änderungen muß immer gerechnet werden. Viele ausgezeichnete Seekarten versuchen, auf dem laufenden zu bleiben, doch die unzähligen Navigationshilfen machen ihr Bemühen recht aussichtslos.

Weitere Gefahren drohen von anderer Seite. Seit ewigen Zeiten fährt man in der Bretagne zur See, um seinen Lebensunterhalt dem Meer abzuringen. Daran hat sich bis heute nichts geändert: Die Küste auf fast ihrer gesamten Länge gleicht einem Minenfeld aus Bojen, an denen die Fangnetze hängen. Die französischen Segler machen nicht viel Aufhebens um diese Hindernisse, die sie mit einem gallischen Schulterzucken umfahren. Sie wissen, daß das ernsthafte Geschäft, dem Meer einen Lebensunterhalt abzuringen, zumindest in der Bretagne, Vorrang vor dem Segelvergnügen hat.

Ihrerseits gehen die Fischer mit den Scharen von Freizeitseglern durchaus gutmütig um. Aber die besten Anlegeplätze nehmen sie selbstverständlich – und gerechtfertigterweise – für sich selbst in Anspruch, und sie zögern nicht, Yachten, die ihnen im Weg sind, zu verlegen. Unangenehmer ist es da schon, daß das steuerbegünstigte Dieselbenzin in vielen Häfen ausschließlich der bretonischen Fangflotte vorbehalten ist.

Die Bretagne hatte genug Zeit, sich an die ausländischen Yachten und ihre Besitzer zu gewöhnen. Davon kann seitens des Meeres weniger die Rede sein. Die Gewässer vor der Nordküste etwa sind für den Anfänger eher ungeeignet. Ihr Tidenhub ist so berühmt wie berüchtigt, und der Gezeitenwechsel gibt der Küste mit ihren Untiefen zahllose Gesichter. Darum ist die Navigation ungemein schwierig, und Fehler darf man sich in der Regel überhaupt nicht leisten. Modernes Hilfsgerät wie Radar, Echolot oder das Decca-System erleichtern zwar die Navigation, sind aber, vertraut man ausschließlich darauf, um nichts weniger verhängnisvoll als Segeln auf gut Glück.

Im Süden, jenseits von Penmarc'h und dem Phare d'Eckmühl, lauern weniger Gefahren, und die Gezeitenströme werden berechenbarer. Doch um vom Norden dorthin zu kommen, muß man die Halbinsel von Brest umschiffen, und das heißt einiges. Die Ile d'Ouessant, der Chenal du Four und der Chenal de la Halle sind berüchtigt für die mächtige Dünung und die Nebelbänke.

Besonders wenn die Ebbe die von den Westwinden herangetriebenen Wellen unterläuft, können furchterregende Brecher entstehen. Gerät ein kleines Boot in die Wellentäler, kann die Dünung die Sicht genauso ausschalten wie dichtester Nebel. Wer sein Heil im nächsten Hafen sucht, kann schnell desillusioniert werden: Viele bretonische Häfen sind derart unzulänglich gegen das Meer geschützt, daß Schiffe, die hier vertäut liegen, leicht beschädigt werden können.

Obwohl die Gefahren eines Anlegemanövers an der nördlichen Felsenküste und die der Durchfahrt zwischen Ile de'Ouessant und dem Festland nicht wegzuleugnen sind, erreichen Jahr für Jahr Tausende von Freizeitseglern sicher bretonische Häfen. Aber nicht grundlos steuern erfahrene Skipper das Land nur bei Tageslicht und guter Sicht an.

Die Herausforderungen des Törns machen sicherlich einen der Reize der bretonischen Küste aus; nicht weniger reizvoll ist die Entlohnung für die Strapazen an Land. Die Formalitäten halten sich in Grenzen (wenn auch seit 1984 alle Yachten, die französische Gewässer aufsuchen, offiziell registriert sein müssen), die Einrichtungen in den Häfen sind ausgezeichnet (endlich sind auch die französischen Klempner hinter das Geheimnis der heißen Dusche gekommen), und die vielen, angenehm ungezwungen geführten Yachtclubs nehmen den fremden Segler meist herzlich auf.

Die Clubs sind auch eine ausgezeichnete Informationsquelle für örtliche Besonderheiten. Man sollte sich aber vor Augen halten, daß, selbst wenn die Sprachbarriere kein Hindernis darstellt, Segler zur Übertreibung neigen und der Besitz eines gestreiften Pullovers oder einer gelben Öljacke nicht unbedingt Fachkenntnisse garantiert.

Neuerdings sind Sportsegler ganz erpicht darauf, das Inland per Fahrrad oder gar mit dem Moped, die sie auf ihren Yachten mitführen, zu erkunden. Das ist nicht jedermanns Sache, die meisten bleiben lieber in der Nähe der Kais und fachsimpeln mit gleichgesinnten Freizeitseglern. Die vielen Bars und Restaurants, die auch noch in den kleinsten Häfen zu finden sind, bieten dazu ausreichend Gelegenheit.

Franzosen sind in der Bretagne selbstverständlich auch präsent, und viele von ihnen kommen in ihrer Freizeit zum Segeln hierher. Einige überführen die eigenen Schiffe von den Kanalhäfen hierher, andere mieten sich eine Jolle oder versuchen es erst einmal in einer Segelschule. Die bekannteste befindet sich auf den Iles de Glénans vor der Küste von Concarneau. Trotz des entlegenen Standorts ist das *Centre Nautique des Glénans* eine der bedeutendsten Segelschulen Europas und deckt alle Aspekte der

Segelei ab: Hier kann man Grundkurse ebenso belegen, wie sich für die nächste Hochseeregatta schulen lassen.

Andere, kleinere Segelschulen verdanken ihre Existenz dem Windsurfen, der Faszination, die davon auszugehen scheint, als menschliches Tauwerk zwischen Segel und Brett zu dienen. Es gibt kaum einen Strand, an dem sich nicht wenigstens eine Handvoll Surfer bemüht, das Gleichgewicht zu halten; *les planches à voile* sind zum festen Bestandteil in den Seebädern an den bretonischen Küsten geworden.

Die Bretagne stellt sich trotzend dem Atlantik entgegen, und Segler werden sie immer mit der wilden Küste und dem offenen Meer verbinden. Sie hat aber noch eine andere Seite: die bretonischen Kanäle. Wer die Durchfahrt zwischen Ile d'Ouessant und dem Festland scheut, aber trotzdem die Gestade um Cornouaille und die restliche Südküste erkunden will, kann bei St-Malo in das Kanalsystem über die Schleuse im Staudamm an der Mündung der Rance eindringen. Über Dinan, Rennes und Redon kann man bis St-Nazaire an der Loire-Mündung vorstoßen. Voraussetzung hierfür ist allerdings ein Schiff, das einen Tiefgang von nicht mehr als 1,10 Meter und eine maximale Höhe von 2,40 Meter hat. Und einige Geduld ist ebenso erforderlich: Rund 60 Schleusen sind auf dem Weg zu passieren.

Ausgänge zum Atlantik findet man auch bei Lorient und unterhalb von La Roche-Bernard. Man passiert dabei eine Anzahl größerer Städte wie Pontivy und Josselin. Für Segler, die ruhige Inlandsfahrten nur einmal ausprobieren wollen, stehen die schiffbaren Abschnitte der Rance, Odet und Aulne zur Verfügung.

Kanäle und schiffbare Flüsse, eine Küste, die wahrlich mehr Gefahren bietet, als jedes beliebige Lehrbuch aufzuführen weiß, und so viele Häfen, daß man praktisch jeden einzelnen Tag im Jahr einen anderen anlaufen könnte, das ist noch nicht alles, was die Bretagne bietet. Noch ein anderer Anziehungspunkt harrt des Seemanns: die vorgelagerten Inseln.

Von der Ile de Bréhat im Norden zur Ile de Sein im Westen, der Ile de Groix und Belle-Ile im Süden – an Inseln besteht tatsächlich kein Mangel. Die meisten Segler werden sich schwertun, während eines Urlaubs mehr als zwei oder drei dieser Inseln anzusteuern. Aber wer will, kann selbst das entfernteste Eiland erreichen, und wer träumt nicht von einer anregenden Seereise, die ausschließlich aus Inselbesuchen besteht?

Die Sonne, den Wind, das Meer und ein Segelboot – was braucht der Segler mehr.

BRETONISCHE VOGELKUNDE

An der zerklüfteten Küste der Bretagne sind mehr als 40 Vogelreservate und Naturschutzgebiete ausgewiesen. Sowohl in den Meeresklippen als auch an Flußmündungen, in kleinen Buchten und Sumpfgebieten, im Marschland und in den Sanddünen lassen sich hervorragend Vögel beobachten. Wenn auch viele Vogelfreunde auf der Suche nach exotischeren Exemplaren des Mittelmeerraums die Bretagne links liegenlassen, beherbergt die Halbinsel doch eine Artenvielfalt mit den verschiedensten Brutplätzen: Frischwasserseen, Schilfrohrflächen, Moorgebiete, Ackerland sowie uralte Wälder.

Acht von neun Reservaten der Bretagne säumen jedoch die Küste. Sie beheimaten stolze 80 Prozent der nistenden Seevögel Frankreichs. Eine Erkundungsreise in die Vogelwelt der Bretagne kann bereits beginnen, bevor man den Fuß auf französischen Boden setzt. Vom Deck einer Fähre in Richtung St-Malo oder Roscoff ist es möglich, Vögel zu beobachten, bevor die Küste der Nordbretagne in Sicht kommt.

Himmel voller Federn: Tölpel gleiten auf ihren langen spitzen Flügeln über die Dünen oder stürzen sich wie weiße Pfeile ins Wasser. Papageientaucher, Trottellummen und Tordalken schwirren auf kurzen Flügeln vorüber, laufen umher oder ruhen sich in Grüppchen aus. Dreizehenmöwen, Riesensturmvögel, Raubmöwen und Sturmtaucher sind hier kein ungewöhnlicher Anblick. Der Vogelfreund benötigt lediglich ein Fernglas und starke Beine, um im schaukelnden Boot das Gleichgewicht zu halten.

Im Frühjahr und im Sommer versammeln sich unzählige Vogelarten auf den rauhen Klippen küstennaher Inseln und Felsgruppen. Die wichtigste dieser Kolonien nistet auf den Sept-Iles an der Nordküste nahe Perros-Guirec. In diesem Reservat nisten Baßtölpel-Kolonien und Papageientaucher; für beide Spezies ist hier die südlichste Grenze ihrer europäischen Brutgebiete.

Zusätzlich brüten hier Trottellummen, Tordalken, Schwarzschnabel-Sturmtaucher, Sturmschwalben, Krähenscharben, Riesen-Sturmvögel, mehrere Möwenarten wie die Dreizehenmöwe, Austernfischer, Brandenten und Raben. Der größte Teil des Reservats ist unzugänglich, aber im Sommer bieten Bootsfahrten rund um die Inseln von Perros-Guirec gute Sicht auf die Vögel.

Öffentlich zugängliche Vogelkolonien sind das Cap Fréhel, die Reservate Michel-Hervé Julien am Cap Sizun, François Le Bail auf der Ile de Groix und Koh Kastell auf der Belle-Ile-en-Mer. Diese Reservate bieten zwar nicht dieselbe Bandbreite von Seevögeln wie die Sept-Iles (Baßtölpel und Papageientaucher fehlen), in mehreren Schutzgebieten im Westen brüten dafür jedoch Alpenkrähen. Die beste Zeit für einen Besuch liegt zwischen April und Juli; man sollte sich jedoch vor Ort erkundigen, ob der Zutritt erlaubt ist.

Ab August kommen die anderen Küstenplätze zu ihrem Recht, wenn müde Zugvögel aus dem Norden auf Landzungen, Stränden und in Sumpfgebieten rasten. Frühling und Herbst bringen Löffler, Säbelschnäbler, Regenbrachvögel, Sichel- und Zwergstrandläufer, Bruch- und Waldwasserläufer, See-

<u>Vorherige Seiten</u>: Auf Beobachtungsposten bei Roscoff. <u>Links</u>: Wer beäugt hier wen? <u>Oben</u>: Papageientaucher (Fratercula artica).

regenpfeifer, Lach- und Trauerseeschwalben und andere interessante Wanderer. Nicht selten zeigt sich ein Fischadler, der mit weit ausgebreiteten Schwingen und riesigen Krallen nach Beute in den Gewässern äugt.

Die Häfen und Meeresarme der Bretagne bieten Tausenden von Vögeln ein Winterquartier. In den Buchten von Mont-Saint-Michel und Morlaix im Norden sind die mit Felsen durchsetzten Schlammzonen bei Flut ideale Ruheplätze für die Vögel, bei Ebbe gute Aussichtspunkte für Vogelbeobachter.

Die Dünen von Keremma weiter im Westen sind ebenfalls geschützt, und südlich von Brest ist die Landschaft von unzähligen kleinen Buchten und Bächen durchzogen. Hier sammeln sich im Winter manchmal Seetaucher, Enten, Gänse und Stelzvögel, unter ihnen Säbelschnäbler, Steinwälzer, Knutten, Meerstrandläufer, Pfuhl- und Uferschnepfen. Kleine Silberreiher – der graziöse schneeweiße Verwandte der Fischreiher – bereichern die Szenerie. Bei Douarnenez an der Westküste sind weitere interessante Möwenarten wie Zwerg- und Mittelmeermöwen zu sehen.

Der beste Ort, um in der Bretagne – vielleicht sogar in Europa – im Winter Vögel zu beobachten, ist der Golfe du Morbihan bei Vannes, ein riesiger seichter, gezeitenabhängiger Meeresarm mit Felsen, Brackgewässern, Inseln, Marschen und Lagunen. Ab Oktober sind von den Küstenstraßen besonders an der Südseite des Golfs wunderbare Ausblicke auf Vogelschwärme möglich.

Scheue Besucher: Marai-de-St-Armel in der Nähe von Sarzeau hat den Status eines Reservats und ist Anziehungspunkt für atemberaubende Mengen von Ringelgänsen und Pfeifenten. Bei ihrer ersten Ankunft im Oktober und November wirken sie ziemlich nervös. Ständig wittern sie Gefahr und flattern alarmiert empor: Eine dunkle Vogelwolke verdüstert dann den Himmel.

Der Winter bringt auch eine Menge Seidenreiher, Brand- und Löffelenten sowie zahlreiche Stelzvögel mit. Es lohnt sich, nach Kornweihen, Zwerg- oder sogar Wanderfalken, die im Marschland jagen, manchmal auch nach Zwerg- und Singschwänen Ausschau zu halten.

Im Sommer allerdings finden nur wenige Vögel den Weg in den Golfe du Morbihan. Seidenreiher, Knäkenten und Seeregenpfeifer lassen sich in stillen Ecken neben verbreiteteren Arten wie Brandente, Fischreiher und Eisvogel nieder. Schwarzmilan und Rohrweihe kreisen auf ihren Raubzügen über den feuchten Ufern des Golfs.

Der winzige Breitschwanzsänger bewohnt das wild wuchernde Gras und teilt die rauhe Umwelt mit der ebenfalls dort ansässigen Zaunammer und der Provence-Grasmücke. Blaumeisen suchen Schutz in kümmerlichen Büschen und Bäumen. Zuzeiten tauchen Rosen- und die Weißbartseeschwalben auf, und die langbeinige Eleganz der schwarzgeflügelten Stelzenläufer hat fast etwas Exotisches an sich.

Ein weiterer sehenswerter Ort ist der Parc Naturel Régional de Brière, ein Stück land-

einwärts von Saint-Nazaire. Diese riesige Schilffläche ist nur mit Boot zu durchdringen. Auf der Ile de Fédrun bei St-Joachim kann man sich einen Kahn leihen, auf Wunsch mit Führer, um die von Ottern bewohnte Schilflandschaft zu erkunden.

Im Sommer kann man auf Raubvögel wie Rohr-, Korn- oder Wiesenweihe und Schwarzmilan hoffen. Vielleicht läßt sich sogar ein Purpurreiher blicken.

Leider bleiben einige der Vögel hier in der Weite des Schilfs verborgen, unter ihnen Zwergdommel, Nachtreiher, Zwerg- und Tüpfelsumpfhuhn. Manchmal hört man aber ihre Rufe: das „tschink“ der Bartmeise, das

Kreischen der Wasserralle oder das explosionsartige Geschnarre des Seidensängers.

In Frühjahr und Sommer übertönt das Geschrei der Zwergdommel das Gezwitscher der vielen kleineren Singvögel, unter ihnen Rohrschwirl, Sumpf- und Drosselrohrsänger. Im Winter sind viele Enten und Gänse Gäste der Gewässer von Brière. Die regelmäßige Wilderei vertreibt die Tiere jedoch in sicherere Gegenden.

Der andere Regionalpark der Bretagne ist der Parc Naturel Régional d'Amorique mit den Montagnes d'Arrée, einer farn- und stechginsterbewachsenen Hügelkette mit felsigen Gipfeln. Trotz einer Höhe von nur 384 m erwecken sie einen Eindruck von

wilder Unberührtheit und bieten dem Wanderer sehr schöne Ausblicke.

Im Sommer bevölkern die kahlen Hänge Wiesenweihe, Baumfalke, Bussard, Großer Brachvogel, Braunkehlchen, Ringdrossel und Neuntöter. Zu den Ganzjahresbewohnern wie Schwarzkehlchen, Provence-Grasmücke und Zaunammer gesellen sich im Winter Zwergfalke und Kornweihe.

Obgleich die Bretagne weitaus weniger Waldgebiete aufweist als andere Teile Frankreichs, kann sich hier doch eine große

Links: Ein Schnäpper mit Beute (Muscicapidae).
Oben: Eisvogel (Alcedo atthis).

Population von Waldvögeln ernähren. Sogar der relativ waldlose Westen bietet malerische bewaldete Täler wie Aber-Wrac'h und Aber-Benoît, und rund um Huelgoat gurgeln Bäche durch schönen Mischwald in sanfter Hügellandschaft. Hier erinnern Gartenbaumläufer, Sperber, Haubenmeisen und Kreuzschnäbel sowie rote Eichhörnchen mehr an die schottischen Hochlande als an den Westen Frankreichs.

In der Zentral- und Ost-Bretagne laden weitere ausgedehnte Laubwälder mit alten Eichen, Buchen und Kastanien zu Wanderungen ein. Einer davon ist der uralte Wald von Paimpont. Obgleich ihn Rodungen auf ein trauriges Maß schrumpfen ließen, bleibt genug übrig, um seine frühere Pracht anzudeuten. Hier findet man den Mittelspecht und den seltenen Grauspecht.

Weitere Vogelarten dieser Wälder sind: Habicht, Waldohreule, Kernbeißer und Sommerbesucher wie Pirol, Wiedehopf, Rotschwänzchen, Trauerschnäpper, Laubsänger, Orpheusspötter, Nachtigall und Wespenbussard.

Den Norden und Westen der bretonischen Halbinsel prägen landwirtschaftliche Flächen, in denen lediglich Feldlerchen, Wiesenpieper und Turmfalken regelmäßig zu sehen sind. Im Süden jedoch bilden Felder, Hecken, Waldgürtel und Buschwerk ein abwechslungsreiches Mosaik. Diese Landschaft bietet vielen Spezies Lebensraum, unter anderem Korn- und Wiesenweihen, Baumfalken, Girlitzen, Wachtelkönigen, Ortolanen, Zaunammern und Wendehälsen.

Vogeljagd: Die Haubenlerche ist selten zu sehen, möglicherweise wurde sie von Landwirtschaft und Chemikalieneinsatz vertrieben. Auch die Turteltaube verschwindet immer mehr, in diesem Fall liegt der Grund mehr im wahllosen Abschießen von Zugvögeln im Frühjahr.

Im Südosten der Provinz geben die Pinien der Landschaft einen fast mediterranen Charakter. Hier tummeln sich Triel, Wachtel, Brachpieper, Kurzzehen- und Weidenlerche sowie Berglaubsänger.

Sogar die Städte der Bretagne warten mit erfreulichen Überraschungen auf. Der Hausrotschwanz, jenseits des Ärmelkanals eine Seltenheit, ist in einigen bretonischen Städten häufig zu sehen, wie er, mit den orangefarbenen Schwanzfedern wippend, auf Dächern und Fernsehantennen balanciert.

APA GUIDES

Reisetips

Swatch. The others just watch.

seahorse/fall winter 94-95

shockproof
splashproof
priceproof
boreproof
swiss made

swatch
SCUBA 200

KURZFÜHRER

REMY XO BECAUSE LIFE IS WHAT YOU MAKE IT

ANREISE

MIT DEM FLUGZEUG

Die schnellste Verbindung in die Bretagne ist das Flugzeug über Paris, das von den großen Flughäfen der Bundesrepublik, Österreichs und der Schweiz mehrmals täglich angeflogen wird.

Ab Paris fliegen die bretonische Fluggesellschaft Brit'air sowie die internationale Fluggesellschaft Air Inter regelmäßig die Zielflughäfen Lorient, Rennes, Quimper, Dinard, St-Brieuc, Lannion und Nantes an. Gebucht werden kann in den Büros der Air France (siehe „Nützliche Adressen"). Brit'air fliegt außerdem von Düsseldorf nach Nantes. Für Jugendliche und Studenten bestehen zum Teil ermäßigte Tarife. Nähere Auskünfte erteilen die Reisebüros.

MIT DER BAHN

Paris ist auch mit der Bahn Zwischenstation auf der Fahrt in die Bretagne. Reisende aus Süddeutschland, Österreich und der Schweiz kommen an der Gare de l'Est, aus Norddeutschland an der Gare du Nord an. Züge in die Bretagne gehen ab der Gare du Montparnasse, mit der Metrolinie 4 „Porte de Clignancourt–Porte d'Orléans" in 30 bis 40 Minuten ohne Umsteigen zu erreichen (Metrostation „Montparnasse-Bienvenue"). Am schnellsten und bequemsten ist die Reise in die Bretagne mit dem im Stundentakt verkehrenden Hochgeschwindigkeitszug TGV (train à grande vitessse). Die Fahrt nach Rennes dauert zwei, nach Brest vier, nach Lorient ebenfalls vier und nach Quimper fünf Stunden. Eine Platzreservierung ist erforderlich.

Es werden sowohl von der Bahn in Deutschland, Österreich und der Schweiz als auch von der französischen Staatsbahn SNCF eine Reihe von Ermäßigungen angeboten, nach denen Sie sich auf alle Fälle beim Bahnhof oder Reisebüro erkundigen sollten. Weitere Informationen erteilen:

Deutsche Touring Gesellschaft, Am Römerhof 17, D-60486 Frankfurt/Main, Tel.: 069/790 30.

Generalvertretung der Französischen Eisenbahnen
Deutschland: Westendstr. 24, D-60325 Frankfurt/Main, Tel.: 069/72 84 45, Fax: 069/72 74 68.
Österreich: Mariahilferstraße 84, A-1070 Wien, Tel.: 0222/93 75 88.
Schweiz: Effingerstraße 31, CH-3001 Bern, Tel.: 031/25 11 01.

MIT DEM AUTO

Die Bretagne läßt sich mit dem Auto sehr gut bereisen. Es gibt zwar keine Autobahnen in dieser Region, dafür aber gut ausgebaute Überlandstraßen, die *Routes nationales*. Wer nicht so sehr auf schnelles Fortkommen aus ist, der sollte sich an die durch grüne Pfeile gekennzeichneten Nebenstrecken halten – sie sind Teil der nationalen, vom Verkehrsministerium ins Leben gerufenen Aktion *bison futé* („schlauer Büffel") zur Vermeidung von Staus in der Ferienzeit. Die schlimmsten Staus ergeben sich in der Regel am ersten Augustwochenende zu Ferienbeginn. Weitere Informationen zum Thema Autofahren in Frankreich enthält der Abschnitt „Unterwegs".

REISEINFORMATIONEN

EINREISE

Bürger der Bundesrepublik Deutschland müssen bei der Einreise einen gültigen Personalausweis oder Reisepaß besitzen. Staatsbürger aus Nicht-EU-Ländern (außer der Schweiz) benötigen überdies ein gültiges Visum. Kinder unter 16 Jahren müssen einen eigenen Kinderausweis vorweisen oder im Elternpaß eingetragen sein.

GELDFRAGEN

Ein französischer Franc (FF) entspricht 100 Centimes (c). Münzen sind zu 5, 10 und 20 Centimes sowie zu 1/2, 1, 2, 5 und 10 Francs im Umlauf. Banknoten lauten auf 20, 50, 100, 200 und 500 Francs.

Der Wechselkurs ist seit Jahren relativ stabil. Für 1 FF erhält man ca. DM 0,30, öS 2 und Sfr 0,25. Die günstigste Möglichkeit, Geld umzutauschen, bieten immer noch die Banken (auf das *Change*-Schild achten und den Ausweis nicht vergessen). Hotels und Wechselstuben verlangen meist zusätzlich hohe Gebühren.

Euroschecks in Verbindung mit Scheckkarte und Personalausweis oder Reisepaß können bis zu einem

Betrag von FF 1400 ausgestellt werden. Mit Ihrer Euroscheckkarte und Geheimzahl können Sie an zahlreichen „Crédit Mutuel"- oder „EC-International"-Geldautomaten Bargeld abheben.

Reiseschecks werden in Banken, Wechselstuben und größeren Hotels problemlos eingetauscht.

Die gängigen Kreditkarten, *Visa* (oder *Carte Bleue*), *Mastercharge/Eurocard* und *American Express,* werden in Hotels, Restaurants, größeren Geschäften und als Zahlungsmittel von Autobahngebühren akzeptiert.

TIERE

Für die Mitnahme von Tieren ist eine Bescheinigung über die Schutzimpfung gegen Tollwut erforderlich. Die Impfung muß mindestens einen Monat und darf höchstens zwölf Monate zurückliegen. Tiere, die noch keine drei Monate alt sind, dürfen nicht eingeführt werden. Nähere Auskünfte erteilen die französischen Konsulate.

ZOLL

Seit der Einführung des EU-Binnenmarktes am 1. Januar 1993 entfallen die Zollkontrollen an den Binnengrenzen der EU. Für EU-Bürger gibt es somit keine Ein- und Ausfuhrbeschränkungen für Waren des persönlichen Bedarfs mehr.

Reisende aus Nicht-EU-Ländern dürfen zollfrei einführen: 200 Zigaretten oder 100 Zigarillos oder 50 Zigarren oder 250 Gramm Tabak, zwei Liter Wein und ein Liter Spirituosen, über 22 Vol. % oder zwei Liter unter 22 Vol. %, 50 g Parfum oder 0,25 Liter Eau de toilette.

KLEINE LANDESKUNDE

POLITIK UND WIRTSCHAFT

VERWALTUNGSSTRUKTUR

Jahrzehntelang war Frankreich das Paradebeispiel eines Zentralstaats, doch unter der Regierung der Sozialisten ab 1981 erhielten die *Départements* zum ersten Mal eigene, direkt gewählte Volksvertretungen. Damit wurden die Machtbefugnisse der von der Zentralregierung bestellten *Préfets* stark eingeschränkt. Sie üben jetzt nur noch beratende Funktionen aus. Auf diese Weise gewannen die Départements eine größere finanzielle und administrative Unabhängigkeit. Die *Préfecture*, die für alle sozialen Belange der Bürger zuständig ist, hat ihren Sitz in der Hauptstadt des jeweiligen Département. Im Falle der Bretagne sind dies St-Brieuc (Département Côtes-d'Armor); Quimper (Finistère); Vannes (Morbihan) und Rennes (Ille-et-Vilaine). Rennes ist auch die Hauptstadt der Bretagne.

Jedes Département gliedert sich in eine Reihe verschieden großer Gemeinden, die von einem Gemeinderat geführt werden. Als Gemeinde kann eine Stadt, ein Dorf oder eine Gruppe von Dörfern gelten, wobei jeder Ortschaft ein Bürgermeister vorsteht.

WIRTSCHAFT

Die wachsende Anzahl der Touristen hat in den letzten Jahren zweifelsohne zu einem wirtschaftlichen Aufschwung geführt, der vor allem die Abhängigkeit der Küstenregionen von den immer weiter schwindenden Einnahmen aus der Hochseefischerei gemindert hat.

Der Tourismus ist aber nicht der einzige blühende Wirtschaftszweig: Seit dem Zweiten Weltkrieg entwickelte sich Rennes zu einem bedeutendem Wirtschafts- und Industriezentrum; vor über 20 Jahren ließ sich Citroën in der Region nieder; und zuletzt hat sich die Bretagne einen Namen als High-Tech-Paradies gemacht. *Minitel* (das „BTX" vergleichbare Informationssystem via Computer und Telefon) zum Beispiel wurde zuerst im Département Ille-et-Vilaine eingeführt.

Daneben ist selbstverständlich die Landwirtschaft nach wie vor von hoher wirtschaftlicher Bedeutung. Fast drei Viertel aller Blumenkohlköpfe und Artischocken, die in Frankreich verzehrt werden, kommen aus der Bretagne.

TOPOGRAPHIE

Als Halbinsel wartet die Bretagne natürlich vor allem mit Küstenlandschaft auf. Ihr ursprünglicher keltischer Name war „Armor", was soviel wie „Land am Meer" bedeutet. Insgesamt ist die Küste etwa 1000 Kilometer lang. Sie umfaßt die Côte d'Émeraude (Smaragdküste) mit den berühmten Seebädern Dinard und Cancale; die Kanalküste des Département Côtes-d'Armor; die wunderschöne Steilküste des Finistère mit den zerklüfteten Felsklippen und schließlich die Südküste (Département Morbihan), deren Sandstrände zum Baden und Wassersport einladen. Charakteristisch für die bretonische Küste sind die kleinen Felseninseln, von denen Belle-Ile-en-Mer die größte und meistbesuchte ist.

Der keltische Name für das Binnenland der Bretagne war „Argoat" (‚Waldland), da zu den Zeiten der Kelten noch dichter Wald das Land bedeckte. Unter Kardinal Richelieu jedoch wurden große Teile der Wälder abgeholzt, und heute nehmen riesige Moor- und Sumpfgebiete ihre Stelle ein. Ansonsten ist die Landschaft sehr abwechslungsreich. Im Nordosten entstand in den sechziger Jahren der *Parc Naturel Régional d'Armorique*, um Flora und Fauna zu schützen. Im Süden grenzen zwei besonders interessante Landstriche an die Region der westlichen Loire: zum einen das Landschaftsschutzgebiet der **La Grande Brière**, ein großes, fast ausgetrocknetes Torfmoor, wo einige Einheimische noch vom Torfstechen leben. Sehenswert sind hier die schilfbedeckten Häuser, zum anderen die Salinen von **Guérande,** wo das Salz noch auf traditionelle Art gewonnen wird. Außerdem ist diese Gegend berühmt für ihr exquisites Lammfleisch.

ORTSZEIT

Es gilt die Mitteleuropäische Zeit (MEZ) sowie von Ende März/Anfang April bis Ende September die Sommerzeit (MEZ plus eine Stunde).

KLIMA

Das Klima ist ozeanisch – man sollte auf einen unablässig wehenden Westwind gefaßt sein. Dafür gibt es aber in der Regel mehr Sonnenschein als Regen, und im Juli und August beträgt die Durchschnittstemperatur 20° C: Sommerbekleidung und eine Windjacke genügen vollauf. Der Winter bringt Frost, aber nur selten Schnee.

SITTEN UND GEBRÄUCHE

In den alten Sitten und Gebräuchen, die sich in der Bretagne bis heute erhalten haben, ist das keltische Erbe unübersehbar. Es äußert sich in religiösen Festen, in den volkstümlichen Trachten, der typischen Architektur und Musik und nicht zuletzt in der Sprache, die auch in Orts- und Straßenbezeichnungen zum Ausdruck kommt.

Der beste Weg, sich mit bretonischen Traditionen vertraut zu machen, ist der Besuch eines der zahlreichen großen Volksmusikfeste mit Musikanten und Tänzern aus der ganzen Region mit originalgetreuen Kostümen und Instrumenten (z.B. dem *binou*, einer Art Dudelsack). Die wichtigsten dieser Festivals sind im Abschnitt „Kulturelles" unter „Konzerte" aufgeführt.

Eine andere Art regionaler Volksfeste ist der sogenannte Pardon. Ursprünglich war er eine rein religiöse Angelegenheit, bei der sich gläubige Bretonen einem Bußgang unterzogen und in einer großen Prozession mit der Statue eines Schutzheiligen an der Spitze zur Kirche pilgerten. Inzwischen haben sich diese Heiligenfeste zu einer Touristenattraktion entwickelt und stellen eine seltsame Mischung aus christlicher Frömmigkeit und buntem kommerziellem Jahrmarktsrummel dar. Im folgenden eine Auflistung der größeren Pardons:

GEOGRAPHISCHE AUFLISTUNG

Bubry
Vierter Sonntag im Juli
Camaret
Erster Sonntag im September
Carantec
Dritter Sonntag im Juli und erster Sonntag nach dem 15. August
Carnac
Zweiter Sonntag im September
Fouesnant
Erster Sonntag nach dem 26. Juli
Guingamp
Vorabend des ersten Sonntags im Juli
Hennebont
Letzter Sonntag im September
Josselin
8. September
Le Faouët
Letzter Sonntag im Juni und 4. Dezember
Le Folgoët
Vierter Sonntag im Juli und erster Sonntag im September
Locronan
Zweiter Sonntag im Juli
Moncontour
Pfingstsonntag
Notre-Dame-du-Crann
Erster Sonntag nach Pfingsten
Penhors
Erster Sonntag im September
Perros-Guirec
15. August
Persquen
Dritter Sonntag im Juli
Ploërdut
Erster Sonntag nach dem 15. August
Plouguerneau
Letzter Sonntag im Juni und letzter Sonntag im September
Quelven
15. August
Quintin
Zweiter Sonntag im Mai
Rumengol
Erster Sonntag nach Pfingsten
Ste-Anne-d'Auray
26. Juli
Ste-Anne-la-Palud:
Erster Sonntag nach dem 15. August
St-Herbot
Christi Himmelfahrt (in der Regel Mitte Mai)

St-Jean-du-Doigt
Letzter Sonntag im Juni
St-Tugen
Der Sonntag vor dem 24. Juni
Tréguier
19. Mai

CHRONOLOGISCHE AUFLISTUNG

Christi Himmelfahrt (meist Mitte Mai)
Chapelle St-Herbot
Zweiter Sonntag im Mai
Quintin
Pfingstsonntag
Moncontour
19. Mai
Tréguier
Erster Sonntag nach Pfingsten
Notre-Dame-du-Crann; Rumengol
Sonntag vor dem 24. Juni
St-Tugen
Letzter Sonntag im Juni
Le Faouët; Plouguerneau; St-Jean-du-Doigt
Vorabend des ersten Sonntags im Juli
Guingamp
Zweiter Sonntag im Juli
Locronan
Dritter Sonntag im Juli
Carantec; Persquen
Vierter Sonntag im Juli
Le Folgoët; Bubry
26. Juli
Ste-Anne-d'Auray
Sonntag nach dem 26. Juli
Fouesnant
15. August
Perros-Guirec; Quelven
Sonntag nach dem 15. August
Carantec; Ploërdut; Ste-Anne-la-Palud
Erster Sonntag im September
Camaret; Le Folgoët; Penhors
8. September
Josselin
Zweiter Sonntag im September
Carnac
Dritter Sonntag im September
Notre-Dame-de-Tronoën
Letzter Sonntag im September
Hennebont; Plouguerneau
4. Dezember
Le Faouët

SPRACHE

Die *Lingua franca* der Region ist zwar Französisch, doch hat die Unterdrückung des Bretonischen durch die französischen Behörden in den letzten Jahren zu einer Gegenreaktion geführt. Obwohl nur wenige Einwohner der Bretagne im Alltag noch Bretonisch sprechen (hauptsächlich in den westlichen Gebieten), ist das Interesse an der Sprache als Kulturerbe gewachsen, wobei sich besonders die nationalistische Partei UDP (Union Démocratique Bretonne) Verdienste erworben hat. In den Schulen kann Bretonisch heute als Wahlfach belegt werden, und an der Universität Rennes wurde ein Lehrstuhl für keltische Sprachen eingerichtet.

Die Sprache unterscheidet vier verschiedene Dialekte: *Trégorrois*, *Léonard* und *Cornouaillais*, die sich nicht groß unterscheiden, sowie *Vannetais*.

Im folgenden eine Reihe von wiederkehrenden Vor- und Nachsilben, die dabei helfen können, die Bedeutung von Ortsnamen abzuleiten. *Mor-bihan* zum Beispiel heißt soviel wie „kleines Meer".

bihan	klein
braz	groß
coat	Ziege
goat, goët, hoët	Wald
lann und *loc*	geweihte Erde, oft eine Kirche
men	Stein
mor	Meer
pl, plou, plé , pleu, ploë,	Pfarrgemeinde (oft vom Namen des Ortsheiligen gefolgt)
Ploërmel	zum Beispiel ist die Pfarrgemeinde des Heiligen Armel

STROM

Die Netzspannung beträgt 220 Volt. Manche älteren Stecker passen jedoch nicht in die Steckdosen, so daß die Mitnahme eines Adapters empfehlenswert ist.

GESCHÄFTSZEITEN

In der Regel sind die Geschäfte von 9 bis 19 oder 22 Uhr geöffnet. Manchmal halten sie eine Mittagspause von zwei Stunden ab 12 oder 12.30 Uhr ein. Lebensmittelgeschäfte öffnen auch am Sonntagvormittag. Im Ferienmonat August bleiben viele Geschäfte geschlossen.
Behörden: Montag bis Freitag 9 bis 12 Uhr und 14 bis 17 Uhr.

GESETZLICHE FEIERTAGE

Nachstehend erfolgt eine Liste der gesetzlichen Feiertage. Fällt solch ein Feiertag auf einen Dienstag oder Donnerstag, so ist es üblich, daß Geschäfte und Banken an den „Brückentagen" (also Montag bzw. Freitag) ebenfalls schließen; *faire le pont* wird diese Praxis genannt. Normalerweise werden Brükkentage einige Tage vorher durch öffentliche Bekanntmachung publik gemacht:
Neujahrstag (1. Januar)
Ostermontag (aber nicht Karfreitag !)

Tag der Arbeit (1. Mai)
Waffenstillstand 1945 (8. Mai)
Christi Himmelfahrt
Pfingstmontag
Französischer Nationalfeiertag (14. Juli)
Mariä Himmelfahrt (15. August)
Allerheiligen (1. November)
Waffenstillstand 1918 (11. November)
Erster Weihnachtsfeiertag (25. Dezember)

KOMMUNIKATION

MEDIEN

Lokalzeitungen
Der Qualitätsstandard dieser Zeitungen ist in Frankreich außerordentlich hoch. Außer über lokale berichten sie auch über nationale und internationale Ereignisse. Viele Franzosen ziehen sie den überregionalen Gazetten (die wichtigsten: *Le Monde, Libération* und *Le Figaro*) vor.

Die bretonische Regionalzeitung *Ouest-France* hat sogar die größte Auflage aller französischen Zeitungen. In ihr und der *Télégramme* findet man stets eine gute Übersicht über alle regionalen Abendveranstaltungen und Festivitäten. Deutschsprachige Blätter sind in der Regel in den größeren Städten erhältlich.

Fernsehen
Das nationale *Centre Commun d'Etudes de Télédiffusion et Télécommunications* (CCETT) hat seinen Sitz in Rennes, was nicht zuletzt der Bretagne zugute kam. Rennes war auch die erste Stadt mit Kabelfernsehempfang, und *Minitel* (das Informationssystem mit Computer und Telefon) wurde zuerst im Département Ille-et-Villaine eingeführt. Der durchschnittliche bretonische Fernsehkonsument empfängt in der Regel die beiden nationalen Fernsehprogramme, *TF1* (ein Privatsender) und *Antenne 2* (das öffentlich-rechtliche Programm, das sich jedoch ebenfalls hauptsächlich durch Werbung finanziert) sowie *FR3* mit den Regionalprogrammen.

Radio
France Inter ist der große landesweite (1892 m Langwelle) Sender in Frankreich. Im Sommer bringt er zweimal am Tag (in der Regel um 9 und 16 Uhr) auch englischsprachige Nachrichten.

POST

Die Postämter (PTT) sind in der Regel montags bis freitags von 9 bis 19 Uhr (auf dem Lande Mittagspause 12 bis 14 Uhr) und samstags bis 12 Uhr geöffnet.

Briefmarken bekommt man dort, wo „Timbres" steht. Will man einen Eilbrief aufgeben, so bittet man den Schalterbeamten, ihn „par exprès" zu schicken. Noch schneller geht es mit der *Chronopost*, was aber sehr teuer werden kann. Briefmarken sind auch in Tabakwarengeschäften („Tabacs") und Cafés erhältlich, außerdem natürlich in Geschäften, die Ansichtskarten verkaufen.

Postkarten und Briefe bis zu 20 g kosten innerhalb Frankreichs und der Europäischen Union FF 2.50.

Telegramme gibt man im Postamt oder per Telefon (24 Stunden-Service) auf.

Postlagernde Sendungen sind vom Absender folgendermaßen zu adressieren: Name des Empfängers, „Poste Restante, Poste Centrale" (= Hauptpostamt), Postleitzahl und Ort. Für die Abholung von postlagernden Sendungen ist die Vorlage eines gültigen Ausweises erforderlich. Es wird eine geringe Gebühr erhoben.

Fotokopiergeräte mit Münzeinwurf stehen in vielen Postämtern bereit.

TELEFON UND FAX

Das französische **Telefonsystem** wurde in den letzten 20 Jahren forciert ausgebaut und ist heute eines der effizientesten der Welt. Das ist zwar sicherlich noch lange keine Garantie dafür, daß jede Telefonzelle („Cabine publique") auch in Betrieb ist, aber eine, die funktioniert, findet man doch letztendlich immer. Die Telefonnummern in Frankreich sind achtstellig. Vorwahlnummern benötigt man ausschließlich für Paris (1) oder für Anrufe ins Ausland.

Auslandsgespräche können von Münzfernsprechern mit der Aufschrift „International" getätigt werden. Bequemer sind sicherlich die Telefonzellen in den Postämtern, wo man hinterher am Schalter bezahlt. Allerdings wird die vertelefonierte Geldmenge nicht angezeigt. Eine Alternative zum Barzahlen ist die Télécarte mit 120 oder 40 Einheiten, die in jedem Postamt, auf Bahnhöfen sowie in manchen Cafés und Tabacs erhältlich ist. Immer mehr Telefonhäuschen sind für die Télécarte ausgerüstet.

Beim Telefonieren in Läden, Cafés oder Restaurants ist Vorsicht geboten. Pro Einheit wird meist sehr viel mehr verlangt als die normale Gebühr beträgt.

Für **Gespräche ins Ausland** gilt: Hörer abheben, Geld einwerfen, 19 wählen und Freizeichen abwarten. Dann die Nummer des gewünschten Landes (siehe unten), die Ortsvorwahl ohne Null und schließlich die Nummer des Teilnehmers wählen.

Vorwahl Bundesrepublik:	19-49
Vorwahl Östereich:	19-43
Vorwahl Schweiz:	19-41
Internationale Vermittlung:	19-33-33
Nationale Vermittlung:	13
Telefonauskunft:	12

Die Auskuft gibt die gewünschte Rufnummer in zweistelligen Ziffern an, es sei denn, man bittet, daß die Zahlen einzeln – „chiffre par chiffre“ – genannt werden.

Wer in ländlichen Gegenden oder kleinen Dörfern, wo Münzfernsprecher selten sind, ein Telefongespräch führen will, muß nach den blauen Schildern mit der Aufschrift „Téléphone publique“ an Privathäusern Ausschau halten. Der Besitzer eines solchen Hauses hat sich behördlich verpflichtet, jedem, der es wünscht, Zutritt zu seinem Telefon zu gewähren und nur den normalen Gebührensatz zu erheben.

R-Gespräche („PCV“) über die Telefonvermittlung sind nur ins Ausland möglich. **Telex-, Telefax-** und **Minitel**-Geräte sind in den Hauptpostämtern der größeren Städte eine selbstverständliche Einrichtung.

FÜR DEN NOTFALL

PERSÖNLICHE SICHERHEIT

Wie bei jeder Reise sollten selbstverständlich auch in der Bretagne die normalen Sicherheitsvorkehrungen beachtet werden, doch braucht man sich ansonsten keine übertriebenen Sorgen um seinen Besitz zu machen.

Autofahrer sollten sich an die Verkehrsregeln halten und vernünftig fahren. Wer bei einer Übertretung, zum Beispiel Überschreitung der Höchstgeschwindigkeit, ertappt wird, muß mit hohen Bußgeldern rechnen, die sofort zu entrichten sind. Auch Alkoholkontrollen sind keine Seltenheit. Vor allem in den Sommermonaten ist die Polizei auf Frankreichs Hauptstraßen sehr präsent.

Bei **Verlust oder Diebstahl** von persönlicher Habe wendet man sich an die örtlichen Polizeidienststellen („Gendarmerie“ oder „Commisariat de Police“). Die Telefonnummern stehen auf der ersten Seite jedes Telefonbuchs (Notruf: 117). Sind die Ausweispapiere weg, sollte der Weg von der Polizei zum nächsten Konsulat führen (siehe „Nützliche Adressen“). Hält die Polizei Sie aus irgendeinem Grund fest, so bestehen Sie in jedem Fall darauf, das Konsulat anrufen und einen der Konsulatsangestellten um Hilfe bitten zu dürfen.

ÄRZTLICHE NOTDIENSTE

Zwischen Frankreich und der Bundesrepublik Deutschland sowie Österreich (nicht Schweiz) besteht ein Abkommen über die gegenseitige Anerkennung von Versicherungen, das dem Reisenden kostenlose ärztliche Behandlung verschafft. Falls der behandelnde Arzt den entsprechenden Auslandskrankenschein nicht anerkennt, bekommt man unter Vorlage der Belege („feuille des soins“) das Honorar teilweise ersetzt. Eine einfache ärztliche Untersuchung kostet in der Regel um die 80 Francs. Werden Medikamente verschrieben, so muß man den kleinen Aufkleber („vignette“) auf der Packung auf das „feuille des soins“ kleben, um auch diese Kosten ersetzt zu bekommen. Wie in der Bundesrepublik werden auch in Frankreich Rezeptgebühren erhoben. Nähere Auskünfte erteilen die Krankenkassen.

Bei kleineren Wehwehchen reicht oft der Gang zur Apotheke („pharmacie“ – erkennbar am grünen Kreuz), die auch Erste Hilfe bei Schlangenbissen oder Insektenstichen gewährt. In Apotheken ist zudem fast immer jemand zu finden, der genießbare von ungenießbaren Pilzen unterscheiden kann.

Im Falle eines akuten Notfalles wählen Sie die Nummer 15, um den Notarzt zu rufen. In den meisten größeren Städten steht ein eigener Rettungsdienst parat – *Service d'Aide Médicale d'Urgence* (SAMU), dessen Telefonnummer ebenfalls auf der ersten Seite der Telefonbücher steht. Bei Drucklegung dieses Buches waren folgende Telefonnummern gültig:

Côtes-d'Armor
St-Brieuc 96 94 40 15

Finistère
Brest 98 46 11 33

Ille-et-Vilaine
Rennes 99 59 16 16

Morbihan
Vannes 97 54 22 11

Die Krankenhäuser in der Bretagne sind in der Regel gut ausgerüstet. Bei Sprachproblemen findet man zumindest immer jemanden, der Englisch spricht.

Unterwegs

KARTEN

Eine gute Landkarte ist eine unverzichtbare Informationsquelle. Das Kartenmaterial des *Institut Géographique National* (IGN: 107, rue de La Boétie, 75008 Paris) gehört zu den besten, wobei die Bretagne von folgenden Karten abgedeckt wird:

Die Karte Nr. 105 der „Roten Serie" (1:250 000; 1 cm = 2,5 km) umfaßt die gesamte Bretagne einschließlich Nantes.

Die „Grüne Serie" (1:100 000; 1 cm = 1 km) bietet für jedes Département eine Karte; für die Bretagne maßgebend: Karten Nr. 13, 14, 15 und 16.

Auch in den detailgenauen Maßstäben von 1:50 000 und 1:25 000 sind die IGN-Karten erhältlich.

Die *Michelin*-Regionalkarte Nr. 230 stellt die Bretagne im Maßstab 1:200 000 (1 cm = 2 km) dar. Michelin gibt Stadtpläne heraus, doch sind diese auch in den jeweiligen Fremdenverkehrsbüros zu haben, und zwar meistens kostenlos.

Landkarten können in jedem größeren Buch- oder Zeitschriftenladen erworben werden; billiger jedoch sind sie oft in Supermärkten oder an Tankstellen.

SCHIFFSREISEN

Die erholsamste Art, das ländliche Frankreich zu erkunden und die Landschaft zu genießen, bietet eine Fahrt durch das Netz der Wasserstraßen. Die Bretagne wartet mit besonders vielen Kanälen und Wasserwegen auf, insgesamt mehr als 600 Kilometer. Der Nantes-à-Brest-Kanal, die Flüsse Aulne und Blavet gehören zu den größeren Wasserstraßen. Im Frühling, Sommer und Herbst kann man voll ausgestattete Hausboote mieten:

Chemins Nautiques Bretons, Le Port Lyvet, La Vicomté-sur-Rances, 22690 Pleudihen, Tel.: 96 83 28 71.

Bureau des Voies Navigables, 244, boulevard St. Germain, 75007 Paris, Tel.: (1) 45 44 39 93. Hier ist eine jährlich neu erscheinende Broschüre über nutzbare Wasserwege mit Tips und Ratschlägen erhältlich.

Comité de Promotion Touristique des Canaux Bretons, 9, rue des Portes Mordelaises, 35500 Rennes. Canaux Bretons gibt einen dreisprachigen Flußführer heraus, der das Wasserstraßennetz der Bretagne genau beschreibt.

Syndicat National des Loueurs de Bateaux de Plaisance, Port La Bourdonnais, 75007 Paris, Tel.: (1) 45 55 10 49. Die Adressen aller angeschlossenen Bootsverleihe können hier erfragt werden.

Statt eines Hausboots können auch Kanus oder Kajaks gemietet werden. Auskünfte darüber erteilen die „Loisirs Accueil Services" der Fremdenverkehrsbüros sowie die Organisation *A.B.R.I.* (siehe „Nützliche Adressen").

ÖFFENTLICHER VERKEHR

EISENBAHN

Jeder Bahnhof der *Société Nationale de Chemins de Fer* (SNCF), der französischen Eisenbahn, verfügt über kostenlose Fahrpläne und Streckenübersichten. Wer viel mit dem Zug fahren will, besorgt sich am besten schon zu Hause eine der ermäßigten Netzfahrkarten (Adresse der SNCF siehe „Anreise"). Solch eine Netzkarte kann dann während des ganzen Urlaubs verwendet werden. Andernfalls muß man sich Einzelfahrkarten kaufen, aber auch hier sind Ermäßigungen möglich. So können Ehepaare eine „Carte Couple" erwerben, die nur außerhalb der Hauptverkehrszeiten Gültigkeit hat. Kinder bis vier Jahre fahren umsonst mit, und bis zwölf Jahre zahlen sie die Hälfte. Jede gekaufte Fahrkarte muß vor Fahrtantritt in einem der orangefarbenen Entwerter (Aufschrift: „Compostez votre billet") abgestempelt werden, um Gültigkeit zu erlangen.

Eine interessante Variante des Bahnreisens ist die Kombination Zug und **Fahrrad**. „Vélos" können an allen größeren Bahnhöfen für 50 Francs pro Tag gemietet werden. In vielen Zügen (den „Autotrains") und Bussen kann man sein Rad als „Handgepäck" mitführen. Das Reisen mit Bus oder Bahn und Fahrrad ist eine ausgezeichnete Art, das Hinterland kennenzulernen. Solche „Zug-plus-Fahrrad-Ferien" organisiert *A.B.R.I.* (siehe „Nützliche Adressen").

SELBSTFAHRER

Für den dem Verkehrschaos der Städte entflohenen Urlauber kann das Autofahren in der Bretagne das reinste Vergnügen sein. Ein in der Bundesrepublik, Österreich oder der Schweiz ausgestellter Führerschein ist auch in Frankreich gültig. An das Mitführen der Fahrzeugpapiere denken!

Weitere Auskünfte (auch über Zusatzversicherungen etc.) erteilen die Automobilclubs.

VERKEHRSVORSCHRIFTEN

Sicherheitsgurte anzulegen, ist in Frankreich Pflicht (falls vorhanden, auch auf den Rücksitzen). Motorradfahrer müssen einen **Sturzhelm** tragen.

Als grundsätzliche Vorfahrtsregel gilt wie überall rechts vor links, es sei denn, eines der folgenden **Verkehrsschilder** trifft eine andere Regelung:

STOP	Halt
Cedez le passage	Andere haben Vorfahrt
Vous n'avez pas la priorité	Sie haben keine Vorfahrt
Passage protégé	Bevorrechtigte Durchfahrt

Haupt- und Überlandstraßen sind natürlich fast immer Vorfahrtsstraßen.

Geschwindigkeitsbegrenzungen:

Autobahnen	130 km/h
Zweispurige Landstraßen	110 km/h
Andere Straßen	90 km/h
Stadtverkehr	60 km/h

Überschreitungen werden mit Geldbußen bestraft, die sofort zu entrichten sind.

Fast alle französischen **Autobahnen**, „Autoroutes", sind gebührenpflichtig, so daß man immer genügend Bargeld bei sich haben sollte. Durch die Bretagne führt allerdings ohnehin nur die Autobahn von Rennes nach Paris. Bei Straßenangaben bezeichnet „A" eine Autobahn, „N" eine Nationalstraße, „Route nationale", „D" gut ausgebaute Landstraßen und „C" unter Umständen ziemlich holperige Pisten.

Das Mitführen eines **Warndreiecks** ist Pflicht. Bei **Unfällen** ist es 50 Meter vor der Unfallstelle aufzustellen. Die Polizei kann per Telefon (Nummer: 17) oder über eine der auf Autobahnen im Abstand von zwei Kilometern postierten Notrufsäulen gerufen werden.

Das Straßeninformationszentrum in Rennes (Tel.: 99 32 33 33) übermittelt die aktuellen Straßenzustandsberichte.

MIETWAGEN

In Frankreich ein Auto zu mieten, ist eine teure Angelegenheit. Ein Grund dafür ist die hohe Mehrwertsteuer (33 Prozent), die auf „Luxusgüter" erhoben wird. Bei Kurzbesuchen sollte man sich im Reisebüro nach „Fly-and-drive"-Angeboten erkundigen. Air France zum Beispiel bietet eine solche Kombination von Flug und Mietwagen für einen Wochenendausflug nach Nantes an. Oft ist es billiger, den Wagen schon im voraus von Deutschland aus (bzw. Österreich oder der Schweiz) zu mieten.

In der Bretagne kann man bei folgenden Firmen Autos mieten:

AVIS

Brest
3, boulevard des Français Libres, Tel.: 98 44 63 02.
1, rue Georges Didaillier, Tel.: 98 41 70 60.
Dinard
Aéroport de Pleurtit, Tel.: 99 46 25 20.
Lorient
14, boulevard Leclerc, Tel.: 97 21 00 12.
Quimper
8, avenue de la Gare, Tel.: 98 90 31 34.
Rennes
11, rue de la Santé, Tel.: 99 65 13 21.
St-Brieuc
2, boulevard Clemenceau, Tel.: 96 33 44 14.
St-Malo
Gare Maritime du Naye, Tel.: 99 81 73 24.

BUDGET

Zentrale Reservierungsstelle: Tel.: 05 10 00 01 (Anruf kostenfrei).

EUROPCAR

Auray
38, rue Jean-Jaurès, Tel.: 97 24 23 33.
Brest
44, rue Voltaire, Tel.: 98 44 66 88.
Dinard
Aéroport de Pleurtit, Tel.: 99 46 75 70.
Lannion
10, avenue de Général de Gaulle, Tel.: 96 37 02 17.
Morlaix
Rue des Lavoirs, Tel.: 98 62 11 94.
Pontivy
10, rue Quinivet, Tel.: 97 25 07 26.
Quiberon
Avenue de Général de Gaulle, Tel.: 97 50 07 42.
Quimper
12, rue de Concarneau, Tel.: 98 90 00 68.
Rennes
56, avenue du Mail, Tel.: 99 59 50 50.
St-Brieuc
11, boulevard Charner, Tel.: 96 94 45 45.
St-Malo
16, boulevard des Talards, Tel.: 99 56 75 17.
Vannes
46, avenue Victor Hugo, Tel.: 97 42 43 43.

HERTZ

Brest
14, rue Colbert, Tel.: 98 80 11 51.
Guingamp
Boulevard de la Marne, Tel.: 96 43 74 71.
Lannion
6, quai de Viarmes, Tel.: 96 37 09 95.
Rennes
10, avenue du Mail, Tel.: 99 54 26 52.

St-Brieuc
53, rue de la Gare, Tel.: 96 94 25 89.
St-Malo
48, boulevard de la République, Tel.: 99 56 31 61.

INTERRENT

Brest
Rue Colbert, Tel.: 98 43 15 39.
Lorient
19, boulevard Svob, Tel.: 97 64 22 47.
Rennes
31, avenue L. Barthou, Tel.: 99 31 57 33.
St-Malo
81, rue Ville Pépin, Tel.: 99 81 64 03.
Vitré
46, boulevard Chateaubriand, Tel.: 99 75 03 49.

ZU FUSS

Die Bretagne bietet hervorragende Wandermöglichkeiten, sowohl für den Wanderurlaub als auch für den Tagesausflug. Ein Netzwerk von Wanderrouten, die „Sentiers de Grandes Randonées" (GR), durchzieht ganz Frankreich. In der Bretagne verlaufen sie vor allem im Binnenland, einige jedoch auch entlang der Küste. Der GR 34 zum Beispiel führt von Mont-St-Michel nach St-Malo und die herrliche, rosafarbene Granitküste, *Côte du Granit Rose*, entlang bis nach Lannion. Das Binnenland offeriert einige sehr empfehlenswerte Rundtouren wie die „Tour des Chouans" (Vitré wäre ein guter Ausgangspunkt) oder die „Tour des Monts d'Arrée", die die höchsten Berge der Bretagne und viele „Enclos paroissiaux", Pfarreieinfriedungen mit Sakralbauwerken aus dem späten Mittelalter, einschließt.

Die *Fédération Française de la Randonée Pédestre* (FFRP: 8, avenue Marceau, 75008 Paris, Tel.: (1) 47 23 62 32) gibt für Wanderer die äußerst nützlichen „Topo-guides" heraus, das sind ausführliche Streckenbeschreibungen mit Kartenauszügen (1:50 000) – allerdings nur auf französisch.

In Deutschland kann man die Topo-guides über die Französische Buchhandlung, Kurfürstendamm 211, 1000 Berlin 15 (Tel.: 030/881 41 56) beziehen. Gute Buchhandlungen und Zeitschriftenläden in Frankreich führen sie ebenfalls. Auch die *A.B.R.I.* (siehe „Nützliche Adressen") verkauft Topo-guides und bietet in Zusammenarbeit mit der SNCF (zu reduzierten Fahrpreisen) organisierte Wanderferien an. Die Regionalgruppen der FFRP können Sie unter folgenden Adressen kontaktieren:

REGION BRETAGNE

Comité de Bretagne de la FFRP
14, boulevard Beaumont, 35000 Rennes, Tel.: 99 30 55 15 (Mi. nachm. o. Sa. vorm.).

CÔTES-D'ARMOR

OT/SI
Gare Routière, Boulevard Rousseau, BP 448, 22000 St-Brieuc.

FINISTÈRE

M. Chevalier
Coatufal, 29290 St-Renan.

ILLE-ET-VILAINE

14, boulevard Beaumont, 35100 Rennes.

MORBIHAN

Mairie
BP 14, 56150 Baud.

Wer sich einer **Gruppe** anschließen will, kann sich an folgende Adressen wenden:

A.B.R.I. (siehe „Nützliche Adressen").
Henchou Koz
c/o Mme Garrec, 13, Cité St-Cado, Ploumilliau, 22300 Lannion.
Association Populaire pour l'Inventaire, l'Etude et le Développement des Sentiers
c/o M Vichard, 8, rue G.-de-Maupassant , 29200 Brest.
Association de Défense des Usagers des Chemins Piétonniers et de la Nature
c/o M Ollivier, 3, rue des Hurlières, 35210 Châteaulins-en-Vendelais.
Randonneurs Gallois
c/o M Guisnel, 16, rue André-Désilles, 35000 Rennes.
Sentiers Nature de Gévézé
4, rue des Fauvettes, Gévézé, 35850 Romillé.
Eveil et Connaisance
Languidic Randonné, BP 13, 56440 Languidic.

PER ANHALTER

Trampen kann auch in der Bretagne eine interessante und vor allem preiswerte Fortbewegungsart sein. Auf den Autobahnen ist Trampen verboten, doch kann man an den Mautstationen oder an den Zubringerstraßen sein Glück versuchen. Eine Alternative sind Mitfahrerzentralen (Unkosten: eine kleine Vermittlungsgebühr und Benzinkostenbeteiligung). Die Organisation **Allostop** hat in vielen Städten Filialen:
Paris, Tel.: (1) 42 46 00 66.
Rennes, Tel.: 99 30 98 87.
Nantes, Tel.: 40 89 04 85.

UNTERKUNFT

Wie man die passende Unterkunft findet, hängt davon ab, ob man „aufs Geratewohl" verreist und dort bleibt, wo es einem gerade gefällt, oder ob man schon vor der Abreise wissen will, wo man unterkommen wird. Beides ist ohne weiteres möglich. Die zweite Alternative empfiehlt sich vor allem für Familien mit Kindern und im August für alle, wenn „toute la France" unterwegs („en vacances") ist.

HOTELS

Mehr als tausend Hotels warten in der Bretagne auf Gäste, so daß es ziemlich zwecklos wäre, einzelne davon herauszustellen. Statt dessen hier ein paar Ratschläge, die die Hotelauswahl und das Buchen erleichtern können.

Französische Hotels werden durch ein System von Sternen amtlich klassifiziert. Die Hotels der Ein-Stern-Kategorie sind sauber, die Preise moderat. Vier-Sterne-Hotels (L) sind „grande luxe" mit entsprechenden Preisen. Das System hat durchaus Vorteile. Wem die Reisekasse zum Beispiel nur Ein- oder Zwei-Stern-Hotels erlaubt, der kann damit rechnen, daß die Übernachtung in einem solchen Hotel überall ungefähr gleich viel kostet.

Die Hotelleitungen sind angewiesen, ihre Speisekarten außerhalb der Häuser sichtbar anzubringen. Zimmerpreise müssen an der Rezeption sowie an den Innenseiten der Zimmertüren aushängen. Es ist durchaus möglich, daß ein Hotel unter die Ein-Stern-, das zugehörige Restaurant jedoch unter die Zwei-Sterne-Kategorie fällt. Das ist für denjenigen genau richtig, der Wert auf gutes Essen legt und den verblichene Zimmertapeten und „exzentrische" Sanitäreinrichtungen nicht stören.

Lassen Sie sich das Zimmer zeigen, und wenn es Ihnen nicht zusagt, bitten Sie darum, ein anderes sehen zu dürfen. Dieser Rat mag merkwürdig klingen, aber die einzelnen Zimmer in einem Hotel können tatsächlich völlig unterschiedlich ausgestattet sein.

Die Preise gelten immer pro Zimmer. Das Aufstellen eines zusätzlichen Bettes kostet in der Regel einen Zuschlag. Seien Sie nicht überrascht, wenn Sie bei der Zimmerbuchung gefragt werden, ob Sie ein Abendessen wünschen. Die Zimmervermietung allein ist oft nicht sehr profitabel, und so sind hungrige Hotelgäste gern gesehen. Mit der Frage „On peut dîner ce soir?" läßt sich andererseits feststellen, ob das Hotelrestaurant geöffnet ist.

Listen mit den Hotels einer bestimmten Gegend erhält man bei den französischen Fremdenverkehrsämtern. Dort ist auch das kostenlose und sehr empfehlenswerte Verzeichnis *Logis et Auberges de France* zu haben (Adresse der Zentrale siehe unten). Das sind freundliche kleine Hotels (meist Familienbetriebe) mit soliden Preisen und guter Hausmannskost. Anhand des Verzeichnisses können Sie diese Hotels gezielt ansteuern. Wenn Sie im voraus reservieren wollen, wird meist eine kleine Anzahlung („arrhes") verlangt.

Wessen Reisekasse es zuläßt, sollte es einmal mit einem der neun Häuser der Hotelkette *Relais et Châteaux* in Audiern, Orvault, Cancale, Questembert, Belle-Ile-en-Mer, Sainte-Anne-la-Palud, La Baule, Trébeurden und Hennebont versuchen.

Wer unterwegs irgendwo übernachten muß, sollte sich immer zunächst an das örtliche Fremdenverkehrsamt (*Syndicat d'Initiative*) wenden. Dort kann man sich ein Zimmer buchen lassen oder zumindest ein Hotelverzeichnis erhalten.

Die folgenden Hotelketten oder Hotelzusammenschlüsse nehmen gerne Vorausbuchungen an:

Minotels France Accueil
85, rue du Dessous-des-Berges, 75013 Paris, Tel.: (1) 45 83 04 22.

Climat de France
BP 93, 91943 Les Ulis Cedex, Tel.: 05 11 22 11. Zentralreservierung, Anruf kostenlos.

France Accueil
Hôtel Bellevue, 20, rue des Calcuot, 22730 Trégastel-Plage, Tel.: 96 23 88 18.

Relais et Châteaux de Bretagne
Château-Hôtel de Locguénolé, 56700 Hennebont, Tel.: 97 76 29 04.

Logis et Auberges de France
23, rue Jean-Mermoz, 75008 Paris, Tel.: (1) 43 59 91 99. Keine Zentralreservierung; es kann nur direkt im Hotel gebucht werden.

FRÜHSTÜCKSPENSIONEN

Da es in Frankreich ohnehin weitaus billiger ist, in einem Hotel abzusteigen als zum Beispiel in Deutschland (zumindest, wenn man sich an die Ein- oder Zwei-Sterne-Kategorie hält), ist ein Bedarf für die typischen Frühstückspensionen kaum vorhanden.

Doch möchte man natürlich als Gast in einem fremden Land gerne auch in Kontakt mit Einheimischen kommen. Das ist die Idee, die hinter den *Café-Couettes* steht, einer privaten Organisation mit mehr als 400 (in der Bretagne 40) Mitgliedern, die Gästezimmer mit Frühstück anbieten. Um eine Reservierung vornehmen zu können, muß man allerdings erst Mitglied werden. Man erhält das neueste Verzeichnis der Café-Couettes mit Informationen zur Buchung und den aktuellen Preisen.

Nähere Informationen beim Französischen Fremdenverkehrsamt im Heimatland oder an Ort und Stelle beim Syndicat d'Initiative.

Auch die *Fédération Nationale des Gîtes Ruraux de France* bietet Fremdenzimmer in ländlicher Umgebung an, sogenannte „Chambres d'hôtes" (vergleichbar dem englischen „bed and breakfast").

Die Adressen des Relais des Gîtes Rureaux in den einzelnen Départements finden Sie unter „Ferienwohnungen", für die Vermittlung und Reservierung der Gîtes unter „Touristeninformationen".

Die Organisation *Châteaux et Manoirs de Bretagne* hat Luxus-Fremdenzimmer in den schönsten Guts- und Landhäusern der Bretagne zu vermieten.

CAMPING

Mehr als 11 000 Zeltplätze stehen den Campern in der Bretagne zur Verfügung, mehr als irgendwo sonst in Frankreich. Die meisten davon liegen an der Küste, besonders viele konzentrieren sich in der Nähe von beliebten Urlaubsorten wie Dinard, Bénodet, Carnac oder auf der Presqu'Île de Quiberon. Während der Hauptsaison ist eine vorherige Reservierung unbedingt ratsam.

Wie die Hotels werden auch Campingplätze nach einem Vier-Sterne-System kategorisiert. Ein Stern bedeutet spartanische Ausstattung, während vier Sterne einen Campingplatz der Luxusklasse kennzeichnen: Großzügig bemessene Standplätze, Restaurant oder zumindest Essen im Straßenverkauf, Spielflächen und manchmal sogar ein Swimmingpool. Die große Mehrheit der Plätze ist unter die Zwei-Sterne-Kategorie einzuordnen.

Wer wirklich „zurück zur Natur" will und weder warmes Wasser noch elektrischen Strom benötigt, sollte nach einem Campingplatz mit der Bezeichnung „Aire naturelle de camping" Ausschau halten. Die Preise sind entsprechend niedrig, und außerdem haben solche Plätze den Vorteil, daß sie selten mehr als 25 Stellflächen aufweisen.

Eine schöne Variante ist das „Camping à la ferme" („Zelten auf einem Bauernhof") unter den Fittichen der *Fédération Nationale des Gîtes Ruraux*. Höchstens sechs Stellflächen und nur die nötigsten Sanitäreinrichtungen, dafür Kontakt mit Einheimischen und mit etwas Glück Teilhabe am Leben auf dem Bauernhof und dessen Erzeugnissen charakterisieren diese Alternative.

Auch pauschal gebuchte Campingreisen sind inzwischen sehr beliebt. Dabei wird sämtliches Campingzubehör vor Ort bereitgestellt, so daß man nur seine persönlichen Sachen mitbringen muß. Interessanterweise hat sich dort, wo solche Pauschalreise-Veranstalter Teile der Campingplätze angemietet haben, der Qualitätsstandard der sanitären und anderer Einrichtungen zum Teil stark verbessert, was letztendlich allen Campern zugute kommt. Zu bedenken ist allerdings, daß Campingplätze, die Pauschalreisende aufnehmen, meist recht groß sind, was nicht unbedingt jedermanns Sache ist.

Ein Verzeichnis aller bretonischen Campingplätze erhält man bei den regionalen Fremdenverkehrsbüros (siehe „Nützliche Adressen") oder über das Französische Fremdenverkehrsamt im Heimatland. Der jährlich erscheinende „Guide officiel" der *Fédération Française de Camping et de Caravaning* (78, rue de Rivoli, 75004 Paris) enthält ein ausführliches Verzeichnis aller Campingplätze in Frankreich.

JUGENDHERBERGEN

Jeder, der Besitzer eines internationalen Jugendherbergsausweises ist (der auch vor Ort erworben werden kann), darf in einer Jugendherberge übernachten. In der Bretagne werden die Herbergen von zwei verschiedenen Organisationen betrieben:
Fédération Unie des Auberges de Jeunesse (FUAJ). 6, rue Mesnil, 75116 Paris, Tel.: (1) 44 89 87 27.
Ligue Française pour les Auberges de Jeunesse (LFAJ). 38, boulevard Raspail, 75007 Paris, Tel.: (1) 45 48 69 84.
Ein Verzeichnis aller 29 bretonischen Jugendherbergen erhält man unter folgender Adresse: **Association Bretonne des Auberges de Jeunesse**, 41, rue Victor-Schoelcher, 56100 Lorient, Tel.: 97 37 11 65.

Sehr beliebt bei Wanderern sind die sogenannten „gîtes d'étapes" (einige sind sogar mit Pferdeställen ausgerüstet). Diese einfachen Herbergen stehen unter der Leitung der *Relais Départementaux des Gîtes Ruraux* (Adressen siehe „Ferienwohnungen" weiter unten) und haben ähnliche Preise wie die Jugendherbergen; ein Jugendherbergsausweis ist nicht erforderlich.

FERIENWOHNUNGEN

Frankreich hat wahrscheinlich das umfangreichste Netz an Ferienwohnungen und -häusern in ganz Europa. Die *Fédération Nationale des Gîtes Ruraux de France* wurde vor 30 Jahren gegründet. Sie gewährte Bauern, die ihre Höfe renovieren wollten, Zuschüsse unter der Bedingung, daß diese Häuser später an minderbemittelte Familien aus den Städten als billige Ferienwohnungen vermietet werden. Heutzutage haben sich diese ursprünglichen Zielgruppen das Mittelmeer zum Urlaubsort erkoren, und die „gîtes" (wörtlich: „Unterkunft, Lager") sind zur Ferienidylle für Europäer aus anderen Ländern geworden. In der Bretagne ist eine besonders große Auswahl dieser Unterkünfte zu finden, einige auch an der Küste.

Die einer regelmäßigen Kontrolle unterliegenden Gîtes gibt es in vielen Varianten, vom einfachen Bauernhaus bis hin zum großen Gutshaus. Sie sind in drei Kategorien unterteilt: eine Ähre („épi"), zwei oder drei Ähren. Komplette Selbstversorgung ist die Regel (meist ist auch eigene Bettwäsche mitzubringen), doch wohnen die Haus- oder Wohnungsbesitzer in der Regel ganz in der Nähe und geben Auskunft über Lebensmittelläden etc.. Hat man das Glück, auf einem Bauernhof unterzukommen, sitzt man sozusagen an der Quelle. Eines sollte allerdings bedacht werden: Auf einem Bauernhof geht es „ländlich" zu, und wen es irritiert, wenn sich einmal eine Maus in die Küche verirrt, sollte dem Hotel den Vorzug geben.

Selbstverständlich wird erwartet, daß man den anvertrauten Besitz sauber und auch sonst in Ordnung hält. Gîtes liegen meist abseits der Dörfer, so daß ein Transportmittel, und sei es ein Fahrrad, unbedingt erforderlich ist. Fahrräder können meist in den Döfern oder gar vom Gîte-Eigentümer selbst gemietet werden. Ein Auto zu mieten, ist unverhältnismäßig teuer; unter Umständen lohnt sich jedoch ein „Fly & Drive"-Flug, da die zusätzlichen Kosten für den Mietwagen durch die oft günstigen Gîte-Preise (schon ab 1000 Francs pro Woche für zwei Personen) ausgeglichen werden.

Einige Reiseveranstalter haben bereits Gîte-Pauschalreisen oder andere Ferienwohnungen im Programm. Wenden Sie sich an Ihr Reisebüro, und zwar je früher, desto besser, da diese Unterkünfte sehr schnell ausgebucht sind. Sie können auch direkt mit den regionalen Unterorganisationen („Relais Départemental") in Kontakt treten, die Ihnen für das jeweilige Département ein Verzeichnis aller Gîtes zusenden. Adressen der Relais des Gîtes Ruraux:

Côtes-d'Armor
21, rue des Promenades – B. P. 4536, 22045 St-Brieuc Cedex, Tel.: 96 61 82 79, Fax: 99 61 20 16.

Finistère
5, allée Sully, 29322 Quimper Cedex, Tel.: 98 52 48 00, Fax: 98 52 48 44.

Ille-et-Vilaine
1, rue Martenot – B.P. 5093, 35061 Rennes Cedex, Tel.: 99 02 97 41, Fax: 99 02 97 38.

Morbihan
2, rue du Château – B.P. 318, 56400 Auray Cedex, Tel.: 97 56 48 12, Fax: 97 50 70 07.

Die Adressen für die Vermittlung und Reservierung der Gîtes finden Sie unter „Touristeninformationen".

ESSEN & TRINKEN

KÜCHE

Jede französische Provinz wartet mit eigenen und ganz besonderen Spezialitäten auf. Unfairerweise werden aber die Delikatessen der Bretagne von den sogenannten „Experten" meistens übergangen. Sicherlich ist die Bretagne keine Hochburg der französischen Cuisine, doch brauchen die Chefs den Vergleich mit ihren Kollegen in anderen Teilen Frankreichs keineswegs zu scheuen. Zudem ist in der Bretagne das Preis-Leistungsverhältnis noch nicht aus den Fugen geraten, und ein paar Glanzlichter wie die köstlichen Meeresfrüchte und die typischen bretonischen Leckerbissen Crêpes und Galettes erhellen die Szenerie.

In der Bretagne ist es immer noch Tradition, mittags ein üppiges Mahl zu sich zu nehmen. Wer sich diese Gepflogenheit zu eigen machen will, sollte bis 11.45 Uhr nach einem guten Restaurant Ausschau halten; danach ist es oft schwer, noch einen Platz zu finden. Die Speisekarten sind an den Eingangstüren der Restaurants ausgehängt, und man bestellt entweder *à la carte* nach eben dieser Speisekarte oder das *ménu prix fixe,* ein mehrgängiges Essen zu festen Preisen. Empfehlenswert ist, sich an die meist handgeschriebene Tageskarte zu halten; damit geht man sicher, wirklich frische und mit Phantasie zubereitete Speisen serviert zu bekommen. Ein komplettes Menü besteht aus drei bis vier Gängen, oft ist auch der Wein mit inbegriffen („vin compris") – relativ billiger Tafelwein natürlich, aber durchaus trinkbar.

Doch auch wer mittags nur eine kleine Zwischenmahlzeit zu sich nehmen will, muß nicht darben. In den zahlreichen Crêperies bekommt man für ungefähr 20 Francs eine *galette* (die dickere, oft noch Buchweizenvariante der Crêpes), gefüllt mit schmackhaftem Käse, Schinken, Pilzen oder Meeresfrüchten, die leicht bis abends vorhält. Allerdings braucht man schon einen eisernen Willen, um bei dieser Gelegenheit den köstlichen hauchdünnen süßen Crêpes – mit Schokoladen-, Erdbeer- oder Apfelfüllung und einem Schuß Schlagsahne – widerstehen zu können.

Wenn das Wetter zu schön ist, um sich ins Restaurant zu setzen, bietet sich ein Picknick im Freien an. Nichts leichter als das: In der *boulangerie* gibt es ein knuspriges Baguette; in der *fromagerie* leckeren Camembert; in der *charcuterie* schließlich fertig zubereitete *patés* (Pasteten) und *quiches* (Lauchkuchen), eine Vielzahl von Salaten, Wurst, gebratene Hähnchen (kalt) und andere Köstlichkeiten. Dazu besorgt man sich noch frisches Obst und eine Flasche kühlen Muscadet. Nicht vergessen, daß die Läden oft schon um 12 Uhr mittags für mehrere Stunden schließen!

Natürlich wäre eine Reise in die Bretagne unvollständig ohne den Besuch eines Restaurants, das sich auf Meeresfrüchte spezialisiert hat. Die metallene Servierplatte *plateau de fruits de mer* hat oft gerade noch auf dem Tisch Platz. Für jeden Esser gibt es einen Krebs, Berge von Krabben, Garnelen und Langusten (jeweils in der Schale), eine große Portion Austern (die der Franzose zuerst ißt) sowie Mies- und Herzmuscheln, Meeres- und Strandschnecken. Alles auf zerstoßenem Eis und mit Meerespflanzen garniert. Solch eine Platte stellt weniger eine Mahlzeit dar als ein kulinarisches Fest. Um Schnecken und Muscheln aus den Schalen herauszuholen, verwendet man die dafür vorgesehenen Picker; für die Krebse, die aus dem Kochtopf ungeschält – und in der Bretagne ohne Soße – auf den Tisch kommen, gibt es Schalenknacker. Andere typische Meeresgerichte sind *moules* (Miesmuscheln; nicht *à la marinière* wie im restlichen Frankreich, sondern in Apfelwein gekocht und mit Rahmsoße abgeschmeckt), die *cotriade* (Fischsuppe) sowie *homard à l'armoricaine:* Hummer in einer Sauce aus Wein, Cognac, Knoblauch, Schalotten und Tomaten (auch *à l'americaine* genannt).

Fleischgerichte werden zum Teil nach Rezepten der benachbarten Normandie zubereitet. *Escalope à la normande* ist auf vielen Speisekarten zu finden: Kalbfleischfilet in Rahmsoße (manchmal unter Zugabe von Calvados und Pilzen). *Gigot pré-salé* jedoch ist eine rein bretonische Spezialität: Lammbraten von Schafen, die in den flachen Salzsümpfen der Region heimisch sind.

GETRÄNKE

Die Bretagne ist eine der wenigen Regionen Frankreichs ohne eigene Weinanbaugebiete. Am ehesten könnte man noch den Muscadet (trockener Weißwein; paßt ausgezeichnet zu Fischgerichten) als heimischen Wein betrachten, da er aus der Gegend um Nantes kommt, das für viele Bretonen nach wie vor zur Bretagne gehört. Alle Restaurants bieten außerdem eine große Auswahl anderer französischer Weine an.

Doch so wie in Bayern das Bier, ist in der Bretagne *cidre* (Apfelwein) unverzichtbarer Bestandteil jeder Mahlzeit. Seien Sie nicht überrascht, wenn er nach traditioneller Art aus dem Krug in große Teetassen ausgeschenkt wird. Nach dem Essen ist zur Verdauung als *digestif* ein Calvados angebracht – Apfelbranntwein aus der Bretagne oder Normandie.

TRINKGELDER

In den meisten Restaurants ist der Bedienungszuschlag im Preis inbegriffen. Im Zweifelsfall fragt man: „Le service, est-il compris?". Auf jeden Fall ist es üblich, dem Kellner oder der Bedienung ein kleines zusätzliches Trinkgeld zu hinterlassen, wenn man zufrieden war. Auf eines sollte man achten: Kellner werden nicht als „garçon", sondern als „Monsieur" und weibliche Bedienungen als „Madame" angesprochen.

RESTAURANTS

Wer einmal in wirklich ungewöhnlicher Umgebung speisen will und über einen robusten Magen verfügt, kann eine gastronomische Bootsfahrt auf der *Chateaubriand* unternehmen. Jeden Mittag und Abend legt das Schiff vom Port de la Richardais (beim Staudamm an der Rance) ab und kreuzt mit seinen Passsagieren durch die Buchten von Dinard und St-Malo. Unter drei Menüs zu 180 bis 240 Francs – Fahrpreis inbegriffen – kann man auswählen. Nähere Informationen erteilt die *Société Maritime de la Rance*, BP 27, 35789 La Richardais, Tel.: 99 46 44 44.

Doch auch wer lieber festen Boden unter den Füßen behält, wird keine Schwierigkeiten haben, ein dem Geschmack und Geldbeutel entsprechendes Restaurant zu finden. Nicht zu vergessen ist, daß fast alle Restaurants (auch die der Hotels) montags geschlossen bleiben, manche auch schon Sonntag abends.

Wer sich in ländlichen Gebieten aufhält, sucht nach einer *ferme-auberge,* wobei man allerdings einen gesunden Appetit mitbringen sollte. Diese „Bauernhofherbergen" sind meist Teil eines normalen Bauernhofs und bereiten deftige Hausmannskost zu festen Preisen ohne große Auswahl zu. Die Portionen sind dem Appetit hart arbeitender Knechte angepaßt, und der Wein ist oft im bescheidenen Entgelt enthalten. Natürlich handelt es sich hier nicht um Restaurants, sondern mehr um einen familiären Mittagstisch, wo man als Gast herzlich aufgenommen wird. Die örtlichen Fremdenverkehrsbüros (Syndicats d'initiatives) halten Listen mit den jeweiligen *fermes-auberges* bereit. Man sollte sich vorher anmelden, da das Essen entsprechend der erwarteten Anzahl der Gäste zubereitet wird.

Wer bretonische *haute cuisine* probieren will, sollte sich in einem der folgenden Restaurants einen Platz reservieren lassen. Viele davon wurden mit einem oder mehreren Michelin-Stern(en) bedacht, was sich natürlich auch in den Preisen bemerkbar macht.

COTES-D'ARMOR

22100 Dinan, *Avaugour*, 1, place du Champ-Clos, Tel.: 96 39 07 49
22430 Erquy, *L'Escurial*, Boulevard de la Mer , Tel.: 96 72 31 56.
22530 Mur-de-Bretagne, *Auberge Grand'Maison,* 1, rue Léon-le-Cerf, Tel.: 96 28 51 10.
22130 Plancoët, *Chez Crouzil*, Tel.: 96 84 10 24.
22370 Pléneuf-Val-André, *La Cotriade*, Port de Piegu, Tel.: 96 72 20 26.
22190 Plérin, *La Vielle Tour*, 75, rue de la Tour, Tel.: 96 33 10 30.
22000 St-Brieuc, *Les Quatre Saisons*, 61, Chemin des Courses, Tel.: 96 33 20 38.
22560 Trébeurden, *Manoir de Lan Kerellec*, Allée de Lan Kerellec, Tel.: 96 23 50 09.

FINISTERE

29200 Brest, *Le Frère Jacques*, 15, rue de Lyon, Tel.: 98 44 38 65.
29110 Concarneau, *Le Galion*, 15, rue St-Guénolé de la „Ville Close", Tel.: 98 97 30 16.
29100 Douarnenez, *Auberge de Kervéoc'h*, Route de Kervéoc'h, Tel.: 98 92 07 58.
29116 Moelan-sur-Mer, *Les Moulins du Duc*, Tel.: 98 39 60 73.
29210 Morlaix, *Le Cheval d'Orgueil*, 49, rue du Mur, Tel.: 98 88 08 62.
29000 Quimper, *Le Chasse Marée*, 4, venelle du Paint-Cuit, Tel.: 98 53 69 09.
29211 Roscoff, *La Touline*, Tel.: 98 61 20 50.
29140 Rosporden, *Bourhis*, 3, place de la Gare, Tel.: 98 59 23 89.
29250 St-Pol-de Léon, *L'Auberge de la Pomme d'Api*, 49, rue Verderel, Tel.: 98 69 04 36.

ILLE-ET-VILAINE

35120 Cherrueix, *Restaurant des Parcs*, Tel.: 99 48 82 26.
35270 Combourg, *Hôtel du Château*, 1, place Châteaubriand, Tel.: 99 73 00 38.

MORBIHAN

56400 Auray, *La Sterne.*
56340 Carnac, *Lann-Roz.*
56700 Hennebont, *Château de Locguénolé*, Route de Port-Louis, Tel.: 97 76 29 40.
56100 Lorient, *Le Pic d'Assiette*, 2, boulevard Franchet-d'Esperay, Tel.: 97 21 18 29.
56000 Vannes, *Le Lys*, 51, rue du Maréchal Leclerc, Tel.: 97 47 29 30.

ERKUNDUNGEN

Was man in der Bretagne zu sehen bekommt, hängt letztendlich von den persönlichen Umständen ab. Familien mit Kindern werden es vorziehen, so viel Zeit wie möglich am Meer zu verbringen, während ältere Menschen und Alleinreisende auch das Binnenland, die Städte und historischen Sehenswürdigkeiten in Augenschein nehmen werden.

SEEBÄDER

Familien sollten nicht vergessen, daß die bretonische Küste keine Mittelmeerküste ist. Die Temperaturen sind wesentlich gemäßigter, und eine ständige Brise fordert mehr zu körperlicher Betätigung als zum reinen Sonnenbaden auf. Die Seebäder sind in der Regel sehr familienfreundlich und selten überfüllt. In den Strandklubs werden vielseitige Aktivitäten angeboten, besonders auch für Kinder.

Für Familien besonders zu empfehlen sind **Quiberon** (an Wochenenden gibt es aber viel Verkehr auf der einzigen Zufahrtsstraße), **Carnac**, **St-Bénodet** (noch wenig erschlossen), **Le Val-André** (eines der größeren Seebäder) und schließlich **Concarneau**, das auch einen großen Fischerhafen aufzuweisen hat.

Das eleganteste Seebad liegt genau genommen gar nicht mehr in der Bretagne: **La Baule** an der Südküste mit seinen exquisiten Restaurants und anderen Attraktionen. Am Wochenende ist La Baule von Parisern überlaufen. Das Nachtleben von **Perros-Guirec** hat fast den Ruf von La Baule, aber auch der Strand, einer der schönsten der Bretagne, zieht viele Besucher an.

STADTBESICHTIGUNGEN

Einschränkend muß gleich gesagt werden, daß die Bretagne dem Liebhaber alter Städte nur begrenzt etwas bieten kann. Vieles ist leider im Zweiten Weltkrieg zerstört worden. Was erhalten blieb, ist dafür aber äußerst sehenswert.

Nicht versäumen sollte man zum Beispiel **Dinan**, eine alte Festungsstadt mit schönen alten Häusern und Straßen. Auch **Vannes** ist weitgehend vom Krieg verschont geblieben und wartet mit einem reizenden Stadtzentrum und malerischem Hafenviertel auf. Die zerstörten Viertel des altehrwürdigen **St-Malo** wurden nach dem Krieg Stein für Stein originalgetreu wieder aufgebaut. Die Häuser in **Concarneau** dagegen stammen bereits aus dem 13. Jahrhundert. Auch die mittelalterliche Hafenstadt **Roscoff** ist einen Aufenthalt wert.

Locronan lockt mit schmucken Renaissance-Gebäuden; Antiquitäten-Liebhaber finden im malerisch gelegenen **Rochefort-en-Terre** viele, aber teure Läden. In **Tréguier** sollte man auf keinen Fall die Besichtigung der Cathédrale St-Tugdal versäumen, ebensowenig wie in **Quimper** das Stadtviertel Locmaria mit den berühmten Töpferwerkstätten. Das alte Stadtzentrum von **Rennes** ist eine Pracht, während die umgebenden Trabantenstädte wohl nicht mehr als ein notwendiges Übel darstellen.

Um nach **Nantes**, der alten Hauptstadt, zu gelangen, muß man die Bretagne verlassen. Die Bretonen sind auch heute noch äußerst verärgert über die administrative Fehlleistung der Regierung in Paris, die Nantes in den sechziger Jahren einer „neuen Region", dem sogenannten „Pays de la Loire" zuschlug. Was Sie aber nicht daran hindern sollte, Nantes mit dem Schloß, der Kathedrale und anderen Sehenswürdigkeiten einen Besuch abzustatten.

ANDERE UNTERNEHMUNGEN

In der nachfolgenden Aufzählung finden Sie eine Vielzahl möglicher Besuchsziele – Museen, Freizeitparks und Gartenanlagen (letztere vor allem in Finistère) sowie Vogel- und Naturschutzgebiete (für weitere Informationen zum Thema Vogelbeobachtung und Naturschutz siehe „Nützliche Adressen". Natürlich kann diese Aufzählung nur unvollständig sein. Die Broschüre „Détours Bretagne", herausgegeben vom *Comité Régional de Tourisme*, enthält weitere Anregungen.

Fast jeder Bretagne-Besucher möchte einmal die großartige Kirchenburg Mont-St-Michel bewundern (auch wenn sie streng genommen schon in der Normandie liegt). Allerdings sollte man versuchen, den Touristenmassen, die sich während der Hauptreisezeit dort drängen, zu entgehen. In der Nebensaison ist man auch weniger dem geschmacklosen Souvenirhandel ausgesetzt.

CÔTES-D'ARMOR

Lamballe
Staatliches Gestüt (Haras). Tel.: 96 31 00 40. Eines der größten Zuchtgestüte Frankreichs, in dem sowohl Vollblüter als auch Arbeitspferde heranwachsen. Für Besucher offen von Mitte Juli bis Mitte Februar (außerhalb der Saison auf Anfrage). Eintritt kostenlos.

Pleumeur-Bodou
Planetarium. Tel.: 96 91 91 40. Ständig wechselnde Vorführungen. In der Nähe steht eine Radarstation („râdome des télécomunications") der französischen Telefongesellschaft, die von April bis Oktober ebenfalls besichtigt werden kann.
Centre Ornithologique. Die Räume des „vogelkundlichen Zentrums" auf der nahe gelegenen Ile Grande sind täglich geöffnet.

Trégomeur
Parc Zoologique du Moulin de Richard. Tel.: 96 79 01 07. Zehn Hektar Wald mit Freigehegen.

FINISTÈRE

Brest
Conservatoire Botanique, 52, allée du Bot. Tel.: 98 02 63 14. Ausstellung gefährdeter Pflanzen aus aller Welt. Täglich geöffnet.
Océanopolis. Rue de Kerbriant, Port de plaisance du Moulin Blanc. Ein aufregendes Meeresmuseum, in dem man Pflanzen und Tiere zu sehen bekommt, die in einer Tiefe von 100 Metern leben.

Cap Sizun-Goulien
Vogelschutzreservat. Tel.: 98 70 13 53. Nist- und Wanderkolonien. Montags und donnerstags im Juli und August gibt es am Morgen Führungen, die einen Blick aus der Nähe auf die Vögel ermöglichen. Ansonsten ist das Reservat von Mitte März bis Ende August für Besucher geöffnet.

Combrit
Park Botanique de Cornouaille. Tel.: 98 56 64 93. Eines der schönsten Naturschutzreservate Frankreichs mit über 3500 Arten verteilt auf sieben Hektar Parkfläche.

Laz
Park de Loisirs de Laz. Tel.: 98 26 82 47. Freizeitpark mit Mini-Golf, 550 Meter langen Rodelbahn und anderen Attraktionen.

Locquirec
Parc de Loisirs de Tregamor. Tel.: 98 67 40 06. Freizeitpark für Kinder mit Mini-Golf, Pony-Reiten und anderem.

Menez Meur-Hanvec
Parc d'Armorique. Tel.: 98 21 90 69. In der Nähe von Daoulas gelegener Tierpark. Juni bis September täglich geöffnet, sonst mittwochs und samstags.

St-Goazec
Parc de Trévarez. Tel.: 98 26 82 79. Blumengärten. Öffnungszeiten: April bis September jeden Nachmittag, im Juli und August schon ab 11 Uhr. Oktober bis März nur an den Wochenenden.

Ile-de-Batz
Jardin Colonial. Tel.: 98 61 76 76. Das milde Golfstromklima schafft ideale Bedingungen für die exotischen Pflanzen, die in diesem Garten blühen und gedeihen.

ILLE-ET-VILAINE

Dinard-St-Briac
Barrage de la Rance. Das erste Gezeitenkraftwerk der Welt kann das ganze Jahr über von 8.30 bis 20.00 Uhr besichtigt werden (Führungen).

Iffendic
Base de Loisirs de Trémelin. Tel.: 99 09 73 79. See, Mini-Golf, Tierpark, Reiten und andere Attraktionen. Sonntag morgens geschlossen.
Pleugeunec
Parc et Chateau de la Bourbonsais. Tel.: 99 60 40 07. Tierpark und Gärten; das Schloß ist ganzjährig täglich geöffnet.
Rennes
Jardin du Thabor. Zehn Hektar Gartenlandschaft mitten in der Stadt; täglich geöffnet.

MORBIHAN

Golfe du Morbihan
Landschaftlich reizvolles Binnenmeer mit 365 kleinen Inseln, von denen einige bewohnt sind. Besonders interessant sind hier die *Ile de Groix* mit einer Ausstellung mineralogischer Sedimente, die *Ile d'Hoëdic* (Ausstellung im Fort d'Hoëdic) sowie die *Ile d'Houat* mit den eindrucksvollen Klippen und goldenfarbenen Dünen.
Muzillac
Parc Zoologique du Château de Branferé. Tel.: 97 42 94 66. Tierpark mit Freigehegen. Von Ostern bis November täglich geöffnet.
Ploërmel
Etang au Duc. Vogelschutzreservat.
Pont Scorff
Kerruisseau. Tel.: 97 32 60 86. Zoo und Ausstellung der lokalen Fauna. Öffnungstage: Ostern bis Oktober täglich; sonst montags, dienstags und an Wochenenden.
Séné
Réserve Naturelle de Falguérec. Vogelschutzgebiet. Außer im Juli und August täglich für Besucher geöffnet.
Vannes
Parc du Golfe. 1989 eröffneter Botanischer Garten. Ein Schwerpunkt liegt auf der Zucht von tropischen Schmetterlingen (über 500 Arten).

LEUCHTTÜRME

An den bretonischen Küsten stehen Hunderte von Leuchttürmen *(phares)*, von denen manche besichtigt werden können. Der *Phare Ile Vierge* bei Plouguerneau zum Beispiel ist mit 392 Treppenstufen der höchste Leuchtturm Europas. Am besten, man wendet sich an den örtlichen Fremdenverkehrsverein (Syndicat d'initiative) oder macht mit dem Leuchtturmwärter persönlich einen Termin aus.

KULTURELLES

Es waren nicht erst die Kelten, die der Bretagne ihren Stempel aufgedrückt haben. Schon in der Jungsteinzeit war das Land besiedelt und die steinernen Zeugen jener Megalithkultur sind bis heute erhalten geblieben, insbesondere im Süden am Golfe de Morbihan. Diese vorgeschichtlichen Steinsetzungen zerfallen in zwei Kategorien:

Ein *Menhir* (bretonisch „langer Stein") ist ein aufrecht stehender Stein, der einzeln, in kreisförmigen Gruppen *(cromlechs)* oder in Reihen angeordnet vorkommt.

Ein *Dolmen* (bretonisch „Steintisch") ist eine aus Trag- und Decksteinen erbaute Grabkammer. Besonders eindrucksvolle Beispiele solcher Megalithgräber finden sich in Carnac und Erdeven (Morbihan), auf der Insel Er Lannic (Golfe de Morbihan), in St-Just (Ille-et-Vilaine) und in Camaret-sur-Mer (Finistère). Die vielleicht berühmtesten Dolmen können in Locmariaquer (Morbihan) und Plouezoc'h (Finistère) besichtigt werden.

MUSEEN UND GALERIEN

In den meisten Museen wird Eintritt verlangt. Schüler, Studenten und Rentner haben gegen Vorlage eines entsprechenden Ausweises Anrecht auf Ermäßigungen. Über die Mittagszeit (12 bis 14.30 Uhr) sind die Häuser in der Regel geschlossen, ebenso an nationalen Feiertagen. Die nachfolgend angegebenen Öffnungszeiten beruhen auf gründlichen Recherchen, doch können nachträglich erfolgte Änderungen natürlich nie völlig ausgeschlossen werden.

CÔTES-D'ARMOR

Dinan
Musée du Château, Donjon de la Duchesse Anne, Tel.: 96 39 45 20. Lokalgeschichte, bretonische Trachten.
Musée de l'Oiseau
Tel.: 96 39 22 43. Vögel (ausgestopft und lebendig) und Gartenanlage. Öffnungszeiten: täglich, November bis Februar allerdings nur nachmittags. Dienstag nachmittags geschlossen, außer im Sommer.

La Cheze
Musée de l'Outil, Centre Culturel des Métiers, Tel.: 96 26 63 16. Alte Werkzeuge und Arbeitsgeräte. Täglich geöffnet. Von Oktober bis Mai an den Vormittagen sowie montags geschlossen.
Lamballe
Musée Mathurin Méheut, Place du Martray, Tel.: 96 31 05 38. Große Ausstellung von Werken bretonischer Künstler. Jeweils vom 1. Juni bis zum 15. September, Montag bis Samstag geöffnet.
Paimpol
Musée de la Mer, Tel.: 96 20 80 15. Geschichte und Evolution des Meeres. Von April bis Mitte September täglich geöffnet.
Pledeliac
Ferme de St-Esprit des Bois, Tel.: 96 31 14 67. Rekonstruktion eines bretonischen Bauernhofes aus dem frühen 20. Jahrhundert. Ostern bis zum 1. November nur Sonntag nachmittags geöffnet; vom 1. Juli bis zum 30. September auch an den anderen Nachmittagen.
Pleudihen-sur-France
Musée de la pomme et du cidre, Tel.: 96 83 20 78. Der bretonische Apfelwein und seine Herstellung (mit Geschmacksprobe!).
St-Brieuc
Musée Municipal, Tel.: 96 61 29 33. Stadtmuseum, wechselnde Ausstellungen. Geöffnet Dienstag bis Samstag.
Trégastel
Aquarium de la Côte de Granit Rose, Tel.: 96 23 88 67. Bretonische Fauna und exotische Fische. Geöffnet von Mai bis Oktober. Im Mai nur an den Wochenenden. Im Juni, September, und Oktober nur nachmittags. Im Juli und August ganztags.
Tréguier
Musée Ernest Renan, Tel.: 96 92 45 63. Geburtshaus des berühmten bretonischen Dichters. Ostern bis September täglich geöffnet (außer dienstags).

FINISTÈRE

Brest
Musée des Beaux Arts, 22, rue Emile-Zola, Tel.: 98 44 66 27. Französische und italienische Gemälde aus dem 16. bis 18. Jh., Pont-Aven Schule; bretonische Gemälde aus dem 19./20. Jh. Täglich geöffnet außer dienstags und Sonntagmorgens.
Artothèque Bibliothèque municipale, 22, rue Traverse, Tel.: 98 46 35 90. Moderne Gemälde, Fotografien und Stiche, ausgestellt in der Stadtbibliothek. Geöffnet mittwochs und samstags.
Musée Naval, Seefahrtsmuseum (im Schloß).
Combrit
Musée des Mécaniques Musiques, Rue Pont l'Abbé-Bénodet, Tel.: 98 56 36 03. Kleines Museum mechanischer Musikinstrumente. Geöffnet vom 15. Juni bis zum 15. September jeden Nachmittag (sonst auf Anfrage).
Concarneau
Musée de la Pêche, Ville Close, Tel.: 98 97 10 20. Fischereimuseum plus Marinarium, Tel.: 98 97 06 59.
Douarnenez
Musée du Bateau, Tel.: 98 92 65 20. Alles über Schiffe.
Landerneau
Centre Culturel, Manoir Jehan de Keranden, Rue Jehan Bazin, Tel.: 98 21 61 50. Ausstellungen zeitgenössischer Künstler und Workshops. Täglich geöffnet außer sonntags und Montagmorgens.
Morlaix
Musée des Jacobins, Rue des Vignes, Tel.: 98 88 68 88. Europäische Kunst vom 16. bis 19. Jh., bretonische Kunst des 19. Jh. Täglich außer sonntags und dienstags geöffnet.
Pont-Aven
Musée des Beaux-Arts, Tel.: 98 06 14 43. 20 Galerien mit wechselnden Ausstellungen. Im Rathaus gibt es hin und wieder Ausstellungen mit Bildern aus der Pont-Aven-Schule zu sehen.
Pont-L'Abbé
Musée Bigouden, Tel.: 98 87 24 44. Trachten. Juni bis September Führungen; sonntags geschlossen.
Quimper
Musée des Beaux-Arts, 10, place St-Corentin, Tel.: 98 95 45 20. Werke vom 16. bis 20. Jh. Täglich geöffnet außer dienstags.
Musée Départemental Breton, Rue du Roi Gradlon, Tel.: 98 95 21 60. Heimatmuseum.
Musée de la Faïence, 14, rue Jean Baptiste Bousquet, Tel.: 98 90 12 72. Steingut, Keramik.
Galerie Artem, 16, rue Ste-Catherine, Tel.: 98 87 74 57. Werke zeitgenössischer Künstler (Fotografien, Gemälde, Plastiken). Täglich geöffnet (Oktober bis Juni: außer sonntags).
Roscoff
Aquarium Charles Pérez, Tel.: 98 69 72 30. Geöffnet Ende März bis Oktober.
St-Guénolé-Penmarc'h
Musée Préhistorique Finistérien, Tel.: 98 58 60.35. Prähistorische Ausstellungsstücke. Geöffnet täglich außer dienstags und Sonntag vormittags, Juni bis September. Sonst auf Anfrage.

ILLE-ET-VILAINE

Baguer-Morvan
Musée de la Paysannerie, Tel.: 99 48 04 04. Aspekte des bäuerlichen Lebens. 1. Mai bis 30. September täglich geöffnet.
Cesson-Sevigne
Musée automobile de Bretagne, 40, route de Fougère, Tel.: 99 62 00 17. Verkehrsmuseum mit 80 Autos sowie Fahrrädern und frühen Transportmitteln. Täglich geöffnet.
Dinard
Musée de la Mer, 17, ave. Georges V. Tel.: 99 46 13 90 Meeresmuseum. Geöffnet Pfingsten bis Mitte September.

Musée du Pays de Dinard
Villa Eugénie, 82, rue des Français Libres, Tel.: 99 46 81 05. Heimatmuseum. Geöffnet von Ostern bis zum 11. November.

Dol-de-Bretagne

Musée Historique, 4, place de la Trésorerie. Lokalgeschichte und Skulpturen. Mai bis Ende Oktober täglich geöffnet.

Fougères

Musée de la Chaussure, im Château, Tel.: 99 99 18 98. Schuhwerk. Außer im Januar täglich geöffnet.

Musée de la Villéon, 51, rue Nationale, Tel.: 99 94 12 20. Fachwerkhaus mit Werken des impressionistischen Malers Emanuel de la Villéon. Juni bis September täglich geöffnet, sonst an Wochenenden und in den Schulferien.

Montfort-sur-Meu

Eco-Musée d'Art et Traditions Populaire, 2, rue du Château, Tel.: 99.09.31.81. Ländliche Kunst und Traditionen, Trachten. Ganzjährig außer samstags geöffnet. Juni bis September 10-12 und 14-18 Uhr, ansonsten 14-18 Uhr.

Quebriac

Musée Internationale de la Faune, Les Brûlons, Tel.: 99 68 10 22. 300 Tiere in „natürlicher" Umgebung. März bis November täglich geöffnet.

Rennes

Musée des Beaux-Arts, 20, quai Emile-Zola, Tel.: 99 28 55 85. Kunstwerke aus dem 14. bis 20. Jh. Täglich geöffnet außer dienstags.

Galerie Jaques Callot, Le Grand Huit, 1, rue St-Helier, Tel.: 99 37 35 33. Jedes Jahr vier bis fünf Ausstellungen mit Künstlern von internationalem Rang. Geöffnet täglich außer montags.

St-Malo

Musée d'Histoire de la Ville, im Château de la Chipaudière, Tel.: 99 40 71 57. Die Stadtgeschichte von der Zeit des Sklavenhaltertums und der Piraterie bis zum Einfall der Nazis. Geöffnet täglich außer dienstags und im Januar.

Musée Quic-en-Groigne, Place Chateaubriand, Tel.: 99 40 80 26. Wachsfiguren. April bis Oktober täglich geöffnet.

Aquarium et Exotarium, Place Vauban, Tel.: 99 40 91 86. Täglich geöffnet; von Juli bis September (auch bis 22 Uhr).

Musée International du Long-Cours et des Caps-Horniers, Tour Solidor, St-Servan, Tel.: 99 40 71 58. Ozeanschiffahrt. Geöffnet jeden Nachmittag außer dienstags; von April bis Oktober den ganzen Tag. Im Januar geschlossen.

Musée de la Poupée, 13, rue de Toulouse, Tel.: 99 40 15 51. 300 Puppen. 1. Juli bis Mitte September täglich geöffnet (außer dienstags).

Tinteniac

Musée de l'Outil et des Métiers, Tel.: 99 68 02 03. Werkzeuge und Arbeitsgeräte der Handwerker von einst und heute. Juli bis September täglich geöffnet außer Sonntag morgens.

MORBIHAN

Bignan

Domaine de Kérguéhénnec. Tel.: 97 20 21 19. Schloß aus dem 18. Jahrhundert, dessen Besitzer sich der Förderung der modernen Kunst verschrieben haben. Wechselnde Ausstellungen. April bis Oktober täglich geöffnet.

Belle-Ile

Musée Acadien, Tel.: 97 52 84 17. Museales über Französisch-Kanada.

Musée de la Citadelle Vauban, Belle-Ile-le-Palais, Tel.: 97 31 84 17.

Carnac

Musée Miln-le-Rouzic, Tel.: 97 52 22 04. Prähistorische Archäologie. Täglich geöffnet.

Le Faouët

Musée du Faouët, Tel.: 97 23 07 68. Figurative Darstellungen aus dem 19. und 20. Jahrhundert. Juli und August täglich geöffnet.

Josselin

Musée des Poupées, 3, rue des Trente, Tel.: 97 22 36 45. Puppen.

Lorient

Galerie Espace l'Orient, 13, rue Beauvais, Tel.: 97 21 78 73. Moderne Kunst. Öffnungszeiten: Montag bis Samstagnachmittags.

Musée de la Mer, Maison de la Mer, Quai Rohan, Tel.: 97 84 87 37. Meeresmuseum. Täglich außer dienstags geöffnet.

Port-Louis

Musée de la Citadelle, Tel.: 97 82 19 13. Eigentlich zwei Museen: Kriegswaffen der Marine und Museum der französischen Ostindienkompagnie, *Compagnie des Indes*. Täglich geöffnet außer dienstags (vom 1. November bis 15. Dezember geschlossen).

St-Marcel

Musée Régional d'Histoire de l'Occupation et de Résistance en Bretagne, Tel.: 97 75 17 41. Zur Erinnerung an die Nazi-Besetzung und den bretonischen Widerstand.

Vannes

Musée des Beaux Arts, Rue des Halles, Tel.: 97 42 59 56. Künstler aus der Region und internationale Künstler (Corot, Goya, Delacroix). Täglich geöffnet.

Musée Préhistorique, Château Gaillard, rue Noë, Tel.: 97 42 59 80. Täglich geöffnet außer an Sonn- und Feiertagen.

Aquarium, La Ferme des Marais, Tel.: 97 42 74 93.

KONZERTE UND THEATER

Überkommenes und Modernes sind in der Bretagne gleichermaßen gegenwärtig, gerade im künstlerischen Bereich. Nachstehend finden Sie eine Aufzählung der wichtigsten regionalen Volksfeste, Theater- und Musikfestivals, sowohl der traditionellen (keltischen) als auch der neuzeitlichen. Die Theaterszene kennzeichnen eine Vielzahl von Provinztheatern, doch Ballett-Truppen und Opern-Ensembles aus Paris gastieren im Rahmen ihrer Frankreich-Tourneen auch in der Bretagne.

CÔTES-D'ARMOR

Dinan
Festival Musical, Tel.: 99 54 20 20. Moderne aber auch klassische Musik in geschichtsträchtiger Umgebung. Gleichzeitig findet ein internationaler Wettbewerb statt, auf dem der beste Musikant auf der keltischen Harfe ermittelt wird. Mitte Juli.
Fête des Remparts. Mittelalterliche Festspiele in der Altstadt. Oktober.
Guingamp
La Sainte-Loup. Bretonisches Tanzfestival. Mitte August.
Lamballe
Festival folklorique des Ajoncs d'Or. Traditionelles Musikfest. Zweiter Sonntag im Juli.
Lannion
Festival d'orgue et Musique Spirituelle. Orgelwettbewerbe. Jeden Freitag im Juli und August.
Perros-Guirec
Fête des Hortensias. Mitte August.
Ploezal-Runan
Festival de la Roche-Jague. Ausstellungen und andere kulturelle Veranstaltungen. Juni bis September.
St-Brieuc
Le mai Breton. Traditionelles Maifest.
Finistère
Château-du-Faou, *Festival des Danses et Traditions Populaires*, Tel.: 98 81 80 10. Internationale Folklorefestspiele. Mitte August.
Concarneau
Fêtes des Filets Bleus. Ursprünglich ein Fest, bei dem die Netze der Fischer gesegnet wurden, heute ein großes Folklorefestival. Dritter Sonntag im August.
Plomodiern
Fête du Ménez-Hom. 15. August.
Plozevet
Festival International de Folklore, Tel.: 98 95 20 67. Ende Juli.
Pont-L'Abbé
Fête des Brodeuses. Zweiter Sonntag im August.
Quimper
Festival de Cornouaille, Tel.: 98 55 53 53. Großes Folklorefest, über 140 Veranstaltungen, an denen mehr als 4000 Menschen teilnehmen. Letzte Juliwoche.

ILLE-ET-VILLAINE

Bain-sur-Ost
Son-et-lumière. Zur Geschichte Redons und der historischen Anfänge der Bretagne. Juli.
Bécherel
Festival de Théâtre, Danse et Musique. Tel.: 99 31 55 33. Mitte Juli.
Dinard
Fête de la Jeunesse et de la Mer. Ende August.
Hede
Festival de Théâtre, Danse et Musique. Mitte August.
Monterfil
Grand Concours de musique gallèse. Musikwettbewerb. Mitte Juni.
Redon
La Bogue d'Or. „Die goldene Schale". Oktober.
Rennes
Festival traditioneller Künste. Ende April.
Tombées de la Nuit. „Einbruch der Nacht" – das größte Ereignis des Sommers in der Stadt; eine Woche bretonische Musik, bretonischer Tanz und bretonisches Theater. Ende Juni/Anfang Juli.
St-Malo
Fête folklorique du Clos Poulet. Traditionelles Volksfest. Juli.
Festival de la Musique Sacrée, Tel.: 99 56 51. Religiöse Musik. 28. Juli/August.

MORBIHAN

Carnac
Grande Fête des Menhirs. Dritter Augustsonntag.
Elven
Lancelot du Lac, Tel.: 97 53 52 79. Eine „son-et-lumière"-Show der Artus-Legende. Mitte Juli bis Ende August (jeden Freitag und Samstag).
Lizio
Fête des Artisans. Mitte August.
Lorient
Festival Interceltique. Keltische Festspiele. Erste Augusthälfte.
Vannes
Journées mediévales de Vannes
Mittelalterliches Spektakel, das die Ankunft der Anne de Bretagne in Vannes nachspielt; mit Troubadouren, Wettspielen und mittelalterlicher Musik. Anfang Juli.
Festival du Jazz, Tel.: 97 53 18 22. Anfang August.

WICHTIGE BAUWERKE

Das hauptsächlich verwendete Baumaterial in der Bretagne ist grauer Granit, was dazu führt, daß an regnerischen Tagen Städte und Dörfer eine ziemlich düstere Stimmung ausstrahlen. In der Sommersonne jedoch sind die langen, niederen Landhäuser – oft noch mit Strohdach – ein erfreulicher Anblick besonders dort, wo die Häuser mit Geranien geschmückt sind.

Große Architektur hat die Bretagne nicht zu bieten. Die schönsten Kathedralen stehen in Tréguier, Dol-de-Bretagne, St-Pol-de-Léon und Quimper. Eine ganz besondere Art von sakralen Bauwerken, die es so nur in der Bretagne gibt, sind die *Enclos paroissiaux* (Pfarreinfriedungen). Ende des 14. Jahrhunderts fingen die Pfarreien an, ihre Kirch- und Friedhöfe auszuschmücken. Die einzelnen Gemeinden wetteiferten miteinander, und je wohlhabender eine Gemeinde war, desto pompöser fiel das Umfeld der Kirche aus. Die schönsten Beispiele sind im Finistère im Gebiet um Léon zu besichtigen. Der Kalvarienberg in St-Thégonnec ist fast vollständig erhalten, doch auch der einstige Hauptrivale Guimiliau ist wirklich sehenswert; St-Servais, Lampaul-Guimiliau und Pencran ebenfalls.

Typischer für die Bretagne als große Châteaux sind prächtige Guts- und Herrenhäuser, die um einen Innenhof gebaut sind. Einige der Schlösser und andere interessante Bauwerke lohnen aber ebenfalls den Besuch. Die wichtigsten von ihnen sind nachfolgend aufgelistet :

CÔTES-D'ARMOR

Dinan
Donjon de la Duchesse Anne (siehe „Museen und Galerien")

Erquy
Château de Bienassis, Tel.: 96 72 22 03. Eine der späten Schloßfestungen in Frankreich. Geöffnet Juni bis Mitte September, täglich außer Sonn- und Feiertagen.

Lanvellec
Château de Rosanbo, Tel.: 96 35 18 47. Aus dem 14. Jahrhundert. Die Räume sind zum Teil mit Louis XIII und Louis XIV Möbeln ausgestattet; die Gärten wurden von Le Nôtre entworfen. Geöffnet: Mitte April bis Ende September an den Wochenenden; Juli/August täglich.

Pledeliac
Château de la Hunaudaie, Tel.: 96 34 18 47. Befestigtes Schloß aus dem 14./15. Jh. Geöffnet: Ostern bis Ende September an den Sonntagen; Juli/August täglich.

Plenée-Jugon
Abbaye de Boquen. 1137 gegründete Zisterzienser-Abtei. Im Juli und August werden von 14 bis 16.30 Uhr Führungen angeboten.

Ploëzal
Château de la Roche-Jagu, Tel.: 96 95 62 35. Halb Schloß, halb Herrenhaus (an der Mündung des Trieux). Kleiner Vergnügungspark für Kinder. Ganzjährlich geöffnet, von April bis Mitte September Führungen.

Quintin
Château de Quintin, Tel.: 96 74 94 79. Mit Schloßmuseum und -restaurant. Im Park ist ein Pavilion aus dem 18. Jh. zu besichtigen, der einzig fertiggestellte Teil des „neuen" Schlosses. April bis Oktober täglich geöffnet, sonst aber nur am Wochenende.

Tonquedec
Château de Tonquedec. Schloßruine am Tal der Léguer. Es werden Rundfahrten mit der Pferdekutsche angeboten. Geöffnet Juni bis August.

FINISTÈRE

Carantec
Château du Taureau, Tel.: 98 67 00 43. Erbaut 1542, um Morlaix gegen die Engländer zu verteidigen. Später als Gefängnis genutzt. Besuche werden vom örtlichen „Syndicat d'initiative" organisiert.

Daoulas
Abbaye de Daoulas, Tel.: 98 25 84 39. Kloster aus dem 12. Jh. Druidische „Wunderquelle" und Kapelle aus dem 16. Jh. Im Garten wachsen 200 verschiedene Heilpflanzen. Täglich geöffnet.

Plouzévédé
Château de Kerjean, St-Vougay, Tel.: 98 69 93 69. Renaissanceschloß mit großem Park. Im Sommer Ausstellungen und Vorführungen. Geöffnet jeden Nachmittag außer dienstags und an Feiertagen.

St-Goazec
Château de Trévarez, Tel.: 98 26 82 79. Um 1900 erbauter Granitbau. Landwirtschaftliche Experimentierstation. April bis Oktober täglich geöffnet (außer dienstags); sonst nur an Wochenenden und Feiertagen.

Sibiril
Château de Kérouzéré, Tel.: 98 29 96 05. Beispiel für den Festungsbau im 5. Jh. Besichtigungen Juli bis Mitte September nach Vereinbarung.

LLE-ET-VILAINE

Bazouges-la-Perouse
Château de la Balue, Tel.: 99 97 46 37. Sitz der bretonischen Royalisten („Chouans") während der Revolution. Ausstellung: Gärten der Welt. Von Juni bis September nach Vereinbarung (außen und Park).

Bécherel
Château de Caradeuc, Tel.: 99 66 77 76. Das „Versailles der Bretagne". Der Schloßpark ist von März bis Oktober täglich geöffnet, ansonsten Samstag u. Sonntag nachmittags.

Combourg
Château de Combourg, Tel.: 99 73 22 95. Eindrucksvolles mittelalterliches Schloß; hier verbrachte der Schriftsteller Chateaubriand seine Jugend. April bis September tägliche Führungen (außer dienstags).

Fougères
Château de Fougères. 13 erhaltene Türme; eines der imposantesten und am besten erhaltenen Beispiele mittelalterlicher europäischer Festungsarchitektur. Außer im Januar täglich geöffnet (siehe auch „Museen und Galerien").

Les Iffs
Château de Montmuran, Tel.: 99 45 88 88. Vom 12. bis zum 14. Jh. wiederaufgebaut. Der berühmte Bertrand du Guesclin wurde hier zum Ritter geschlagen und später verheiratet. Ostern bis Ende Oktober jeden Nachmittag geöffnet; sonst nur an den Wochenenden nachmittags.

Montauban-de-Bretagne
Château de Montauban, Tel.: 99 06 40 21. Feudalschloß mit hufeisenförmigem Burgverlies. Waffenmuseum. Juni bis September jeden Nachmittag geöffnet.
Pleugueneuc
Château de la Bourbansais. Aus dem 16. Jh. (siehe „Erkundungen“).
St-Malo
Château de la Chipaudière (siehe „Museen und Galerien“).
Manoir de Limoeleu, Tel.: 99 40 97 73. Gutshaus aus dem 15. Jh. Geöffnet Mittwoch bis Sonntag; Juni bis September.
Vitré
Château de Vitré, Tel.: 99 75 04 54. Noch ein hervorragendes Beispiel mittelalterlichen Festungsbaus; im Sommer angestrahlt. April bis September täglich geöffnet (bis Juli dienstags geschlossen); Oktober bis März nur Mittwoch bis Freitag geöffnet.
Château des Rochers-Sévigné, Tel.: 99 96 76 51. Bevorzugter Aufenthaltsort der Madame de Sévigné in der Bretagne und wiederholt erwähnt in ihren berühmten „Lettres“ (Briefen) an ihre Tochter. Die Gärten wurden von Le Nôtre entworfen. November bis Februar geschlossen; täglich.

MORBIHAN

Beganne
Château de Léhélec, Tel.: 99 91 81 14. Während der Revolution Zufluchtsstätte für die königstreuen „Chouans“. Juli/August nachmittags geöffnet (außer dienstags).
Bignan
Château de Kerguéhénnec. Erbaut Anfang des 18. Jhs. von einem der Gründer der „Compagnie des Indes“. Heute ist das Schloß ein Zentrum zeitgenössischer Kunst (siehe „Museen und Galerien“).
Elven
Château de Largoët, Tel.: 97 53 35 96. Von dem Bau aus dem 14. Jh. sind nur noch zwei Türme erhalten geblieben. Diese bilden einen eindrucksvollen Hintergrund für ein „son et lumière“-Spektakel im Sommer. Täglich zur Besichtigung freigegeben.
Josselin
Château de Rohan. Eines der schönsten Schlösser in der Region; beherbergt die Puppensammlung der Familie Rohan (siehe „Museen und Galerien“).
Pontivy
Château des Rohan, Rue du Général de Gaulle, Tel.: 97 25 12 93. Das befestigte Schloß einer der mächtigsten Familien der Bretagne hat die Zerstörungsversuche fast unbeschadet überstanden.
Rochefort-en-Terre
Château de Rochefort, Tel.: 97 43 81 78. Über der mittelalterlichen Stadt und dem benachbarten Gueuzon-Tal gelegen, beherbergt das Schloß heute ein Museum. Juni bis September täglich geöffnet; April/Mai nur an den Wochenenden.
Rohan
Abbaye Notre Dame de Timadeuc, Bréhan, Tel.: 97 51 50 29. Zisterzienser-Abtei aus dem 19. Jahrhundert mit der Möglichkeit, Gregorianischem Gesang beizuwohnen. Täglich geöffnet.
Sarzeau
Château de Suscinio, Tel.: 97 41 82 37. Bombastisches Bauwerk, das im 13. Jh. begonnen und während der Revolution zerstört wurde. April bis September täglich geöffnet; Oktober bis März nur dienstags und an den Wochenenden.
Theix
Château de Plessis Josso, Tel.: 97 43 16 16. Mischung verschiedener Stilarten; Louis XIII-Pavilion. Mitte Juli bis Ende August täglich geöffnet.
Vannes
Château Gaillard, Tel.: 97 42 59 80. Gutshaus, 15. Jh, prähistorisches Museum.

NACHTLEBEN

Wer in die Bretagne fährt, ist in der Regel nicht auf ausgiebiges Nachtleben aus. An den Abenden ist in den größeren Städten und Ferienzentren jedoch durchaus für Abwechslung gesorgt. In Cafés und Bars treffen sich alt und jung – Kontakte werden schnell geknüpft. Auch Nachtclubs und Diskotheken sind natürlich vorhanden.

Casinos bieten dem Besucher nicht nur die Möglichkeit, die Urlaubskasse zu verspielen oder aufzubessern, sondern haben noch einiges mehr im Angebot. Das „Palais d’Emeraude“ in Dinard zum Beispiel wartet mit einem Theater, Restaurant und Nachtclub auf. Wer es tatsächlich mit dem Glücksspiel versuchen will, sollte seinen Ausweis nicht vergessen.

Kino- und Theatervorstellungen beginnen meistens erst um 21 Uhr, so daß man vorher in Ruhe zu Abend essen kann.

Im großen und ganzen finden in der Bretagne Nachteulen wenig Gelegenheit umherzuziehen. In den ländlichen Regionen schließen Bars und Restaurants schon recht früh, auch in der Hauptferienzeit.

Einkaufen

In den letzten Jahrzehnten kamen die Planer der meisten größeren Städte in der Bretagne zu der Einsicht, das Stadtzentrum den kleinen Läden und Boutiquen zu überlassen. Fußgängerzonen wurden eingerichtet, und so kann heute ein Einkaufsbummel in der Innenstadt eine vergnügliche Sache sein (Vorsicht: manche Autofahrer beachten das „Voie piétonnée"-Schild nicht). Die großen Super- und Verbrauchermärkte, Möbel- und Heimwerkermärkte sind an den Stadtrand verbannt und meist zu Einkaufszentren („Centre Commercial") zusammengefaßt. Leider wurden viele dieser Einkaufszentren ausschließlich nach funktionalen Gesichtspunkten erbaut, so daß die Außenbezirke nicht gerade das sind, was man als städtebaulich gelungen bezeichnen würde. St-Brieuc ist das beste Beispiel hierfür.

Diese Zentren sind vor allem für Selbstversorger geeignet, die Lebensmittel in großen Mengen einkaufen. Die Auswahl ist groß, und auch der Wein wird zu vernünftigem Preis verkauft; wer ein paar Flaschen mit nach Hause nehmen will, ist hier an der richtigen Stelle.

In den Innenstädten ist das Einkaufen allerdings weit interessanter. In jedem zweiten Laden werden den Touristen echt bretonische Pullover und die traditionellen Spitzen (ein schönes Mitbringsel – aber auf die Qualität achten!) angeboten. Auch Marine-Souvenirs sind im Überfluß zu finden: Karten, Flaschenschiffe, Modellboote usw.

In nahezu jeder Stadt gibt es einen Wochenmarkt. Auch wenn man nichts Besonderes einkaufen will, ist der Bummel über solch einen Markt ein „Muß". An der Küste sind Stände mit jedweder Art von Meeresfrüchten und Fischen zu bewundern. Im Binnenland wartet Samstagvormittags der riesige Markt in Rennes mit einer Fülle von Früchten, Gemüsen, Blumen, Käsesorten und vielem anderen mehr auf den Besucher. Andere besonders attraktive Wochenmärkte finden in Vannes (mittwochs und Samstag vormittags), Auray (Montagvormittags) und in Quimper (berühmt für sein Porzellan) statt.

Ausflüge kann man so planen, daß immer gerade ein Wochenmarkt – als zusätzlicher Anreiz – stattfindet. Am Montag ist in St-Cast, am Donnerstag in Dinan und am Freitag in Guingamp Markttag. Besonders für Kinder ist der Besuch einer der zahlreich stattfindenden Viehmärkte ein Erlebnis. Ebenfalls faszinierend sind die in der Finistère abgehaltenen „Criées": Wenn die Fischer am Morgen mit ihren Booten heimkehren, wird der Fang gleich am Kai versteigert. In folgenden Häfen wird der Fisch so versteigert: Audierne, Concarneau, Douarnenez, Le Guilvinec, Lesconil, Loctudy und St-Guénolé. Das örtliche Syndicat d'Initiative erteilt nähere Auskünfte.

EINKAUFSTIPS

Auf Luxusgüter wird eine Mehrwertsteuer (TVA) zwischen 18,6 Prozent und 33 Prozent erhoben. Bei einem bestimmten Mindesteinkaufswert (Deutschland: 1400 Francs; Österreich/Schweiz: 800 Francs) bekommen Touristen die Mehrwertsteuer zurückerstattet. Die meisten größeren Läden und Verbrauchermärkte haben ein Informationsbüro, wo ein Verkaufsschein für die erworbene Ware ausgestellt wird. Dieser muß von der Steuer- oder Zollbehörde des Heimatlandes (Grenze oder Flughafen) abgezeichnet werden, wobei die Ware vorzuzeigen ist. Dann ist der Schein an das Zollamt in Paris (*Bureau des Douanes de Paris*, 61, rue de la Chapelle, F-75018 Paris) zu schicken, von wo das Geld zurücküberwiesen wird (Kontonummer angeben!). Bei ausgefalleneren Gegenständen wie Antiquitäten sind unter Umständen besondere Zollerklärungen auszufüllen. Nähere Auskünfte darüber erteilt das Zollamt *(Direction Générale des Douanes)* in Paris; Tel.: (1) 42 60 35 90).

Bei Reklamationen sollten fehlerhafte Waren so schnell wie möglich ins Geschäft zurückgebracht werden. Kommt es zu ernsthaften Auseinandersetzungen, und man fühlt sich unfair behandelt, so kann die örtliche *Direction Départementale de la Concurrence et de la Consommation et de la Répression des Fraudes*, der Verbraucherschutzverband (Telefonnummer im Telefonbuch), kontaktiert werden.

In den meisten Geschäften kann man Kleider vorher anprobieren („essayer"). Vor allem Kinderbekleidung fällt oft wesentlich kleiner aus als für die gleichen Altersstufen in anderen Ländern.

LADENSCHLUSS

Lebensmittelgeschäfte, insbesondere die Bäcker, öffnen meistens schon ziemlich früh; Boutiquen und Kaufhäuser um 9 Uhr, manche erst um 10 Uhr. Die kleinen Läden in der Innenstadt legen in der Regel von 12 bis 14 Uhr eine Mittagspause ein. Supermärkte haben durchgehend geöffnet. Abends schließen die Geschäfte frühestens um 18.30 oder 19 Uhr; in den Ferienzentren und im Sommer viel später.

Alle Läden haben Montagvormittags geschlossen, manche auch den ganzen Tag. Die Mittagspause sollte nicht vergessen werden, wenn man ein Picknick beabsichtigt. Feinkostläden („Charcuterie") bieten dafür leckere fertig vorbereitete kleine Gerichte an.

SPORT

SPORT TREIBEN

Welchen Sport auch immer man betreibt – in der Bretagne hat man fast sicher die Möglichkeit dazu. Natürlich werden alle Arten von Wassersport angeboten, doch auch die Golf- und Tennisspieler kommen auf ihre Kosten. Es gibt überraschend viele Golfplätze, und selbst in den kleinsten Dörfern ist ein Tennisplatz nichts Ungewöhnliches. Unter Umständen ist eine Mitgliedschaft auf Zeit im örtlichen Tennisverein nötig (Informationen beim örtlichen Syndicat d'Initiative oder beim Bürgermeisteramt, der„Mairie").

Das Syndicat d'Initiative erteilt auch nähere Auskünfte über alle weiteren Sportmöglichkeiten am Ort und in der Umgebung. Nachstehend ein paar allgemeine Anmerkungen zur sportlichen Betätigung.

WASSERSPORT

Windsurfen

An der langen bretonischen Küste ist dies wohl der verbreiteste Sport. Das Mieten einer Ausrüstung ist zwar nicht ganz billig, aber immer noch preiswerter als das Mieten eines Segelboots. Sowohl Anfänger, die in den geschützten kleinen Buchten üben können, als auch Fortgeschrittene, die es gleich auf dem offenen Atlantik versuchen, werden in der Bretagne ein Revier finden. Die Südküste von Audierne bis Concarneau ist für alle geeignet. Die Pointe de la Torche bei Pont l'Abbé im Finistère bietet die größte Herausforderung für den Könner. Hier halten die Franzosen auch ihre internationalen Windsurf-Meisterschaften ab. Fast in jedem größeren Ferienort an der Küste gibt es eine Windsurfschule. Viele Campingplätze haben eigene Windsurf-Ausrüstungen und -Lehrer.

Segel- und andere Boote

Über 40 Häfen mit sicheren Ankerplätzen können Segler in der Bretagne anlaufen; und viele mehr, deren Vorrichtungen eher beschränkt sind. Yachtclubs sind in der Breta-gne so alltäglich wie woanders Tennis- oder Fußballvereine. Ein Verzeichnis aller Häfen und Segelschulen erhält man beim Fremdenverkehrsamt in Rennes (siehe „Nützliche Adressen"), oder man wendet sich an: *La Ligue Haute-Bretagne*, 1, rue des Fours à Chaux, 35260 Cancale (zuständig für Ille-et-Vilaine und Côtes-d'Armor) oder *La Ligue Armor*, 2, cours de Bôve, 56100 Lorient (Morbihan und Finstère).

Wer kein eigenes Boot zur Verfügung hat, sich aber dennoch gern aufs Meer begeben möchte, hat die Möglichkeit, ein Motor- oder Ruderboot zu mieten. Nichtschwimmer sollten davon jedoch lieber absehen. Kindern Schwimmweste anlegen! Die meisten Seebäder verfügen über eine etwa 22 Meter lange, quer zur Küste verlaufende Anlegemole, so daß das Boot sicher wieder angelandet werden kann. In Cancale (Côtes-d'Armor) werden mit der *Bisquine,* einer wunderschönen Nachbildung eines alten bretonischen Fischerboots, Ausflüge unternommen, auch zum Fischen. *Association la Bisquine Cancalaise*; Tel.: (Rathaus) 99 89 77 87.

Wasserski

Dieser sehr beliebte Sport ist ebenfalls weit verbreitet, und es ist möglich, Stunden zu nehmen. Eine entsprechende Auflistung verschickt die *Ligue de Bretagne de Ski Nautique*, BP 99, 49303 Cholet.

Tauchen

Die Unterwasseransicht vermittelt einmal eine ganz andere Perspektive. Abgesehen von der Unterwasserflora und -fauna kann man einen Blick auf solch faszinierende Steinformationen wie das „Er Lannic Cromlech" (ein kreisförmige Gruppe von Menhiren) im Golfe de Morbihan werfen. Das Verzeichnis aller Taucherclubs, die in der Regel über eigene Kompressoren oder Einrichtungen zum Auffüllen der Sauerstoffflaschen verfügen, erhält man vom *Comité Régional Bretagne-Normandie de la Fédération Française d'Etude des Sports Sous-Marins*, 78, rue Ferdinand-Buisson, 44600 St-Nazaire. Im Falle eines Unfalls gibt es in Brest und Lorient Dekompressionskammern. Wer mit der Harpune auf Jagd gehen will, benötigt dafür eine Erlaubnis. Anträge an das jeweilige *Bureau des Affaires Maritimes* (Adresse im Telefonbuch) richten.

Strandsegeln

„Char à voile" ist an den langen, manchmal menschenleeren Stränden der Bretagne ein aufregendes Erlebnis. Wo Strandsegler zu mieten sind, erfährt man von der *Ligue Régionale de Char à Voile*, 26bis, rue Belle-Fontaine, 56100 Lorient.

Kanu

Das Paddeln beschränkt sich nicht nur auf die Binnenlandflüsse (siehe „Unterwegs"). Die *Ligue de Bretagne de Canoë-Kayak* bietet sowohl Anfängerkurse als auch spannende Möglichkeiten für schon erfahrene Kanuten (zum Beispiel „Kayak de Surf" oder „Kayak Polo"). *A.B.R.I.* (siehe „Nützliche Adressen") organisiert unter anderem „Pauschalreisen" mit dem Kanu, bei denen die Übernachtungen schon im voraus gebucht werden.

Weitere Informationen sind zu beziehen bei: *M.C. Hunaut, Président du Comité Régional de Canoë-Kayak*, Ponthoën, Servel, 22300 Lannion und beim *Comité Départemental de Canoë-Kayak du Finistère*; 5, rue de la Vallée, 22360 Langueux.

RADFAHREN

Radfahren ist immer noch Nationalsport in Frankreich, wofür die unzähligen Radfahrerclubs – gerade auch in der Bretagne – der beste Beweis sind. Am einfachsten ist es, das eigene „vélo" mitzubringen, doch kann auch an jedem größeren Bahnhof eines preiswert ausgeliehen werden. Sonst wendet man sich an ein Fahrradgeschäft oder das örtliche Fremdenverkehrsbüro.

Einige Jugendherbergen verleihen ebenfalls Fahrräder und organisieren Touren von Herberge zu Herberge. *A.B.R.I.* arrangiert solche Touren ebenso wie *Loisirs Accueil* in den einzelnen Départements (siehe „Nützliche Adressen"). Oder Sie wenden sich schon zu Hause an einen Reiseveranstalter, der Pauschalreisen mit dem Fahrrad anbietet.

Viele lokale Fahrradclubs veranstalten sonntags Ausflüge, zu denen auch Gäste – mit eigenem Fahrrad – willkommen sind. Fragen Sie nach beim *Comité Départemental de Cyclotourisme* (Côtes-d'Armor), 116 bis, rue des Cheminots, 22000 St-Brieuc; Tel.: 96.33.67.59.

Für die Finistère bei: *M. Meaude*, 5, lot. de Bellevue, 56250 St-Nolff.

REITEN

Reitschulen („Centres équestres"), die stundenweise Pferde vermieten oder Gruppenausritte organisieren, sind in den ländlichen Gebieten der Bretagne überall zu finden. Bei der *Association Régionale du Tourisme Equestre en Bretagne* erhält man eine Übersicht über das Netz der Reitwege sowie hilfreiche Adressen. Anschrift: *A.R.T.E.B.*, 8, rue de la Carrière, 56120 Josselin. Tel.: 97 22 22 62. Reitferien und Reisen im Planwagen organisieren die *Services Loisirs Accueil* (siehe „Nützliche Adressen").

GOLF

In den letzten Jahren hat Golf in Frankreich zunehmend an Popularität gewonnen. Die Bretagne hat zehn 18-Loch- und einige 9-Loch-Plätze sowie „Pitch und Putt"-Anlagen für die ganze Familie anzubieten.

Der sogenannte „Greenfee" für die Golfplätze beträgt etwa 170 Francs am Tag. Anspruchsvollen Golfern seien die folgenden Plätze empfohlen:

Côtes-d'Armor

Lantic
Golf des Ajoncs d'Or, Etables-sur-Mer, Tel.: 96 71 90 74. Städtischer Golfplatz von hohem Standard; 6230 Meter; Par 72.

Boisgelin
Pléhédel, Tel.: 96 22 31 24. Im Park des Château Coatguelen; geöffnet April bis Dezember; 2356 Meter; Par 32.

Pleumeur-Bodou
Golf de St-Samson, Tel.: 96 23 87 34. Liegt vier Kilometer von Trégastel und ist nicht leicht zu finden; 5692 Meter; Par 72.

Finistère

Landerneau
Iroise, Tel.: 98 21 68 49. Öffentlicher Platz mit Kinderspielplatz; dienstags geschlossen; 6213 Meter; Par 72.

L'Odet
Clohars Fouesnant, Benodet, Tel.: 98 57 26 16. Gebühren je nach Saison verschieden; 6207 Meter; Par 72.

Ille-et-Vilaine

Rennes
Golf de la Freslonnière, Le Rheu, Tel.: 99 14 84 09. 18-Loch-Platz; 5671 Meter; Par 71.

Dinard
Golf de Dinard, St-Briac, Tel.: 99 88 32 07. Einer der ältesten Plätze Frankreichs; 18-Loch-Platz; 5137 Meter; Par 68.

St-Malo
Le Tronchet, Tel.: 99 58 96 69. Meisterschaftskurs; 18-Loch-Platz; 6049 Meter; Par 72.

Morbihan

Auray
Golf de St. Laurent, Ploërmel, Tel.: 97 56 85 18. Schwieriger Platz. Es können Ferienwohnungen angemietet werden. 6040 Meter; Par 72.

Belle-Ile-en-Mer
Golf de Sauzon, Tel.: 97 31 64 65. Mit dem Boot/Schiff von Quiberon aus erreichbar. 1989 auf 18 Löcher erweitert. Clubhaus auf der ehemaligen Farm von Sarah Bernhardt.

SPORTKALENDER

Wer sich lieber genüßlich (im Liegestuhl) zurücklehnt, um zuzuschauen, wie andere den Schweiß vergießen, der ist am Meer gut aufgehoben. Den ganzen Sommer über finden Segelregatten und andere Wasserwettbewerbe statt, von denen die wichtigsten nachfolgend aufgelistet sind.

CÔTES-D'ARMOR

Lezardrieux
Grand Prix Mononautique. Anfang Juli.

St-Quay-Portrieux
Championnat International de Pêche de Mer .Fangwettbewerb der Meeresfischer mit anschließender Versteigerung. Ende Juni.
Trégtastel
24 heurs de la voile. Le Mans mit Segelbooten. Ende August.

FINISTÈRE

Brest
Grand Prix des Multicoques. Ende April.
Europäische Windsurfmeisterschaften. Mitte Mai.
Yole Cup. Oktober.
Concarneau
Festival des Vieilles Cocques. Seefahrtsschau aus früheren Zeiten. Mitte Juli.
Douarnenez
Atlantic Challenge, Tel.: 98 92 89 30. Internationale Segelregatta und Schiffsausstellung. Mitte August.
Ouessant
Tour du Finistère à la voile. Segelregatta Anfang August.

MORBIHAN

Carnac
Epreuve par CAT. Größter Katamaran-Wettbewerb Frankreichs. Ende April.
Lorient
Course de Lorient-Gijon, Tel.: 97 21 07 84. Segelregatta Ende Juni.
Vannes
Tour de France à la voile. Die Teilnehmer an der Segelregatta rund um Frankreich machen einen Tag in Vannes Halt. Ende Juli.

BRETONISCHE SPORTARTEN

Die Bretonen, ähnlich den Schotten, lieben Kraftsportarten, insbesondere das Ringen. Jedes Jahr wird in Belle-Ile-en-Terre ein großer Ringerwettbewerb veranstaltet. Beliebt sind auch Diskus- und Baumstammwerfen sowie „Tire-bâton", bei dem die beiden Gegner versuchen, sich gegenseitig mit einer Stange hochzuheben. Das örtliche Syndicat d'Initiative gibt Auskunft über diese lokalen Ereignisse.

ANDERE SPORTARTEN

Im Sommer werden in St-Malo, Dinard, Questembert und Lorient größere Reiterwettbewerbe ausgetragen. St-Malo und Dinard richten auch Tennismeisterschaften aus. Die Golfer messen sich unter anderem in Dinard, St-Malo und Rennes.

BESONDERE HINWEISE

GESCHÄFTSLEUTE

Es ist gute Geschäftsgepflogenheit, auch wenn Französisch nicht die Muttersprache ist, Geschäftsbeziehungen mit einem ansprechend formulierten, auf französisch geschriebenen Brief einzuleiten. Aber an wen kann man sich überhaupt wenden? *La Bretagne Economique* ist ein monatlich erscheinendes Organ mit Anzeigen und Berichten über die Unternehmen in der Region, und die Handelskammer in Rennes (*Chambre de Commerce et d'Industrie*, 2, avenue de la Préfecture, 35042 Rennes Cedex, Tel.: 99 33 66 66) bietet ihre Hilfe an. Sie versorgt ausländische Geschäftsleute mit wertvollen Informationen: Das „Bureau d'information sur les entreprises" wartet mit Daten und Fakten über die am Ort ansässigen Industrie- und Handelsunternehmen auf; das „Centre de formalités des en-treprises" hilft, mit Formularen und Papieren zurechtzukommen und das „Département de Commerce extérieur" (Tel.: 99 33 66 50) hat ganz allgemein die Aufgabe, Geschäftsabschlüsse mit dem Ausland zu fördern.

Konferenzräume können im Gebäude der Handelskammer im Süden der Stadt angemietet werden. Die bretonischen Hotels, mit Ausnahme der Hotelketten wie *Novotel* oder *Sofitel*, sind überwiegend auf die Bedürfnisse von Touristen zugeschnitten. Dafür gibt es aber sicherlich nichts Schöneres, als sich nach einem anstrengenden Arbeitstag in entspannter Atmosphäre den kulinarischen Genüssen zuzuwenden, die die Bretagne zu bieten hat.

In den folgenden Städten sind Einrichtungen für größere Konferenzen vorhanden:

Côtes-d'Armor: Perros-Guirec, Trégastel, St-Brieuc; **Finistère:** Brest; **Ille-et-Vilaine:** Dinard, Rennes, St-Malo; **Morbihan:** Lorient, Quiberon, Pontivy, Vannes. Weitere Informationen sind auf Anfrage vom *Comité Régional du Tourisme* (siehe „Nützliche Adressen") erhältlich. Im folgenden die Adressen der großen Handelskammern:

Côtes-d'Armor
Rue de Guernsey, 22000 St-Brieuc, Tel.: 96 96 20 94.
Finistère
Place du 19e R.I, PB 126, 29268 Brest Cedex, Tel.: 98 44 14 40.
14, place des Otages, PB 6, 29 210 Morlaix, Tel.: 98 88 61 74.

145, avenue Kéradénnec, PB 410, 29330 Quimper, Tel.: 98 98 29 29.
Ille-et-Vilaine
50, rue Nationale, PB 1061, 35301 Fougères Cedex, Tel.: 99 99 04 89.
33, avenue Louis-Martin, BP 185, 35409 St-Malo, Tel.: 99 56 60 02.
Morbihan
21, quai des Indes, BP 147, 56101 Lorient Cedex, Tel.: 97 02 40 00.

Dolmetscher können von folgenden Firmen angefordert werden:
Gaëlle Guide Servives, 13, rue Pont-aux-Foulons, 35000 Rennes, Tel.: 99 35 00 09.
Tombelaine, BP 211, 35302 Fougères Cedex, Tel.: 99 94 29 40.
Bretagne Buissonière, La Villeneuve, 56400 Auray, Tel.: 97 56 27 91.
Association Lagad-Tourisme, Office des Tourisme, Place des Otages, 29210 Morlaix, Tel.: 98 62 14 94.

KINDER

In der Bretagne, wie auch sonst in Frankreich, werden Kinder als Menschen angesehen und nicht als Belästigung. Es ist äußerst angenehm, wenn man die Kinder auch abends ins Restaurant mitnehmen kann, ohne entsetzte Blicke der anderen Gäste zu ernten. Allerdings ist dabei zu beachten, daß französische Kinder von klein an daran gewöhnt sind, mit zum Essen genommen zu werden, und sich somit relativ zivil benehmen. Man sollte versuchen, den eigenen Kindern beizubringen, daß ein Restaurant keine Spielwiese ist und auch keine Rennbahn. Viele Lokale bieten für etwa 25 Francs spezielle Kindermenüs an. Bei Kleinkindern ist es aber in der Regel völlig ausreichend, wenn sich beide Elternteile je ein Menü bestellen – da bleibt genug übrig für den hungrigen Kindermund. Für ältere Kinder können Sie immer ein Omelette (mit oder ohne „frites") bestellen, auch wenn es nicht auf der Speisekarte erscheint.

Die meisten Hotels haben Familienzimmer im Angebot. Gegen geringen Aufpreis wird ein Kinderbett („lit bébé") aufgestellt. Falls man im voraus bucht, ist es sicher sinnvoll, bereits danach zu fragen.

Viele Ferienorte am Meer warten mit Strandclubs auf, wo für Kinder aller Altersstufen gegen eine geringe Gebühr verschiedene Aktivitäten unter der Aufsicht von Betreuern angeboten werden.

Für französische Kinder ist es nichts Ungewöhnliches, ihre Ferien getrennt von den Eltern in sogenannten „Colonies de vacances" (Feriencamps) zu verbringen. Das Freizeitangebot in solchen Camps ist äußerst vielfältig: Reiten, Wassersport und andere Sportarten, Lagerfeuer etc.. Einige Organisationen vermitteln auch Ferien auf dem Bauernhof (zum Beispiel die *Ille-et-Vilaine Loisirs Accueil* – siehe „Nützliche Adressen"). Auf diese Weise können Eltern in Ruhe das Land bereisen, ohne gelangweilte und quängelnde Kinder beschäftigen zu müssen. Folgende Agenturen und Organisationen erteilen weitere Informationen:
Loisirs de France, 30, rue Godot-de-Mauroy, 75009 Paris, Tel.: (1) 47 42 51 81. Die beiden Zentren sind in Carantec in der Finistère und in St-Cast im Côtes-d'Armor.
Vacances-Loisirs, 12, rue 8 mai 1945, 75101 Paris, Tel.: (1) 42 06 19 56.
Union Française des Centres de Vacances Bretagne (U.F.C.V.), 16, rue de la Santé, 35000 Renne, Tel.: 99 67 21 02.

SCHÜLER UND STUDENTEN

Bei der Anreise mit dem Zug gibt es für junge Leute unter 26 Jahren Ermäßigungen (z. B. das Twenticket). Erkundigungen beim Bahnhof oder Reisebüro sind zu empfehlen.

Wer länger als nur ein paar Wochen bleiben will, sollte sich nach Möglichkeiten für einen Schüleraustausch oder Studienaufenthalt erkundigen. Viele deutsch-französische Städtepartnerschaften ermöglichen mehrmonatige Praktika und Arbeitsaufenthalte für Lehrlinge, Studenten und Berufstätige im Alter von 18 bis 30 Jahren. Das *Deutsch-Französische Jugendwerk* (Anschrift: DFJW, Rhöndorfer Straße 23, 53604 Bad Honnef, Tel.: 02224/18080) fördert den Jugend- und Studentenaustausch, Ferienlager, Sprachkurse und vieles mehr. Die jährlich erscheinende Broschüre „Begegnung und Austausch mit Franzosen" ist eine Fundgrube nützlicher Adressen.

Als Student kann man sich zudem an den *Deutschen Akademischen Austauschdienst* (DAAD, Kennedyallee 50, 53175 Bonn, Tel.: 0228/8820) wenden. Dort gibt es die Broschüren „Studium in Frankreich" und „Auslandsstipendien für Deutsche".

In der Bretagne selbst organisiert das *Centre de Vacances* (UFCV, 16, rue de la Santé, 35000 Rennes, Tel.: 99 67 21 02) Sport-, Freizeit- und Kulturaktivitäten für junge Leute. Das *Centre d'Information et Documentation de Jeunesse* (Anschrift: 101, quai Branly, 75015 Paris; Tel.: (1) 45 66 40 20) ist eine nationale Organisation, die Informationsmaterialien über Jugendkontakte und Studentenarbeit verschickt. Ihr Büro in Rennes (6, cours des Alliés; Tel.: 99 31 47 48) ist für jedermann zugänglich. Am Schwarzen Brett dort findet man nützliche Informationen über Unterkunftsmöglichkeiten und Veranstaltungen.

Wer einen Schüler- oder Studentenausweis vorzeigen kann, hat in Museen und Galerien, Kinos, Theatern etc. Anrecht auf ermäßigten Eintritt. Wurde der entsprechende Ausweis vergessen, reicht manchmal mit etwas Glück die Vorlage des normalen Personalausweises, mit dem das Alter belegt werden kann.

Die billigste Form des Übernachtens sind natürlich Campingplätze oder Jugendherbergen. Doch auch in den zahlreichen Hotels der Ein-Stern-Kategorie kann man zu erschwinglichen Preisen ein einfaches Zimmer mieten. Siehe „Unterkunft".

SCHWULE

In der Bretagne sind Schwulenorganisationen und -zentren dünn gesät. In den Lokalzeitungen *Ouest-France* und *Télégramme* findet man Adressen von entsprechenden Clubs. Ansonsten gibt die Wochenzeitschrift *Gai Pied* Auskünfte. Bei dringenden Fragen oder Problemen wendet man sich an *SOS Homosexualité* in Paris, Tel.: (1) 46 27 49 36. Das Telefon ist allerdings nur mittwochs und freitags, jeweils von 18 bis 24 Uhr, besetzt. Dort wird zumindest auch Englisch gesprochen.

BEHINDERTE

Für Behinderte wird es wichtig sein, die Hotelzimmer schon im voraus gebucht zu haben, anstatt „auf gut Glück" loszufahren. Im offiziellen Hotelverzeichnis für die Bretagne (erhältlich beim Fremdenverkehrsamt, siehe „Nützliche Adressen") sind Hotels, die für Behinderte gut zugänglich sind, mit dem Rollstuhl-Symbol gekennzeichnet. Man sollte aber auf jeden Fall vorher im Hotel nachfragen, wie die Einrichtungen im Einzelnen beschaffen sind. Die *Association des Paralysés de France*, 17, boulevard August-Blanqui, 75013 Paris gibt den Spezialführer *Où Ferons Nous Etape* („Wo werden wir haltmachen") heraus, in dem neben den Hotels auch behindertenfreundliche Restaurants aufgeführt sind. Der Führer kostet 40 Francs.

Das *Comité National Français de Liaison pour la Réadaption des Handicapés* (CNFLRH) in 75007 Paris, 38, boulevard Raspail Tel.: (1) 45 48 90 13 hält Adressen und Hilfen für Behinderten-Ferien in ganz Frankreich bereit. Dort wird auch ein Führer mit dem Titel *Touristes Quand Même* herausgegeben (gratis erhältlich), der auf französisch und englisch über alles informiert, was für den Behinderten wichtig sein kann: Zugang zu Flughäfen, Bahnhöfen, Sehenswürdigkeiten, Restaurants, wo Rollstühle ausgeliehen werden können und vieles andere mehr. Das Buch behandelt auch die drei bretonischen Départements Côtes-d'Armor, Finistère und Morbihan, nicht aber Ille-et-Vilaine. Für 10 Francs ist unter der selben Adresse ein Verzeichnis der Hotelketten, die behindertengerecht eingerichtet sind, erhältlich (das Verzeichnis für die Provinzen anfordern; Paris wird in einem besonderen Verzeichnis abgehandelt). Allerdings stammen diese Verzeichnisse noch aus dem Jahr 1982, so daß man sich zur Abklärung vorher unbedingt nocheinmal an die Hotels selbst wenden sollte. Rollstühle und anderes Gerät können bei der folgenden Organisation ausgeliehen werden:

Medicap Service, 21, rue Marcel-Proust, St-Brieuc, Tel.: 96 78 12 77.

Das Ferienzentrum in Beg-Meil ist ganz auf behinderte Gäste zugeschnitten. Es gibt dort ein zentrales Restaurant, viel Unterhaltung und ein weitgefächertes Angebot kultureller Aktivitäten. Nähere Informationen erhalten Sie bei: *Renouveau*, Service Diffusion, 2, rue Trésorie, 73023 Chambéry Cedex; Tel.: 79 70 37 72. Im Département Côtes-d'Armor sind auch einige „Gîtes Ruraux" behindertengerecht zugeschnitten (siehe „Unterkunft").

Der *Guide pratique du voyageur, à l'intention des personnes à mobilité réduite* informiert über die Zugänglichkeit von Bahnhöfen und Zügen für Behinderte. Er ist kostenlos (allerdings nur französisch) in allen größeren Bahnhöfen oder direkt von der *SNCF* BP 2234.09, 754536 Paris Cedex 09, erhältlich.

Einen ähnlichen Führer gibt es für Autofahrer, den *Guide des autoroutes à l'usage des personnes à mobilité réduite* (erhältlich beim Verkehrsministerium: *Ministère des Transports*, Direction des Routes, Service du Contrôle des Autoroutes, BP 70, 69672 Bron Cedex). Einige Städte in der Bretagne organisieren besondere Transportmöglichkeiten für Behinderte – im Rathaus („Mairie") der jeweiligen Stadt nachfragen!

Das *C.I.D.J.* gibt regelmäßig Merkblätter über den Urlaub für Behinderte *(Vacances pour handicapés)* heraus. Adresse: 101, quai Branly, 75015 Paris.

NÜTZLICHE ADRESSEN

TOURISTENINFORMATIONEN

PARIS

Maison de la Bretagne Centre Commercial, Complexe Maine-Montparnasse, 17, rue de l'Arrivée – B.P. 1006, 75737 Paris Cedex 15, Tel.: (1) 45 38 73 15, Fax: 43 20 45 07.

BRETAGNE

A.B.R.I. (Association Bretonne des Relais et Itinéraires), 3, rue des Portes-Mordelaises, 3500 Renne, Tel.: 99 31 59 44.

Air France, 7, rue de Bertrand, 35000 Rennes, Tel.: 99 63 09 09
Comité Régional du Tourisme, 74b, rue de Paris, 35069 Rennes Cedex, Tel.: 99 28 44 30, Fax: 99 28 44 40.
Ligue Française pour la Protection des Oiseaux (LPO), Vogelschutzbund, La Corderie Royale – B.P. 263, 17305 Rochefort .
Société pour l'Etude et de la Protection de la Nature en Bretagne, Naturschutzverband, 186, rue Anatole-France – B.P. 32, 29276 Brest.

CÔTES-D'ARMOR

Maison du Tourisme, 29, rue des Promenades – B.P. 4620, 22046 St-Brieuc Cedes, Tel.: 96 62 72 00, Fax: 96 33 59 10.
Services de Réservation du Relais des Gîtes, 21, rue des Promenades – B.P. 4536, 22045 St-Brieuc Cedex 2, Tel.: 96 61 82 79.

FINISTÈRE

Comité Départemental du Tourisme, 11, rue Théodor Le Hars – B.P. 1419, 29104 Quimper Cedex, Tel.: 98 53 09 00, Fax: 98 52 19 19.
Services De Réservation Accueil Rural/Gîtes de France, 5, allée Sully, 29322 Quimper Cedex, Tel.: 98 52 48 00, Fax: 98 52 48 44.

ILLE-ET-VILAINE

Comité Départemental du Tourisme, Préfecture, 1, rue Martenot, 35000 Rennes, Tel.: 99 02 97 43, Fax: 99 78 33 24.
Centrale de Résérvation Loisirs Accueil en Bretagne, 1, rue Martenot – B.P. 5093, 35061 Rennes, Tel.: 99 02 97 42, Fax: 99 02 97 38.

MORBIHAN

Comité Départemental du Tourisme, Hôtel du Département – B.P. 400, 56009 Vannes Cedex, Tel.: 97 54 06 56, Fax: 97 42 71 02.
Services de Réservation du Relais des Gîtes Rureaux, 2, rue du Château – B.P. 318, 56403 Auray, Tel.: 97 24 88 45, Fax: 97 50 70 07.

BUNDESREPUBLIK DEUTSCHLAND

Französisches Fremdenverkehrsbüro, Westendstr. 47, D-60325 Frankfurt/M., Tel.: 069/756 08 30, Fax: 069/75 21 87.
Keithstr. 2-4, D-10787 Berlin, Tel.: 030/218 20 64, Fax: 030/214 12 38.

ÖSTERREICH

Französisches Fremdenverkehrsbüro, Landstraßer Hauptstraße 2a, A-1033 Wien, Tel.: 01/71 57 06 10.

SCHWEIZ

Französisches Fremdenverkehrsbüro, Löwenstraße 59, CH-8023 Zürich, Fel.: 01/211 30 85.

DIPLOMATISCHE VERTRETUNGEN

Bundesrepublik Deutschland
Honorarkonsulate
9, square Commandant L'Herminier, F-29200 Brest, Tel.: 98 44 35 59.
22, rue Crébillon, F-44000 Nantes, Tel.: 40 69 76 37.
Schweiz
Honorarkonsulat
14, rue Boileau, F-44000 Nantes.
Österreichische Botschaft
6, rue Fabert, F-75007 Paris.

VISUELLE BEITRÄGE

Fotografie	
Seite 71, 120/121	**Abraham Stuart**
88/89	**Apa/Heaton**
163	**Bayerische Staatsgemäldesammlungen, Münnchen**
9, 23, 26/27, 64, 68, 70, 72, 74/75, 79, 80/81, 86/87, 94, 104, 108, 109, 112, 114, 122, 125, 127L, 127R, 128, 129, 136, 137, 140, 141, 142, 150, 153, 154, 157, 159, 161, 166, 170, 180, 181, 187, 189L, 189R, 190, 192, 193, 196, 200, 201, 212, 245, 250, 256, 260/261	**Brittany Ferries Photo Library**
66, 67, 134/135, 147, 199, 242/243, 246, 247	**John Burke**
65	**Peter Forde**
Titelseite, 48, 90/91, 143, 156, 191, 224/225, 252, 253, 259, 272	**Catherine Karnow**
3, 35, 36, 41, 76, 78, 82, 84, 85, 101, 103, 105, 111, 113, 130/131, 158, 164/165, 167, 171, 175, 178/179, 184, 186, 194/195, 197, 202, 203, 204/205, 213, 216, 217, 219, 220, 221, 234/235, 248/249, 251, 254/255, 257, 262, 263	**Lyle Lawson**
29, 31, 32, 33, 34, 37, 38, 40, 46, 47, 49, 51, 56L, 58, 69, 145, 146, 222/223, 226, 228, 231, 232/233, 239, 240	**Alain Le Garsmeur**
24, 106, 115, 116, 139, 155, 160, 169, 183,	**John Lloyd**
266/267, 269, 270, 271	**Mike Mockler**
229	**Musée d'Art Moderne, Paris**
52/53, 55, 57, 107, 238, 244	**Musée des Beaux-Arts, Quimper**
28	**Musée des Beaux-Arts, Rennes**
174	**Musée des Jacobins, Morlaix**
42/43	**Musée du Louvre, Paris**
44, 45	**Photo Bibliothèque Nationale, Paris**
268	**Mike Read/Swift Picture Library**
100, 117, 123, 132/133, 173, 176, 177, 185, 188, 209, 210/211	**Spectrum Colour Library**
25, 30, 110, 118/119	**Tony Stone Worldwide**
39, 56R, 62, 73, 98/99, 126, 144, 148/149, 151, 172, 206/207, 214/215, 258	**Topham Picture Library**
14/15, 16/17, 18/19, 20/21, 22, 60/61, 92/93	**Denis Waugh**

INDEX

A

B

C

H

I

J

K

L

M

N

O, P

Q

R

S

T

U, V

W, Y